푸윙키들의 무대

한국계 미국 극작가들의 "B"딱한 무대 읽기

■ 이 저서(원 과제명: 푸윙키들Fwinkies의 무대: 한국의 미국 드라마 연구)는 2010년도 정부재원(교육부)으로 한국연구재단의 지원을 받아 연구되었음 (NRF-2010-812-A00189).

푸웡키 들의 무대

한국계 미국 극작가들의
"B"딱한 무대 읽기

정미경 지음

도서출판 ▮동인

광수와 동희에게

이 책을 읽는 독자들에게

나는 어떤 사람인가에 대해 명확하게 답할 수 있는 사람은 많지 않다. 평범한 사람이라도 제 속에 끝없이 팽창하는 작은 우주를 하나씩 품고 있기 때문이다. 그럴진대, 다른 사람에 대해 정의하고 설명하는 일은 더더욱 조심스럽다. 기껏해야 코끼리 장님만지는 격으로 일부분을 보고 전체를 보았다며 떠들 가능성이 높다. 그럼에도 이 책에서 필자는 한국계 미국 극작가들을 정의하고 설명하고 분석하고 평가하는 엄청난 오지랖을 떨었다. '연구'라는 명목을 내세웠지만 결국 밀려들게 마련인 후회와 부끄러움을 감내한 이유는, 결국 나는 누구인가를 알기 위함이다. 모든 타자에 대한 관심과 연구는 결국 나에 대한 연구로 귀결된다. 이 책은 스스로를 한국인도 미국인도 아닌 존재로 주장하는 한국계 미국 극작가들을 통해서, 한국인으로서의 나 그리고 한국인이 아닌 나의 모습을 비추어주는 거울을 지향한다.

한국과 미국의 간극에서 스스로의 정체성을 찾는 한국계 미국 극작가들의 태도는 독특한 연극 미학으로 발현된다. 필자는 이를 "푸웡키적 감수성"에 기반한 무대라는 가설적 개념을 세워 그들의 작품을 살펴보았다. '푸윙키'(Fwinky)란 '촌뜨기 이민자'를 뜻하는 'FOB'와 '백인 문화에 동화된 아시아계 이민자'를 뜻하는 'Twinky'의 머리글자를 합친 조어이다. 다시 말해서 '푸윙키'란 아시아 문화와 백인 중심의 주류 문화 모두를 잘 아는 2-3세대 아시아계 미국인을 지칭한다. 사실 한국과 미국의 중간에 있는 존재를 의미하는 말로서 이미 '디아스포라' 개념이 널리 사용되고 있다. 하지만 굳이 문화적 속어인 '푸윙키'를 사용한 이유는 한국계 미국 극작가들의 B급 정서를 드러내고 싶었기 때문이다. 그들은 대부분 명문대 출신의 소위 엄친아 이력을 가졌지만 세상을 보는 눈길은 여느 문제아 못지않게 삐딱하다. 그들은 세상과 불화하는 무대를 만듦으로써 주류 세계로부터 자발적 망명을 택한 것이다. 그렇다면 그들의 무대를 '푸윙키'로 부름으로써 기존의 진지하고 엄숙한 인종 정치극을 가볍고 유쾌하지만 그로테스크한 B급 이미지로 대체한 노력에 나름 맞장구치고 싶었다.

이 책은 90년대 이후 등장한 한국계 극작가 5명을 선정하여 그들 무대 고유의 미학적 특징과 연극을 통한 인종 정치성을 '푸윙키적 감수성'이란 열쇠말로 살펴보았다. 1부는 아시아계 미국연극과 한국계 미국연극의 역사에 대한 개략적 소개이다. 1, 2장에서 아시아계 미국연극과 한국계 미국연극의 시작과 변화 과정을 살펴보았다. 3, 4장에서는 최초의 한국계 극작가인 오순택으로부터 성 노(Sugn Rno), 줄리아 조(Julia Cho), 다이아나 손(Diana Son), 영진 리(Young Jean Lee), 마가렛 조(Margaret Cho) 등 한국계 극작가들과 주요 작품들을 소개하였다. 2부의 내용은 한국계 미국 극작가 다섯 명의 작품 분석이다. 이들 중 마가렛 조는 전통적인 희곡작가가 아닌 스탠드 업 코미디언이지만, 직접 대본을 집필하고 연기한다는 점에서 극작가 겸 배우로 간주하였다. 다섯 명의 한국계 극작가들은 전통 리얼리즘 중심의 드라마투르기를 벗어나 메타 드라마, 부조리, 스탠드 업 코미디에 이르기까지 다양한 형식의 작품을 선보인다. 따라서 작품을 분석할 때 주제와 인물 위주로 해석하기보다, 공연적인 요소들, 즉 무대와 객석 나아가 극장 전체를 아우르는 문화적 요소들을 포함하는 공연 비평에 가깝게 쓰려고 노력했다.

처음 이 책을 구상하면서 세웠던 목표에 미치지 못했지만 부끄러운 마음을 누르며 『푸윙키들의 무대』를 세상에 내어 놓는다. 부디 독자들이 즐겁게 읽기를 바랄 뿐이다. 다섯 해를 넘기며 집필에 매달리느라 직장과 집에 소홀한 경우가 많았다. 아들 이름을 잊어먹거나, 전자레인지 속에 음식을 며칠씩 묵혀두는 등 기억에게 배반당한 순간들이 부지기수다. 모른 척 넘어가며 이해해 준 가족들에게 고맙다. 이 책이 나오기까지 물심양면으로 도와주신 분들이 참 많았다. 논문편수와 연구비수주액수로 연구자의 가치를 결정하는 지식시장판에서 저술 연구의 필요성에 공감하고 지지해주신 동료, 선후배, 선생님들이 있어 마음 든든했다. 세상과 불화하던 학생에게 문학을 통한 화해의 길을 알려주신 황훈성 선생님, 나이 든 여성의 삶이 얼마나 멋질 수 있음을 보여준 일레인 김 선생님께 감사드린다. 도서출판 동인의 편집부 선생님들께도 고마운 마음을 전한다.

2015년 4월
정미경

CONTENTs

I

한국계 미국연극의
문화지형도 읽기

1

한국계 미국연극의 '푸윙키적 공간'에 대하여

아시아계 미국연극의 역사를 살펴보는 일은 에스더 리Esther Lee의 표현을 빌자면, 영화 「라쇼몽」Rashomon을 보는 것과 같다(A History 3). 「라쇼몽」에서 한 사건을 둘러싼 여러 인물들의 주장이 나름의 논리와 당위를 가지는 것처럼 아시아계 미국연극에 대한 평가에도 다양한 입장이 공존한다. 이러한 차이의 공존은 아시아계 미국 공동체가 다양한 인종, 국가, 민족, 세대, 성적 경향으로 구성되었기 때문이다. 특히 1990년대 이후 아시아출신 이민자와 혼혈인의 수가 증가하면서, 아시아계 고유의 연극 미학을 명쾌하게 정의하기란 더욱 요원해진 듯하다. 최근 미국사회의 변화를 생각할 때, 한국계라는 특정 민족출신 극작가들의 미학적 특성을 살펴보려는 시도는 인종과 문화가 혼종되는 시대적 흐름에 부합하지 않는 것일지도 모르겠다. 그럼에도 이 책이 한국계 미국 극작가에 주목하는 데는 분명한 이유가 있다. 그들은 아시아계를 포함한 모든 범주적 분류에 저항하고, 인종 '정치 이후의 미학'post-politics을 모색하는 등, 아시아계 미국연극의 미래를 보여 주기 때문이다.

1960년대에 시작된 아시아계 미국연극에 비해, 한국계 미국연극은 30년이나 지난 1990년대에 비로소 등장한 연극계의 늦깎이이다. 비교적 늦은 출발에도 불구하고 한국계 미국 극작가[1]들은 연극계 전반에 결코 적지 않은 파장을 일으키고 있다. 성 노Sung Rno, 줄리아 조Julia Cho, 다이애나 손 Diana Son, 영진 리Young Jean Lee 등으로 대표되는 2, 3세대[2] 한국계 극작가들은 최근 권위 있는 연극 상을 수상하거나 관객과 평단의 이목을 끄는 문제작들을 잇달아 발표하면서, 새 밀레니엄 시대 미국연극계의 총아로 자리매김하고 있다. 미국뿐만 아니라 한국의 연극계도 2, 3세대 한국계 극작가들을 주목한다. 하지만 한국계 미국연극에 대한 국내외의 관심은 새로운 무대에 대한 성실한 접근과 세심한 배려가 결여되어 있다.

가령 미국의 주류 비평가들은 줄리아 조의 『99가지 이야기들』99 Histories을 두고, 서구 문학 정전의 흔적이 뚜렷하고 인종 주제를 뛰어넘는 보편성을 추구한다고 칭찬한다. 하지만 극 속에서 2세대 한국계 딸이 인종 정체성에 대한 고민을 극복하고 이민자 부모와 화해할 때, 비평가들은 인물의 감정 변화를 이해할 수 없다고 불평한다(Graydon). 소수 인종의 트라우

---

[1] 이하에서는 한국계 극작가로 줄여 표기한다. 이 줄임 표현은 책 내용 전체에 적용한다.
[2] 한국이민 100년사에 비추어보면 1990년대 이후의 한국계 미국인은 일반적으로 3세대로 분류된다. 한국계 미국연극의 경우는 작가의 활동 시기를 중심으로 구분한다. 즉 1960년대에 활동한 배우이자 극작가인 오순택, 수잔 김 등을 1세대로 간주하고 1990년대 이후 작품을 발표한 성 노, 다이애나 손 등의 작가들을 2세대로, 줄리아 조, 영진 리 등 밀레니엄 이후의 작가들은 3세대로 구분하여 지칭하기로 한다.

마에 대한 이해부족을 신인작가의 능력부족으로 치부해버림으로써 서구 백인 중심적 시각을 비평기준으로 삼는 것이다. 한국사회의 상황도 다르지 않다. 주류 연극계로부터 극찬을 받은 성 노와 영진 리의 작품이 국내에서 공연되었을 때, 한국의 언론은 "금의환향"이란 어휘를 쓰며 보도했다(≪아이프노믹스≫). 하지만 한국계 극작가들을 한민족 공동체의 일원으로 간주하는 것은 자기만족적 짝사랑이 될 소지가 크다. 그들은 아메리칸드림을 찬양하지 않으며, 스스로의 정체성이 한민족 공동체의 울타리 안에 있다고 믿지 않기 때문이다. 한마디로 한국계 극작가들은 미국의 시민이라는 국가 범주와 한민족 공동체의 일원이라는 민족 범주를 거부한 셀프 망명객들처럼 보인다.

한국과 미국의 간극에서 스스로의 정체성을 찾는 한국계 극작가들의 태도는 독특한 연극 미학으로 발현된다. 필자는 이를 "푸윙키적 감수성"이라는 가설적 개념으로 설명해 보았다. '푸윙키'란 미국 대중문화에서 널리 유포된 두 속어, '에프오비'FOB, Fresh Off the Boat와 '트윙키'Twinkies의 합성어이다. 미국사회에서 '에프오비'는 미국에 온 지 얼마 안 된 촌뜨기 이민자를 의미한다. 종종 고유문화에 친숙하지만 미국문화에 어수룩한 아시아 이민자를 야유할 때 쓰이는 속어이다. '트윙키'Twinkies는 미국의 싸구려 과자 이름으로서 노란 카스텔라 빵 속에 흰 크림이 들어 있다. 이는 외모는 아시아인이지만 생각과 행동은 미국문화에 익숙한 아시아인을 빗댄 표현이다. 두 용어의 철자를 결합한 '푸윙키'Fwinkies는 아시아 문화와 미국문화 모두를 잘 아는 아시아계 2, 3세대를 일컫는다(≪워싱턴 중앙일보≫).

'에프오비'와 '트윙키'라는 용어에는 주류 백인 문화에 동화되기 위해 아시아 문화를 극복해야 했던 이민 1세대의 고통이 숨어있다. 두 어휘는 아시아계 이민자를 미국 시민으로 인정하지 않고 이국적인 타자로 규정했던 인종차별적 문화의 결과물이다. 이와 달리 '푸윙키'에는 아시아계 미국인이 가진 이중의 문화 능력을 긍정하는 의미가 들어있다. '푸윙키'는 다인종, 다민족 사회에서 이전과 달리 높아진 아시아 문화의 지위를 반영한다. 최근 미국사회에서 문화상품으로 조명을 받기 시작한 아시아 문화는 아시아계 미국인이 필수적으로 갖춰야 될 기본적 자질로 여겨진다. '푸윙키'란 신조어는 아시아계 미국인이 신자유주의 시대의 초국가적 문화 권력을 소유한 능력자로 부상했음을 암시한다.

　하지만 한국계 극작가들의 푸윙키적 감수성은 아시아계 미국인이 현실 세계에서 획득한 문화 권력을 의미하지 않는다. 오히려 한국계 극작가들은 푸윙키적 인물을 통해서 인종과 민족성을 둘러싼 기존의 헤게모니 투쟁구도를 거부한다. 푸윙키적 인물들은 주류 혹은 비주류 문화로의 소속을 거부하고 두 문화 사이에 새로운 영토를 개척하려는 의지를 보여준다. 한국계 극작품에 나타난 푸윙키적 감수성은 두 문화에 대한 이해 능력을 바탕으로 만들어진 독특한 미학적 특성과 관련된다. 즉, 한국과 미국문화의 경계에 서 있는 2, 3세대 극작가들의 정체성 인식과 그들의 작품에 나타난 간극의 특징을 상징적으로 나타낼 수 있는 용어이다.

　에스더 리는 한국과 미국 두 체계 밖의 공간을 상상하며 그 곳을 새로운 정체성과 극 미학의 원천으로 삼는 한국계 극작가들을 특별히 '한국계 디아스포라'로 명명한다("Introduction" xii). 이 용어는 국가와 민족의 범주를 벗어난 탈 중심적 문화정체성을 보여주면서 한국적 감수성을 가진다는 점에서 기존의 한국계 미국인 개념과 구분된다. 하지만 최근 디아스포라 개념은 정치, 경제, 문화, 예술 등 범주를 막론하고 적용되면서 마치 만능열쇠처럼 사용되고 있다. 수많은 이주와 생성의 경우들을 공룡처럼 흡입하는 디아스포라 개념은 자칫 구체적이고 미시적인 디아스포라적 삶들을 추상화하고 일반화하는 오류를 범할 수 있다. 그런 이유로 필자는 디아스포라 대신 "푸윙키"Fwinkies라는 속어를 사용하여 한국계 극작품의 정서를 설명하고자 한다.

군이 문화적 속어를 선택한 이유는 한국계 작품에 등장하는 인물들, 즉 푸윙키들이 가진 소위 "B급 정서" 때문이다. B급이란 A급과 함께 이분법적 가치 서열을 표현한다. B급을 다른 어휘로 풀자면 고급/저급 문화의 구도에서는 저급문화에 해당하고 정상/비정상으로 구분하면 후자에 속한다. 한국계 인물들이 보여주는 B급 정서는 타자의 열등감과 그로테스크함으로 나타난다. 하지만 인물들의 감정은 폭력적이거나 파괴적이라기보다 더없이 가볍고 사소하며 변덕스럽다. 이러한 특징은 '푸윙키'라는 속어가 가진 비정규성, 일탈성, 비정치성 그리고 유머와 즐겁게 조우한다. 비유컨대 이들은 『필경사 바틀비』Bartleby the Scrivener의 바틀비에 버금간다. 그들은 지배 담론이 요구하는 능력을 발휘하지 않고 무능력을 실천하거나, 가치를 부정당하는 것으로써 스스로의 존재를 웅변하기 때문이다. 이 책에서 다루는 한국계 미국 희곡작품에는 수많은 바틀비들 혹은 푸윙키들이 등장한다. 이들은 "한국과 미국의 중간, 「매쉬」MASH와 마가렛 조의 중간, 38선의 중간"(Sung Rno wAve 113)에서 내부와 외부, 두 문화의 사이, 보수와 진보, 개인과 공동체 등 다양한 이분법 지점에서 스스로 간극의 영역을 창조하고 그 속에 머문다.

주목할 점은 한국계 극작가들이 보여주는 푸윙키적 감수성이 한 작가 개인의 미학 세계가 아니라 2, 3세대 작가들의 공통된 양상이라는 사실이다. 그렇다면 2, 3세대가 경험하는 사회문화적 환경의 차이가 1세대 작품들과의 미학적 차이를 견인한다는 가설을 세울 수 있을 것이다. 이 경우 2, 3세대 한국계 미국 극작품의 미학적 차이를 규명하는 작업은 작품 텍스트에 대한 내적 분석으로는 불충분하며, 사회문화적 요인을 비롯한 텍스트 외적인 분석이 필요할 수 있다. 일레인 김Elaine Kim 역시 아시아계 미국 작가의 인종, 민족적 배경이 작품을 이해하기 위한 중요한 고려요인임을 역설한 바 있다. 『딕테』Dictee의 다양성과 비결정성과 같은 개념의 배치를 높게 평가했던 서구비평가와 달리, 일레인 김은 한국계 미국여성이라는 작가의 특수성에 기초하여 일련의 소외된 경험들을 읽어냄으로써 텍스트의 전복성을 발견했다. 인종, 민족적 배경에 대한 그녀의 강조는 포스트모던한 미학이 도드라지고 민족성이 공공연하게 폐기당하는 듯 보이는 최근 한국계 미국연극을 위한 기초 독해를 위해서도 여전히 유효하다("These Bearers" 189).

이러한 문제의식을 바탕으로 1부에서는 2부에서 다룰 한국계 미국연극 작품에 대한 분석에 앞서, 텍스트 외적인 정보를 살펴볼 것이다. 1부 2장에서는 한국계 미국연극이 뿌리를 두고 있는 아시아계 미국연극의 형성과정과 변화과정을 다룬다. 1960년대에 인종 정치적 무대로 시작하여 밀레니엄 이후 포스트모던, 탈정치적 무대로 변화하기까지, 아시아계 미국연극 안팎에서 일어난 쟁점들을 간략히 제시한다. 이어지는 3, 4장은 한국계 미국연극의 시작과 작품 전반에 대한 소개를 다룬다. 3장에서 1990년대 이전에 활동했던 한국계 극작가들과 작품을 살펴보고 4장에서 한국계 미국연극의 미학적 특징을 설명한다.

2

아시아계 미국연극의 역사

[1] 아시아계 미국연극의 시작과 발전

미국 역사상 최초의 아시아 이민자는 19세기 말 청나라에서 온 노동자들이었다. 당시 미국은 철도건설과 서부개척을 위한 노동 인력이 절실했다. 고향을 떠나 미국에 온 중국 노동자들은 낮은 급여를 받으며 주로 철도건설과 같은 고된 노동 현장에서 일했다. 백인들은 이들을 비숙련 막노동꾼이란 의미를 가진 '쿨리'Coolie로 부르며 경멸했다. 백인 노동자들의 경쟁자였던 중국 이민자들은 외모와 생활방식이 전혀 달랐기 때문에 이방인 취급을 받았고 경계의 대상이 되었다. 아시아 이민자들은 미국에 첫발을 내딛는 순간부터 백인사회의 타자로 간주되었던 것이다. 주류사회는 중국

노동자들이 합법적인 이민자임에도 불구하고 백인의 나라에 침입한 이방인, 이른바 '황색 공포'Yellow peril를 유발시키는 동양의 침입자로 대우했다.

초기 아시아 이주민을 향한 미국 주류사회의 시선은 14세기 유럽에서 시작된 오리엔탈리즘의 연장선에 있다. 유럽에서는 1330년 최초의 중국 연극, 「중국의 고아」The Orphan of China가 공연된 후 소위 동양에 대한 관심과 환상이 시작되었다. 「중국의 고아」는 이후 서구작가에 의해 각색되어 유럽 곳곳에서 공연되었고, 18세기 식민지 미국에서도 무대화되었다. 이 극에서 중국인은 "열정적이되 피에 굶주린 비문명인"(Yew xiv)으로 묘사되었다. 19세기 말, 중국 노동자들의 이민이 시작되자 미국사회는 중국인에 대한 서구사회의 편견과 혐오를 드러내기 시작했다. 중국 이민자를 '침입자'로 보는 관행은 소설과 연극무대를 비롯한 미국 대중문화에 반영되기 시작했다. 1877년 뉴욕에서 공연된 마크 트웨인Mark Twain과 브렛 하트Bret Harte의 공동 희극, 『아 신』Ah Shin에 최초의 중국계 미국인이 등장했다. 이 극에서 중국 이주민 아 신은 겉으로는 순진한 바보처럼 보이지만 내심 교활한 인물로 묘사되었다(Moy 18).

'황색공포'에도 불구하고 20세기 초 미국인들은 아시아의 이미지에 매료되기도 했다. 아시아를 주제로 한 연극과 영화들이 연이어 등장했지만 이러한 작품들은 철저하게 백인의 눈높이에 맞춰 제작되었다. 그 결과 미국 대중문화는 역사적으로 왜곡되고 인종차별적 중국인 인물들로 넘쳐나게 된다(Yew xvi). 특히 최초의 중국 이주민 인물, '아 신'은 20세기로 넘어가면서 두 가지 인물 유형으로 분화되며 발전된다. 사악한 이미지는 천재적 지략을 꾸미는 악당, 푸 만추Fu Manchu란 인물로 형상화되고, 바보 이미지는 지혜롭지만 순종적인 탐정 찰리 챈Charlie Chan으로 이어진다. 아 신에서 시작된 아시아 이주민의 부정적 이미지는 오늘날까지도 디즈니 애니메이션이나 헐리웃 영화 등으로 대표되는 미국 대중문화 전반에서 쉽게 발견된다.

아시아 이주민이 스스로를 재현한 최초의 무대는 1903년 오노토 와탄나Onoto Watanna의 소설 『일본에서 온 나이팅게일』A Japanese Nightingale을 각색한 브로드웨이 공연이다. 아시아계 미국 작가가 쓴 최초의 희곡으로 기록되지만, 주제나 재현 기법 상 백인 중심적 시각을 벗어나지 못했다. 그러므로 아시아계 미국연극은 1920년대 하와이에 거주하던 아시아계 여성 작가들의 작품에서 시작되었다는 것이 중론이다(Houston "Review" 5). 그들은 하와이 대학에서 희곡창작을 강의한 윌라드 윌슨Willard Wilson 교수의 학생들이었다. 윌슨 교수는 수강생들의 작품을 모아 1936년부터 56년까지 총 10권의 작품집, 『대학 희곡집』College Plays을 출판했다. 그 희곡집에 1924년 『꽃 같은 모이의 순종』The Submission of Rose Moy을 쓴 글래디스 리Gladys Li를 포함하여 웨이 치 춘Wai Chee Chun, 베시 타시가와Bessie Toishigawa, 패씨 사이키 Patsy Saiki 등의 작품이 실렸다(Uno "Introduction" 5).

미국 본토에서는 20세기 중반까지 아시아계 미국연극이라 할 만한 무대가 존재하지 않았다. 다만 샌프란시스코와 뉴욕 부근의 차이나타운에서 백인 관광객을 대상으로 공연된 「찹 수이 순회공연」Chop Suey Circuit이 있었다. '찹 수이'란 중국식 채소볶음 요리의 이름인데 차이나타운의 나이트클럽 공연을 일컫는 표현으로도 사용했다. 이 공연은 아시아계 배우들이 설수 있는 거의 유일한 무대였고 아시아적 노래와 춤, 특히 탭댄스 공연으로 유명했다(Yew xvii). 아시아계 미국인의 정체성에 입각한 본격적인 아시아계 미국연극은 1960년대 이후에야 비로소 등장한다. 아시아계 미국연극인들은 당시 아프리카계 미국인의 인권운동과 예술 활동에 영향 받아 스스로를 아시아계 미국인이라는 소수 인종 집단으로 규정하게 되었다. 아시아계 미국 예술가들은 정치적 선전을 담당할 예술 공동체를 구성했고, 게릴라식

거리 연극을 통해서 왜곡된 아시아계의 이미지를 교정하고 미국 시민으로서의 권리를 주장하는데 앞장섰다.

이러한 예술 운동의 결과로 1965년 로스앤젤레스LA에서 최초의 아시아계 미국 극단 〈동서연희패〉East West Players가 창립된다. 창립 구성원들은 마카토 이와마츄Makato Iwamatsu, 펫 리Pat Li, 가이 리Guy Lee, 오순택Soon-Tek Oh 등, 뉴욕과 로스앤젤레스에서 활동하던 일본계, 중국계, 한국계 배우들이었다. 창단 구성원들은 아시아계 미국인의 스테레오타입을 교정하고 진정한 아시아계 미국인의 이야기를 재현하겠다고 천명했다. 또 미국연극계에서 당연시되던 인종차별적 제작관행을 강하게 성토했다. 당시 주류 무대에서는 아시아인 배역을 아시아계 미국인이 아니라 서양인 배우가 차지하곤 했다. 백인 배우들은 동양인의 외모를 흉내 내는 화장법, 가면, 머리모양, 복장 등을 설명한 책자를 보고 분장을 했다. 당시 연극 무대나 영화에서 아시아 여성으로 분장한 백인 여배우들의 모습은 낯선 풍경이 아니었다 (J. Lee *Performing* 12). 가령 1937년 제작된 영화 「대지」*The Good Earth*의 여주인공, 오란O-Ran 역을 연기한 배우는 오스트리아 출신의 루이즈 레이너Luise Rainer였는데, 그녀는 소위 '옐로우 페이스'Yellow Face 화장을 해야 했다.

자신들에 대한 왜곡된 이미지에 분노하고 예술적 욕망을 실현할 통로가 없는 현실에 좌절하던 아시아계 연극인들은 마침내 〈동서연희패〉를 통해서 그들만의 연극을 도모하게 된 것이다. '아 신'과 '참 수이 공연' 이외에 스스로를 재현할 기회가 없었던 아시아계 미국 배우들은 〈동서연희패〉를 창단한 후 미국사회를 향해 그들의 예술성을 증명하기 위해 의도적으로 서구 리얼리즘 고전 연극을 공연했다. 물론 『라쇼몽』*Rashomon*과 같은 일본 작품을 개작하여 공연하기도 했으나, 이는 백인 배우가 아닌 아시아계 배우가 아시아 인물을 연기해야한다는 시위에 가까웠다[3]. 기본적으로 〈동서

연희패〉는 아시아계 미국인의 존재를 미국사회에 각인시키고 그들의 미국
성을 주장하는 '문화 민족주의'cultural nationalism 운동의 목표를 공유했다.

　'문화 민족주의'란 1960-70년대 아시아계 미국 예술가들이 아시아계 미
국인이란 용어를 그들의 정체성으로 제시하면서 벌여 나간 일련의 정치문
화운동의 기치이다. 이전까지 미국사회에서 아시아계 미국인은 그저 동양
인oriental이나 이주민으로 인식되었다. 그들은 아시아계 미국인이란 개념을
제시함으로써 그들이 이방인이 아니라 미국사회의 한 구성원임을 부각시
키고자 했다. 또한 아시아 지역의 다양한 국가, 민족, 인종, 종교, 문화적
차이로 인해 흩어져 있던 아시아계 이주민 사회가 범 아시아적 정체성으로
연대할 수 있는 계기를 마련했다. 1970년대 아시아계 미국인의 독자적이고
자주적인 정체성을 주장한 '문화 민족주의'는 흩어져 있던 미국 내 아시아
계 그룹들을 결집시키고 그들에게 정치적 힘과 문화적 통일성을 심어주었
다는 점에서 효과적인 전략이었다(최성희 「다문화주의의 허와 실」 11).

　아시아계 미국연극은 1970년대 잇따라 생겨난 아시아계 미국 극단의
활약으로 더욱 발전하기 시작한다. 흔히 초기 4대 극단으로 일컬어지는 아
시아계 미국 극단은, 1965년 창립된 〈동서연희패〉, 1973년 프랭크 친Frank
Chin이 샌프란시스코 시에 세운 〈아시아계 미국연극 워크숍〉Asian American
Theatre Workshop,[4] 같은 해 시애틀의 워싱턴대학에 생긴 〈아시아인의 연극앙
상블〉Theatrical Ensemble of Asian,[5] 그리고 뉴욕에서 1978년 창단된 〈범아시아

---

[3] 〈동서연희패〉에 대한 자세한 내용은 유코 쿠라하시(Yuko Kurahashi)의 『연극 속의 아시아계
　미국문화: 동서연희패의 역사』(Asian American Culture on Stage: The History of the East West
　Players.) 최성희의 "Searching for the Voice of Their Own: East West Players and the Beginning
　of Asian American Drama." 참조.
[4] 이후 Asian American Theatre Company로 개명.

의 레퍼토리〉Pan Asian Repertory를 들 수 있다.6 〈동서연희패〉와 지향점을 공유했던 1970-80년대 아시아계 연극집단은 주로 아시아계가 많이 거주하는 서부와 동부 지역에서 연극을 통해 아시아계의 저항 운동을 주도했다.

아시아계 극단은 아시아계 작가들과 배우들을 양성했고, 미국 주류 문화에서 소외되고 왜곡되었던 자신들의 이야기를 무대 위에 올렸다. 이 시기에 활동했던 극작가들을 일컬어 1세대first wave 작가라고 한다. 프랭크 친을 비롯하여 와카코 야마우치Wakako Yamauchi, 릭 시오미Rich Shiomi, 모모코 이코Momoko Iko, 에드워드 사카모토Edward Sakamoto, 지니 림Genny Lim 등 주로 중국계와 일본계 작가들이었다. 이들은 대부분 소설가로 활동했던 작가들이었는데, 〈동서연희패〉의 창단을 계기로 아시아계 미국연극 무대를 위한 희곡을 쓰기 시작했다. 1세대 작가들의 작품은 공통적으로 아시아계 미국 역사와 이민, 세대 간 혹은 가족 내부의 갈등을 다루었고 문화적 정체성과 애국주의를 주제로 다뤘다(Yew xviii).7

1970년대 연극계는 특히 프랭크 친의 활약에 힘입어 비약적인 발전을 보인다. 프랭크 친은 주류 무대인 〈미국컨저버토리 극단〉America Conservatory Theatre의 후원을 받으며 극단 내부에 〈아시아계 미국연극 워크숍〉을 창설한다. 그 무대에서 자신의 작품 「닭장 속의 중국인」 The Chickencoop Chinaman을 공연했다. 이 공연은 미국사회를 향해 아시아계 미국인 연극의 존재와 목소

---

5 이후 Asian Exclusion Act로 개명되었다가 Northwest Asian American Theatre로 바뀜. 2004년 활동 중단.
6 아시아계 극단에 대한 자세한 내용은 이미원, 「한국계 미국 대표 극작가와 그 작품세계」 참조.
7 6-70년대 아시아계 미국극단은 대부분 아시아계 미국인의 불평등한 현실을 고발하는 내용과 심리에 바탕을 둔 리얼리즘 형식을 보였지만, 핑총(Ping Chong), 제시카 하게돈(Jessica Hagedorn)을 위시한 몇 몇 아시아계 공연자들은 정치 선동 극에 반발하고 실험적 예술 방식을 추구하기도 했다(E. Lee *A History* 92-123).

리를 알린 의미 있는 사건이었다. 2년 후에는 자신의 두 번째 작품 「용띠해」The Year of Dragon를 뉴욕 주류 무대에 올리며 평단의 주목을 받았다. 프랭크 친은 작품 속에서 아시아인을 미국에서 출생한 아시아계 미국인과 구분하는 등 '진정한 아시아계 미국인'의 정체성을 찾기 위한 노력을 보여준다는 점에서 문화 민족주의의 대표자로 불린다. 하지만 그가 제시한 '진정한' 아시아계 미국인이란 개념은 진짜/가짜의 잣대를 제시하며, 주류사회에 동화된 아시아계 미국인들을 가짜로 비난하는 데 사용되었기 때문에 개인적 편견에 불과하다는 비판을 받기도 한다(E. Lee A History 54-55).

　　프랭크 친의 업적은 1970년대 아시아계 미국연극사를 전유할 만큼 대단한 것이었다. 그러나 아시아계 미국연극이 미국의 주류 무대로부터 본격적인 주목을 받게 된 것은 1980년대 헨리 황Henry Hwang의 작품『엠. 나비』M. Butterfly의 대중적 성공 이후이다. 1980-90년대에는 1세대 작가들에게 극작 수업과 물질적 후원을 받으며 성장한 2세대 작가들이 등장한다. 특히 이 시기는 아시아계 미국연극이 질적, 양적으로 크게 성장했다고 평가된다. 헨리 황이 1988년 브로드웨이에서『엠. 나비』를 공연하고 그 해 아시아계 극작가 최초로 토니상을 수상한 것이 시작이었다. 그는 프랭크 친 이후 거의 십 년 만에 아시아계 미국연극을 다시 주류 무대에 알린 영웅적 작가로 대우받았다. 비슷한 시기에 필립 고탄다Philip Gotanda, 벨리나 휴스턴도 미국연극계로부터 관심과 기대를 받기 시작한다. 2세대 극작가들로는 엘리자베스 왕Elizabeth Wong, 지니 바로가Jeannie Barroga, 제시카 하게돈Jessica Hagedorn, 채 유Chay Yew, 에이미 힐Amy Hill, 데니스 우에하라Denise Uyehara, 단 광Dan Kwong 등이 있다.

　　아시아계 미국 희곡선집과 비평서가 출판되기 시작한 것도 이즈음이다. 1960-70년대 정치투쟁을 거쳐 아시아계 지식인들이 대학사회로 진출하게 되었고 그들의 주도 하에 아시아계 미국 연구의 기초적 토대가 마련된다. 미사 버슨Misha Berson의『두 세계 사이에: 동시대 아시아계 미국 희곡』 *Between Worlds: Contemporary Asian American Plays*(1990)을 필두로 하여, 로버타 우노Roberta Uno의『이어진 실: 아시아계 미국여성 희곡선집』*Unbroken Thread: An Anthology of Plays by Asian American Women*(1993), 벨리나 휴스턴의『삶의 정치학: 아시아계 미국여성 희곡 4편』*The Politics of Life: Four Plays Asian American women* (1993)이 출판되었다.

휴스턴이 편집한 또 다른 희곡집『그러나 고요히, 공기처럼, 떠오르리: 새로운 아시아계 미국 희곡들』*But Still, Like Air, I'll Rise: New Asian American Plays* (1997)과 브라이언 넬슨Brian Nelson의『아시아계 미국드라마: 다인종적 시각으로 쓴 9편의 희곡들』*Asian American Drama: Nine Plays from the Multiethnic Landscape* (1997), 앨빈 엥Alvin Eng의『표상들? 연극 속에 나타난 뉴욕 아시아계 미국인의 경험』*Tokens? The NYC Asian American Experience on Stage*(1999) 등은 주로 1990년대 이후 등장한 2, 3세대 아시아계 미국 극작가들을 발굴하고 소개하는 역할을 했다(J. Lee "Introduction" 3). 작품집뿐만 아니라 제임스 모이James Moy(1993), 조세핀 리Josephine Lee(1997), 도리안 콘도Dorinne Kondo(1997) 등의 연극 이론서 및 비평서도 잇따라 출판되어 아시아계 미국연극의 미학에 대한 본격적 논의가 시작된다(E. Lee *A History* 2).

1960-70년대 1세대 극작가들은 문화 민족주의를 바탕으로 "비가시적 소수자들"invisible minority인 아시아계 미국인을 공적 영역에 등장시키려 노력했다. 이에 비해 1980년대의 2세대 극작가들은 아시아계 미국인만의 감수성을 표현할 새로운 방법을 찾고자 했고 미학적 실험에 적극적이었다(E. Lee *A History* 126). 2세대 극작가들의 특징은 1980년대 레이건 정부의 다문화 정책과 관계가 있다. 당시 정부는 인종 저항적 관심을 돌리기 위해서 의도

적으로 '문화'를 강조하며 다문화사회를 미국의 이상으로 제시했다. 다문화 정책은 2세대 극작가들에게 중요한 영향을 미쳤다. 주류 극단들이 다문화 예술에 대한 정부 지원금을 받기 위해서 소수 인종 극작가들에게 무대를 제공하기 시작했다. 이에 따라 2세대 극작가들이 주류 무대로 진입할 수 있는 기회가 많아질 수 있었다(E. Lee *A History* 127-8).

흥미로운 점은 1970년대의 1세대 극작가들이 인종적 자부심, 민권운동, 분리주의 등 다문화주의적 가치를 요구하며 아시아계 정체성을 주장한 반면, 1980년대 2세대 극작가들은 아시아계 미국인 정체성을 한계로 느꼈다는 사실이다(최성희 「다문화주의의 허와 실」 15). 그들은 아시아계 공동체가 단일한 인종적 정체성을 주장할 경우 아시아계 공동체 내부의 다양한 차이를 속박할 수 있음을 지적했다. 복합적이고 다성적인 아시아계 정체성을 탐구하는 2세대 극작가의 연극은 이전 세대보다 안정적이고 이성적이며 자기 반영적인 특징을 보였다. 미국의 일반 관객들에게 쉽게 다가갈 수 있었던 이유이기도 하다(최성희 「다문화주의의 허와 실」 14). 하지만 헨리 황 스스로 인정하듯이 2세대의 주된 관심은 여전히 "아시아계 미국인의 진정성"을 재현하는 것에서 크게 벗어나지 않았다. 그들은 인종차별적 이미지와 주류 문화가 부여한 전형적 재현을 탈피하고 '진짜' 아시아계 미국인의 자아를 보여주는 데 주력했다는 점에서 1세대 선배 극작가들의 연장선에 있었다(Hwang xi).

[2] 3세대 아시아계 미국 극작가들

1990년대 후반 등장한 3세대 극작가들은 2세대 극작가들과 인종에 대한 관점이 달랐다. 간단히 말하면, 그들에게 인종정체성은 단일한 하나가 아니라 모자이크처럼 복잡한 것이었다(Hwang xii). 3세대 극작가들에게 나타난 변화는 1990년대 아시아계 이민 사회의 구조 변화와 밀접한 관련이 있다.

1965년 이민법 개정 이후 아시아계 사회는 전체 인구수가 급증했을 뿐만 아니라, 공동체를 구성하는 인종과 민족의 종류도 다양해진다. 최근 인구조사에 의하면 아시아계 미국인 인구는 1970년부터 1990년 사이에 5배로 증가했다. 그 범주는 6세대 중국계 미국인부터 태평양 군도 이주민과 몽고 피난민에 이르기까지 약 15개 이상의 인종, 민족적 배경에 걸쳐있다(Shilpa 3).

초기 아시아계 공동체를 구성했던 것은 주로 중국계와 일본계, 필리핀계 미국인이었다. 일본계와 중국계, 필리핀계 등 19세기 말-20세기 초에 이주한 초기 이주민은 미국사회로부터 인종차별을 당했고 법적 지위를 보장받지 못했다. 하지만 평등사회를 위한 투쟁의 영향으로 그들의 후손들은 점차 고학력 전문 직종을 갖고 주류에 진출하는 기회가 많아졌다. 최근 5-6세대까지 이어진 아시아계 미국인들은 대부분 미국사회에 동화되어 살고 있고 정체성이나 생활방식에서 아시아적 흔적이 거의 남아있지 않은 상태이다. 이에 비해서 새로 이주한 아시아계는 아시아에서 태어나 1965년 이후 미국으로 이주한 사람들이다. 1960-70년대 아시아계 미국인이 미국 출생과 시민권을 강조했던 것과 달리, 1990년대 이후의 아시아계 이주민은 미국 시민에 대한 갈망이 크지 않다. 특히 이들은 아시아인의 정체성과 문화 배경을 버리지 않는다(Chuh 6).

최근 아시아계 이민자들의 존재는 미국사회의 인종 정치 지형도를 "이종적, 혼종적, 다원적"(heterofeneity, hybridity, multiplicity Lowe 65)으로 변화시켰고 순수하고 단일한 범 아시아계 공동체라는 기존의 정치적 슬로건을 재고하게 만든다. 특히 초기 아시아계 공동체가 주장했던 '문화 민족주의'는 아시아 이주민 공동체의 거센 비판을 받게 된다. 프랭크 친이 주장한 '차별화된 아시아계의 진정성'은 초기 인종 정치 운동에 효과적인 전술이었지만, 이민자의 문화적 지형도가 달라진 이후에는 인종적, 문화적 본질주의로 비쳐지는 부작용을 낳았다(최성희 「다문화주의의 허와 실」 10). '문화 민족주의'를 이끌었던 초기 한국계 미국 연구자인 일레인 김조차도 1990년대 이후 쓴 글에서 1970년대의 문화 민족주의와 '범 아시아계의 정체성'이 새로운 인종적 억압이 될 수 있으므로, 더 이상 시대적 담론이 될 수 없음을 인정한다("Foreword" xi).

리자 로우Lisa Lowe에 따르면 아시아계 미국인의 문화는 물려받은 것, 교정한 것, 새로 만든 것이 뒤섞인 혼종적인 것이다(65). 로우는 아시아계 공동체는 인종 이외의 여러 다른 요인들, 즉 계급, 민족, 성별, 개인적 경험 등이 반영된 복합적인 정체성을 준비해야 한다고 주장한다. 그녀는 기존에 사용했던 아시아계 미국인이라는 용어가 "일본계나 중국계의 경험이 아시아계의 전체를 대표하는 것처럼 오해될 수 있고, 아시아인을 모두 똑같다고 생각하는 인종적 편견을 더 강화할 수 있다."(Lowe 9)고 지적한다. 또 아시아계 미국인의 정체성을 본질적인 것으로 간주할 경우 아시아계 내부에서 또 다른 차별을 만들어낼 위험도 있다. 가령, 아시아계 미국인의 정체성을 중국계, 일본계 이성애 남성으로 대표하면 인도계, 라오스계 등의 민족, 인종 집단과 동성애 집단, 여성의 존재가 무시될 수 있다(Lowe 71).

1990년대 이민지형의 변화는 아시아계 미국연극계에도 커다란 영향을 미쳤다. 에스더 리Esther Lee는 혼종적인 이민자 문화의 영향권에 속하는 1990년대 이후 아시아계 미국 극작가들을 '제 3 세대'라고 구분하고, 그들의 특징을 "본질적 정체성에 대한 거부"로 요약한다. 그들은 기존 세대가 합의한 문화적 민족주의를 부정하고 인종이나 민족적 정체성의 문제를 개인이 '선택'해야 할 문제로 변경한다. 가령 3세대의 작품에 나오는 인물들은 미국과 아시아, 둘 중 어느 문화에도 소속되지 않는 존재로 등장한다. 인물이 느끼는 소외감은 인종 특화된 주제가 아니라 동시대인의 존재 조건을 드러내는 보편적 은유로 제시된다(E. Lee A History 204-5).

2세대를 대표하는 헨리 황 등 선배 극작가들은 3세대 극작가의 태도에 환영과 기대를 보였다. 로버타 우노Roberta Uno는 기존 아시아계 미국연극이 중국과 일본 이민자 이야기로 한정되었던 것을 문제로 지적한다("Asian American Theatre" 324). 그리고 새로운 아시아 지역 출신 극작가의 등장에 주목하면서 그들이 새천년 미국연극계를 재창조할 것이라고 전망한다("Asian American Theatre" 331). 1990년대 후반부터 2000년의 첫 십여 년 동안 활약했던 극작가들을 묶어 3세대로 분류한다면, 채 유Chey Yew, 앨리스 촨Alice Tuan, 한 옹Han Ong, 수닐 쿠루빌라Sunil Kuruvilla, 프린스 고몰빌라스Prince Gomolvillas, 성 노, 줄리아 조, 다이애나 손 등이 포함된다.

3세대 극작가들의 작품은 다양한 민족적, 지역적 차이만큼이나 다채롭기 때문에 1-2세대의 경우처럼 그 특징을 일반화하기 어렵다. 하지만 이전 세대와의 차이점에 집중하여 그 특징을 추론하면 인종과 민족성에 대한 새로운 해석, 디아스포라적 문화 실천, 연극 형식의 확장으로 요약할 수 있다. 첫째, 3세대 극작가에게 인종과 민족성은 아시아계 미국인이 경험하는 다층적 양상을 언급하기 위한 출발점에 불과하다(Yew xix). 아시아계 미국인이라는 정체성을 우연히 주어진 것으로 간주하는 3세대 극작가들은 인종적, 민족적 정체성을 거부하지는 않지만 반드시 인종적 정체성에 입각한 작품을 써야 한다거나 아시아계 공동체의 입장을 대변해야 한다는 강박에서 자유롭다. 아시아계 미국인이란 정체성은 복잡한 경험들 중 하나일 뿐이라고 생각하는 것이다.

둘째, 아시아와 아시아 태평양 군도 출신 극작가들은 아시아계 디아스포라Asian Diaspora적 관점을 가지고 있다. 로빈 코헨Robin Cohen에 따르면 디아스포라는 원래 이주와 식민화를 뜻하는 그리스어였지만, 최근에는 제국주의 디아스포라, 노동 디아스포라 등 다양한 맥락의 이주와 이동을 뜻한다(Um 3 재인용). 캔디스 추Kandice Chuh와 카렌 시마카와Karen Shimakawa는 아시아계 디아스포라를 기존의 '아시아'와 '아시아계 미국'을 대체하는 용어로 사용할 것을 제안한다(7). 아시아계 디아스포라의 가장 큰 특징은 제국과 모국 둘 모두에 대해 "탈동일시"disidentification하는 태도를 보인다는 점이다(태혜숙 237). 따라서 아시아계 디아스포라의 관점을 담은 연극은 미국성을 강조하지도 않고, 아시아 본국과의 관계 역시 독특한 양식으로 변형하여 반영하게 된다.

아시아계 디아스포라의 관점을 잘 보여주는 아시아계 극단으로 〈무 공연예술〉Mu Performing Arts(이하 〈무〉)을 들 수 있다. 극단 〈무〉의 연출가 릭 시오미는 극단이 위치한 미니애폴리스Minneapolis 지역의 특수성에 주목했다. 그 곳은 한국계 입양아와 1965년 이후 이민 온 아시아계 인종 공동체가 많은 지역이다. 시오미는 그들의 문화적 뿌리가 전통적인 아시아 문화에 닿아 있음에 주목하고, 역사, 이주, 초국가, 식민주의 등의 디아스포라적 주제를 무대로 옮겼다(J. Lee "Introduction" 8). 당시 유학생이었던 이동일은 〈무〉 극단의 공동창립자로서, 1992년 그 지역의 한국계 입양인들과 함께 「탈춤」Mask Dance이란 연극을 공연했다. 이 극은 한국 전통 탈춤과 서구 서사 형식을 결합한 공연으로서 극단 〈무〉가 지향하는 디아스포라 무대를 잘 보여준 대표작으로 꼽힌다(E. Lee A History 215).

셋째, 극 형식의 실험 역시 3세대 아시아계 극작가들의 특징으로 꼽을 수 있다. 그들은 '진실 말하기'telling the truth에 치중한 사실주의 극 미학에서 벗어나 새로운 미적 경로를 찾고자 했다. 그 결과 3세대의 작품에는 베켓식의 부조리극으로부터, 슬랩스틱 코미디, 1940년대의 로맨스 극, 뮤지컬에 이르는 다양한 극 형식이 존재한다(Shimakawa "Ghost" 382). 3세대들은 몇몇 아시아계 1세대 극작가들과 공동으로 아시아계 연극 형식을 확장하는 실험을 보여주었다. 〈마이극단〉MaYi Theatre Company, 〈2세대〉Second Generation, 〈비단 길 연극 프로젝트〉Silk Road Theatre Project, 〈무〉 등이 그들의 활동 무대였다. 대학가에서는 〈18인의 강력한 산악 전사들〉18 Mighty Mountain Warriors 등의 코미디가 유명했다. 그들은 인종 공동체보다 예술적 자유를 더 중요시했고, 기존 아시아계 극단의 서구식 사실주의 극 전통을 못마땅하게 여겼다 (E. Lee *A History* 209). 그들은 리얼리즘 대신 '스킷'skit이라 불리는 짧은 스케치 코미디를 대안으로 제시했다. 이런 유형의 코미디는 TV 시트콤을 보며 자라난 아시아계 청년 세대의 감수성을 사로잡으며 대학가에서 지속적으로 강세를 보이고 있다(E. Lee *A History* 211).

새천년 이후 아시아계 미국연극계에는 3세대를 넘어 4세대로 분류될 새로운 극작가들이 나타나고 있다. 채 유의 구분에 의하면 4세대로 구분되는 극작가들은 보니 알바레즈Boni Alvarez, 릴리 링 윙Lily Ling Wong, 크리스티나 윙Kristina Wong, 에스더 채Esther Chae, 쟈밀 쿼리Jamil Khoury, 제시 샤오Jesse Shao 등이 있다. 3세대와 마찬가지로, 4세대 극작가 역시 아시아계 미국인이라는 정체성으로부터 자유롭다. 이들은 스스로를 아시아계 미국인으로 인식하지 않는 경우가 많고, 작품 속에 아시아계 인물을 등장시키지 않기도 한다. 줄리아 조의 2010년 작품, 『언어저장소』*The Language Archive*나 4세대 극작가의 선두주자로 평가 받는 영진 리의 「우린 죽을 거야」*We're Gonna Die*에서 아시아계의 흔적을 찾기란 쉽지 않다(Yew xxvi). 이처럼 아시아계 미국인의 삶이 다양해질수록 극작가들이 탐구하는 미적 세계의 영역 역시 무한대로 확산된다.

최근 아시아계 미국연극의 다양함을 일반화된 개념으로 고착시키기란 어려워 보인다. 하지만 분명한 것은 이들의 작품에서 아시아계는 더 이상 아시아인이란 인종race이 아니라 아일랜드계나 유태인계처럼 하나의 민족성

ethnic으로 분리되는 여러 징후들을 포착할 수 있다는 점이다. 이에 따라 아시아계가 이데올로기적으로 각기 다른 미래와 전망을 가질 것이라는 예상이 점차 현실화 되어가고 있다(Nguyen 169). 아시아계 미국연극의 미래 역시 이러한 사회적 맥락을 반영하게 될 것이다. 조세핀 리Josephine Lee의 진단처럼 탈 인종사회post racial society로 간주되는 작금의 상황에서 아시아계 미국연극이란 표현을 언급한다는 자체가 불리하거나, 불필요한 것일지도 모른다("Introduction" 3). 최근 브로드웨이 중심가에서 공연 중인 아시아계 미국연극 작품에서 인종적 색채를 찾기 어렵다. 이런 현상은 아시아계 미국연극이 "유대인 연극이나 게이 연극처럼 미국연극계에 동화되어 과거의 역사적 작품으로 남게 될 지도 모를" 미래를 조심스럽게 전망하게 만든다(Yew xxvi).

그렇지만 여전히 많은 극작가와 배우들은 아시아계 미국연극이 미국 주류 연극계에서 적극적으로 수용되지 않는 인종차별적 현실을 지적하고 있다(Houston "Review"). 향후 아시아계 미국연극계의 행방에 대해 단언할 수 없지만 3세대와 4세대 아시아계 극작가들이 현실을 해석하고 반응하는 양상을 지켜보는 과정에서 그 답을 찾을 수 있을 것이다. 특히 3, 4세대 극작가의 선두에서 줄리아 조를 포함하여 다이애나 손, 영진 리와 같은 한국계 극작가들을 어렵지 않게 찾아볼 수 있다. 그들의 작품 세계에 대한 이해와 분석이 곧 아시아계 미국연극의 진로를 예측할 수 있는 한 가지 방법일 수 있다. 다음 장에서는 한국계 미국연극이 형성되는 사회문화적 맥락을 살펴본 후 한국계 미국연극의 미학적 특징을 "푸웡키적 감수성"이라는 관점을 통해서 살펴보겠다.

■ 1장과 2장의 내용은 『정신문화연구』 33권 2호에 수록된 필자의 논문, 「한국계 미국연극의 문화지형도 읽기: 성 노와 줄리아 조의 작품을 중심으로」를 일부 수정한 것이다.

3

한국계 미국연극의 시작

[1] '한국적 감수성'의 사회문화적 배경

90년대 이후 등장한 한국계 미국연극에는 '한국적 감수성'이라고 부를 만한 독특한 태도가 나타난다. 한국적 감수성은 일본계, 중국계, 필리핀계 등 다른 아시아 민족과 구분될 만한 한국계 미국인만의 정서구조라 할 수 있는데, 한국계 고유의 문화적, 역사적인 배경을 가진다. 뒤늦게 출발한 연극 장르에 비해서, 일찌감치 한국계 미국 문학사를 선도했던 초기 한국계 소설 작품 속에는 이러한 한국적 감수성이 잘 드러나 있다. 그것은 한국인의 일상을 상징하는 김치, 한국 전래 설화 등의 문화적 지시어로 나타나거나, 한국전쟁과 같은 역사적 사건들이 호출되는 과정에서 무의식으로 발현되기도 한다. 한국인은 일제 식민지, 해방, 미군정 지배, 분단, 한국전쟁 등 격동의 근현대사 기억을 공유한다. 미국으로 이주한 한국계 미국인들의 경우에는 인종적, 계급적, 문화적 소외라는 독특한 이산의 경험이 더해진다. 한국계 미국인들이 경험한 독특한 경험과 역사적 기억, 문화적 영향력은 한국인들과 또 다른 차원으로 구별되는 한국적 감수성을 형성하게 만든다.

한국계 이주민이 공유하는 한국적 감수성의 바탕에는 무엇보다도 불명예스러운 이민사가 깔려있다. 한국인 최초의 미국 이민자는 하와이 농장에서 파업을 일으킨 일본 노동자들을 대체하기 위한 노동자였다. 즉 백인사회의 이득을 위협하는 일본계 노동자들의 저항을 무마하기 위해 미국 정부가 고용한 용병인 셈이다. 1902년 하와이 노동자로 시작된 한국계 미국 이주민들은 다른 아시아계 미국인들 사이에서 배신자로 통했다(You and Ha 215). 미국 주류사회에서도 한국계는 삼등 시민이란 이미지가 강했다. 초기 한국계 이민자들이 일본 제국주의의 식민지인이었기 때문이다. 해방 후에도 한국계 미국인은 미군정의 통치를 받는 약소국 출신 국민이었고, 1965년 이후 경제이민이 시작된 뒤에는 전 지구적 자본의 통제를 받는 이주 노동자였다. 20세기 초 미국의 군사 경제적 라이벌임을 자처한 일본의 국력을 배경으로 일본계 이주민이 일등시민의 권리를 주장하는 것과 달리, 한국계 미국인들은 백인 - 일본계와 유럽계 - 아시아계로 서열화된 미국사회의 하위계층에 머물렀다.

또한 아시아계 미국인은 공식적인 미국 시민이지만, 미국과 아시아 국가 사이의 외교 관계에 의해 좌우되어 종종 시민권을 위협받는 상황에 처한다. 미국의 주류사회는 아시아인에 대한 오리엔탈리즘적인 우월감에서 아시아계 미국인을 아시아인으로 동일시하기 때문이다. 한국계 미국인을 보는 미국의 태도에는 2차 대전 후 미국이 한국에 대해 행사했던 점령군의 시각이 반영된다. 캐서린 문Catherine Moon이 지적하듯이 남한 사회는 한국 전쟁 이후 미국과의 관계에서 군사적 종속을 자청한다. 한미 동맹은 국제 정치학에서 피보호자-보호자 관계로 자주 인용되는 사례이며 이러한 상황 은 국가 간 권력 불균형과 기지촌과 같은 군대 매매춘이 존재하는 맥락을 설명해준다(캐서린 문 37-38). 양국 사이의 종속적 관계에 근거하여 미국사회 는 한국계 미국인을 독립된 국가로부터 온 이주민이라기보다 미군의 보호 를 받아야 할, 분쟁과 위험지역에서 온 피난민으로 보기 쉽다. 이러한 분위 기에서 한국계 미국인은 한국과의 관계나 전통문화에 대한 자긍심을 표현 할 기회조차 갖지 못했다(L. Kim 31-52).

1965년 이후 한국계 이민자가 급증했는데 이전의 단순 노동직군에서 전문기술직군으로 구성원의 직업이 바뀌었다.[8] 하지만 1990년대까지도 한 국계 미국인의 정서는 여전히 삼등시민을 벗어나지 못했다. 전쟁으로 폐허 가 된 조국을 떠나 경제적 성공을 꿈꾸며 이주한 한국계 미국인은 미국사 회에 동화되기 위해 노력했다. 미국사회는 한국계 미국인의 노력을 이중적

[8] 한인이민에 대한 국내 연구에 따르면 미국사회에서 한국계 미국인이 형성되는 계기는 세 시기 로 나누어 볼 수 있다. 즉, 초기 하와이 이민(1902~44), 한국전쟁 전후 이민(1945~1964), 1965 년 미국이민법개정 이후의 이민(1965년~현재)으로 구분된다. 1902년 12월 102명의 조선인이 하와이 농장의 노동자로 이주한 것이 시작이었다. 그 후 조선청년들은 본토로 이주해 미국의 탄광노동자나 철로 공사장에 유입되었다. 그들은 고국에서 사진을 보내 온 한국 처녀들, 이른 바 사진신부(picture bride)들과 결혼했다. 1910년부터 1924년까지 일제 식민지 당국의 허가를 받고 건너간 사진신부의 수는 약 1천 여 명에 이르렀다. 두 번째 시기는 해방과 한국전쟁 전후 의 이민이다. 소수의 유학생이 미국으로 학업이민을 떠났다가 정착한 경우이다. 이들과 별도 로 한국전쟁으로 인해 이른바 전쟁신부(war bride)라고 불리는 여성들의 이민이 적지 않게 이 루어졌다. 1951년부터 1964년까지 미국인과 결혼하여 이주한 전쟁신부는 약 2만 8천여 명에 이른다(홍경표 234-35). 세 번째 시기는 미국 이민법이 개정된 1965년 이후이다. 이 시기 이민 은 경제적인 기회를 찾아 이동한 가족 중심적 노동인구의 국제적 이동성격을 띠었고, 군사독 재정권을 피해 이주하는 정치적, 경제적 망명도 많았다. 1990년대 이후로는 지식인, 이중국적 자의 초국적 이동을 포함한 다양한 이주의 내용을 보여주고 있다(윤인진 203-12).

으로 평가했다. 즉 성공적 이민자로 칭찬하면서도 바나나, 트윙키Twinkie; 겉은 노랗고 속은 하얀 과자 등 아시아인의 정체성을 잃어버린 자들로 비하했던 것이다. 한국계 이주민을 경멸했던 이는 주류사회뿐만이 아니었다. 1994년 로드니 킹Rodney King 사건을 계기로 일어난 '4.11 폭동'(LA 폭동) 때, 유색인종 이민자 집단은 무방비로 노출된 한국계 미국인들에게 도움의 손길을 주지 않았다.

이러한 반응은 백인 중심적 언론이 흑백 갈등이라는 인종 문제를 한국계와 아프리카계의 갈등으로 왜곡했기 때문이다. 하지만 경제적 성공에 급급하여 타 인종에 대한 배려와 연대의 노력을 보이지 않았던 한국계가 스스로 자초한 결과라는 자성의 목소리도 나왔다(E. Kim "Home is Where" 218-19). 한국계 미국인과 다른 아시아계 이민자들은 식민지배, 전쟁, 분단, 신식민적 지배, 인종차별 등 아시아계 디아스포라의 기억을 공유하는 아시아계 공동체의 일원이었다. 그러나 한국계 미국인은 그들의 기억이 미국의 국가 서사와 충돌하자 다른 이민자들과 함께 권리를 요구하거나 저항하는 대신, 침묵과 배신으로 성공을 도모했던 것이다.

1990년대 이전까지 연극분야는 물론 장르를 불문하고 한국계 미국인 작가가 많지 않았다. 그 이유는 초기 이주민들의 언어적 장벽 즉, 작품을 쓸 만큼의 영어 구사 능력이 부족했기 때문이다. 사탕수수 노동자였던 초기 이주 노동자들이나, 한국전쟁 이후 미군의 아내가 되어 이주한 양공주 출신 여성들, 1970년대에 건너가 중소상인에 머물렀던 이민자들은 대부분 영어로 자신의 이야기를 쓸 정도의 언어 능력을 갖지 못했다.[9] 1990년대

---

[9] 1세대 한국계 미국 소설가인 김은국이나 강용흘은 영어로 작품을 썼지만 그들 작품에 나타난 목소리는 지식인 남성의 것이었다. 그들의 이야기는 영어에 서툴고 육체노동으로 생계를 이어

이후 등장한 한국계 작가들은 주로 1965년 이민법 개정 이후 부모와 함께 미국으로 이주한 1.5세대이거나 미국에서 태어난 2, 3세대들이다. 이들은 한국어보다 영어를 모국어로 삼아 성장했고, 이들에 의해 비로소 한국계 미국인의 삶이 미국 문학계에서 나타날 수 있었다.

2세대 한국계 작가들은 1994년 '4.11 폭동'을 겪은 후 미국사회에서 스스로의 인종적 정체성을 성찰하게 된다. 당시 그들은 흑백갈등으로 시작된 인종분쟁의 불똥이 한국계 이주민에게 튀면서 아프리카계와 멕시코계 미국인의 공격 대상이 되었다. 주류 미디어 속에서 한국계 미국인들은 영어가 서투른 이방인, 인종차별주의자, 자기 가족과 돈 밖에 모르는 게토지역의 상인들로 묘사되었다(E. Kim "Hybridity" 105). 왜곡된 미디어에 분노했던 2세대 한국계 극작가들은 작품에서 한국계 미국인에게 각인된 부정적 이미지의 부당함을 고발하는 경우가 많다. 하지만 그 부정적 이미지를 한국계 스스로 자초했다는 뼈아픈 반성 역시 드러난다. 한국계 극작가들의 작품에 등장하는 인물, 한국과 미국의 사이에서 고민하거나 자학적으로 저항하는 인물은 작가의 자화상이거나 거울의 의미로 읽을 수 있다. 이처럼 2, 3세대 한국계 극작가들이 한국적 감수성을 만나는 지점에는 미디어가 만든 왜곡된 이미지, 초기 이민 1세대들의 이기심과 비겁함 그리고 식민과 전쟁, 분단으로 얼룩진 한국 근현대사의 기억들이 놓여있다.

[2] 한국계 미국연극의 시작

최초의 한국계 미국 연극인은 피터 현Peter Hyun으로 추정되고 있다. 하

가던 대다수 이주민들의 정서와는 거리가 있었다(E. Kim "Korean American" 156).

와이 이민자였던 그는 1930년대 뉴욕에서 연출가로 활약했으나, 인종차별을 겪고 그 충격으로 인해 미국연극계를 떠난 불운한 인물로 알려져 있다(이미원 11-12). 피터 현은 주로 연출만 했을 뿐 극작을 했다는 기록이 없으니 최초의 한국계 극작가라는 영광은 오순택에게 돌아가야 할 듯하다. 〈동서 연희패〉의 창단 일원이었던 오순택은 아시아계 극작가를 양성하는 등, 초기 아시아계 미국연극의 주춧돌을 놓은 인물이다. 1970년 제 2회 경연에서는 오순택이 「그럴 리가」Tondemonai–Never Happen로 최고상을 받았다(E. Lee A History 46). 배우로서의 재능이 뛰어났던 그는 다수의 아시아계 미국 무대와 브로드웨이 무대에 섰고 여러 편의 헐리웃 영화에서 인상적인 조연으로 출연했다. 1979년에는 최초의 한국계 극단인 〈한국계 미국 앙상블〉Korean American Ensemble을 창단하는 등 아시아계 연극사의 한 획을 긋는 활동을 했지만, 아쉽게도 그는 「그럴 리가」 이후로는 더 이상 희곡 작품을 쓰지 않았다.10

오순택 이후의 한국계 극작가로는 「열린 공간」Open Space으로 1993년 드라마 리그 상을 받은 수잔 김Susan Kim과, 같은 해 『기다림의 기술』The Art of Waiting로 대학연극축제에서 수상한 로버트 신Robert Shin이 있다. 신의 작품은 브라이언 넬슨Brian Nelson의 희곡선집, 『아시아계 미국드라마: 다인종적 시각에서 본 9편의 희곡』Asian American Drama: Nine Plays from the Multiethnic Landscape에 수록되었다. 하지만 두 사람은 후속 희곡을 내지 못했다. 이렇듯 초기 아시아계 미국연극계에서 한국계의 활동은 그다지 활발한 편은 아니었다(이미원 13).

한국계 비평가 테리 홍Terry Hong은 초기 아시아계 미국연극 역사에서

---

10 그는 현재 한국에서 서울예술대학 석좌교수로서 후학들에게 연기를 가르치고 있다.

한국계의 활동이 저조했던 이유를 1960-70년대 시대적 상황과 연결하여 추정한다. 당시 아시아계 미국연극은 인종과 문화 민족주의, 오리엔탈리즘, 페미니즘 등의 이념을 중심으로 활동했고 아시아계 공동체의 각성을 목적으로 삼았다. 렌디 게너Randy Gener에 의하면 당시 인종 및 정치성을 강조하지 않았던 아시아계(한국계) 극작가들은 아시아계 연극 무대로부터 소외되거나 배제되었을 가능성이 높다(Hong "Times up" 69 재인용). 주로 일본계와 중국계 미국인을 중심으로 운영된 초기 아시아계 극단은 다양한 이민 집단이나 혼혈 극작가 등의 목소리를 배제했다는 비판에서 자유롭지 못했다.

그리하여 초기 아시아계 연극계의 일방적 운영을 비판하고, 숨겨져 있던 다양한 인종, 민족적 목소리를 소개하기 위한 극단들이 설립되기 시작한다. 필리핀계 미국인 랄프 피나Ralph Pena가 민족의 혈통과 인종적 자부심을 강조하며 1989년 설립한 〈마이 극단〉Ma Yi Theatre, 한국계 문화를 소개하기 위해 오순택이 설립한 〈전통공연회〉The Society of Heritage Performer[11] 등이 그것이다. 이 두 극단은 각각 필리핀과 한국의 고유 역사, 정치, 문화를 주제로 한 무대를 선보였다. 하지만 곧 여러 아시아계 집단의 목소리가 섞이는 혼종적 무대로 발전한다. 특히 이 두 극단은 성 노, 로이드 서Lloyde Suh, 필립 정Philip Chung 등 3세대 한국계 극작가들을 발굴하고, 새로운 연극 미학을 실험할 수 있는 무대를 제공했다는 점에서 한국계 미국연극사에 특별한 의미를 갖는다(E. Lee A History 219).

1990년대 이전 한국계의 참여가 부진했던 또 다른 이유는 아시아계 공동체 내부의 민족 갈등에서 찾을 수 있다. 아시아 국가들 사이에 벌어진

---

[11] 1995년 설립된 이 극단은 이후 'Lodgestone Theatre Ensemble'로 명칭이 바뀐 후 재정난으로 문을 닫았다.

전쟁, 20세기의 식민통치와 관련된 역사적 배경은 아시아계 공동체 내부의 연대를 어렵게 만드는 요인으로 작용했다. 한국계와 일본계의 관계가 대표적이다. 2차 대전 당시 미국정부는 일본계 이주민을 내부의 적으로 규정하고 그들에게 불법적인 차별/분리 정책을 강요했다. 한국계 이주민들은 일본계로 오인되지 않기 위해 한국인이라고 쓴 배지를 착용했다. 청일전쟁을 겪은 중국계 역시 일본계와의 연대를 거부했다. 한국계와 중국계 이주민의 행위는 일제 식민 통치에 대한 민족적 분노와 저항심에서 비롯된 측면도 있지만 초기 아시아계 이주민 공동체 내부의 분열과 갈등을 보여주는 것이기도 하다.

'4.11 폭동'이 일어나고 그 이듬 해, 오순택은 미국사회에서 섬처럼 고립된 한국계 미국인의 이미지를 바꾸고자 한국의 마당극 형식을 빌린 뮤지컬 코미디 「들어본 적 있나요」Have you Heard를 공연한다. 사실 이 극은 한국어와 전통 문화를 알지 못하는 한국계 2세대를 위해 1979년이 이미 공연했던 작품이다(이미원 16). 오순택은 '4.11 폭동' 이후 다른 인종들에게 한국계 미국인 문화를 알려 상호간에 오해를 풀고 범 아시아계 공동체의 협력을 호소하기 위해 재공연을 기획했다(E. Lee A History 218). 이 공연은 단순히 한국계 미국인을 변명하기 위한 것이라기보다, 이민 지형도가 달라진 1990년대에 다른 인종들과의 연대와 이해를 선구적으로 주장한 의미 있는 실천이라고 평가할 수 있다.

영어에 능숙하고 한국문화와 미국문화 모두 이해하는 2세대 한국계 극작가들이 연극계에 나타나기 시작한 것도 이 무렵이다. 1990년대 중반을 전후로 성 노, 다이애나 손, 필립 정, 로이드 서, 에드 복 리Ed Bok Lee의 작품이 공연되고 출판되었다. 새천년 이후로도 줄리아 조, 영진 리, 닉 차 김 Nick Cha Kim 등의 극작가들이 등장하여 신선한 주제와 미적 형식은 물론 대중성까지 겸비한 작품을 선보이고 있다. 언급한 이들 외에 공식적으로 활동 중인 한국계 극작가들은 김의준Euijoon Kim, 킴버 리Kimber Lee, 마이클 강 Michael Kang, 인수 최Ins Choi, 미아 정Mia Chung, 수잔 리Suzanne Lee, 수잔 김 Susan Kim, 지현 리Ji Hyun Lee, 폴 존Paul Juhn, 패티 장Patty Jang, 캐티 해 레오 Katie Hae Leo, 폴 리Paul Lee 등이 있다. 이들은 한국에서 전문직에 종사했던 부모를 따라 어릴 적 이민을 왔거나 미국에서 태어난 2, 3세대에 속했다. 미국과 한국 모두의 문화에 익숙하며 몇몇 극작가는 명문대를 졸업한 소위 '엄친아'의 이력을 가졌다.

한국계 극작가들이 미국연극계에서 떠오르는 신예가 된 이유는 내용과 형식의 새로움 때문이다. 많은 한국계 극작가들이 미국 내 여러 연극 경연에서 입상하거나 권위 있는 연극 상을 수상하는 등, 미학적 완성도 높은 무대와 실험정신으로 인정받고 있다. 또 주류 무대에서 상업적으로도 성공하며 아시아계 미국연극의 새로운 미래를 주도하고 있다. 이러한 한국계의 돌풍은 최근 출판된 한국계 미국 작품선집, 『아메리카 대륙의 한국계 디아스포라 극작가들의 최신 희곡 일곱 편』Seven Contemporary Plays from the Korean Diaspora in the Americas에서 확인할 수 있다. 이 책의 편집자 에스더 리는 최근 한국계 미국연극을 설명하는 키워드로서 '한국계 디아스포라'를 제안하고 있다. 인종과 문화적 집단을 의미하는 '한국계 미국인' 대신 '한국계 디아스포라' 개념을 적용한 것은 초국가적 양상을 보이는 시대를 맞아 인종정체성과 문화 정체성이 해체되고 있음을 강조하기 위함이다. 한국계 디아스포라는 한국계 미국인의 정체성이 민족의식이나 인종적 소속에 의해 결정되는 것이 아니라, 국가 간의 새로운 이동 형식이나 집단형성 방식으로부터 영향을 받으며 형성되고 있는 상황을 반영한 개념인 것이다(E. Lee "Introduction" xiv-xvi). 에스더 리에 의하면 이러한 정체성의 변화는 한국계 공동체 안팎의 변화를 반영하고 있다. '4.11 폭동' 이후 한국계 디아스포라들은 아메리칸 드림에 실패한 이민자들로 비추어졌다. 하지만 그들의 후손들이 미국 각계에 진출하면서 새롭고 다양한 한국계의 이미지를 만들고 있다. 또 한류로 대변되는 한국문화의 전 지구적 유행과 한국의 경제적 성장이 인터넷을 통해 전 세계로 알려지면서 미국 내 한국의 이미지는 크게 바뀌고 있다 ("Introduction" xv). 이러한 변화와 조건들 덕분에 한국계 디아스포라는 다양하고 새로운 성격으로 끊임없이 재생산된다. 한국계 디아스포라는 짧은 기간에 발생한 변화의 결과물로서 "아직까지 안정적인 인식론적 대상으로 정착되지 못한 상태"(Chuh and Shimakawa 6)라고 평가되지만, 에스더 리는 개념화되기 어려운 불안정성과 다양성 그 자체가 역설적으로 한국계 디아스포라 고유의 역동적 성격을 드러내는 것이라고 본다.

최근 한국계 극작가들이 한국계 디아스포라의 양상을 작품에 반영하는 경우를 쉽게 찾아볼 수 있다. 한국계 극작가들은 1960-70년대의 정치 의식화나 1980-90년대의 문화전쟁을 넘어서는 무대를 상상해낼 뿐만 아니라 주류, 비주류 무대를 구분하지 않고 적극적으로 관객과 조우하는 등, 기존 아시아계 미국연극의 활동 궤도에서 많이 이탈해 있다(E. Lee "Introduction" xviii). 가령 다이애나 손과 영진 리는 뉴욕 브로드웨이 무대에서 인종정체성과 전혀 관련 없는 작품으로 관객과 평단의 극찬을 받고 있다. 또 미니아폴리스나 시카고 지역의 한국계 극작가들은 신흥 아시아계 이민 공동체가 모여 있는 중부 지역의 조건과 사회 역사적 배경을 바탕으로 새로운 무대를 만들어내고 있다(J. Lee "Introduction" 5-6). 성 노의 「이상 열셋까지 세다」 Yi Sang Counts To Thirteen, 『비 내리는 클리블랜드』 Cleveland Raining, 로이드 서의 『미국식 환갑』 American Hwangap이 한국에서 공연되어 한국계 디아스포라적 감수성이 한국 관객에게 소개되기도 했다.

4

한국계 미국연극의 푸윙키적 감수성

다양하고 새로운 형식과 내용을 갖춘 한국계 디아스포라 연극을 한 마디로 정의하기란 어려운 일이다. 아직까지 정합성을 갖춘 이론이나 비평이 나오지 않은 상황에서 에스더 리의 '한국계 디아스포라' 개념만 제시되어 있을 뿐이다. 아직까지 한국계 극작가들의 작품에 나타난 고유의 감수성과 극작방식은 미학적 비평 용어로 증류되지 못했다. 최근 아시아계 연극계에서 차지하는 한국계 극작가들의 위상을 볼 때, 한국계 미국연극에 대한 진단은 곧 아시아계 연극의 지형도와 크게 다르지 않다고 보아도 과언은 아니다. 그런 의미에서 1999년 미국 시애틀에서 〈북서부 아시아계 미국 극단〉Northwest Asian American Theater이 개최한 '아시아계 미국연극 학술대회' Asian American Theatre Conference는 아시아계와 한국계 미국연극의 지형을 살

퍼볼 수 있는 중요한 자료를 제공한다.

이 회의에서 제시된 5개의 의제를 보면, 1) 아시아계 미국연극 회고 2) 1990년대 아시아계 미국연극의 이슈들 3) 동서 전통의 혼합 4) 인종 풍경이 포함된 아시아계 미국연극 5) 아시아계미국연극의 미래이다. 이 의제들은 1990년대까지의 아시아계 미국연극을 총정리하고 전망을 타진할 수 있는 문제의식과 관점을 요약해 보여준다(E. Lee A History 200-201). 이 행사에서 제시된 내용을 바탕으로 향후 아시아계 미국연극의 문제의식을 정리해보면 두 가지 문제의식, 즉 〈인종정체성의 해체〉와 〈민족별 고유문화의 반영〉으로 요약할 수 있다.

첫째, 아시아계 미국인의 인종적 정체성에 대한 언급은 더 이상 새삼스럽지 않은 의제이다. 아시아계 미국인의 정체성은 인종 정치를 위해 동의한 '전략적 본질주의'일 뿐, 결코 본질로 환원될 수 없는 다양하고 혼종적인 것이라는 점에 이견은 없는 듯하다. 최근 아시아계 미국인의 정체성을 형성하는 기준은 인종뿐만 아니라 젠더와 계급, 민족과 같은 여러 요인을 포함한다. 때로는 인종의 흔적이 사라진 탈 인종적 정체성이나 민족과 국가의 개념이 사라진 초국가적 디아스포라 정체성도 등장한다(Yew xxvi). 성노의 『비 내리는 클리블랜드』에서 아메리칸 드림에 실패한 한국인 부모가 사라진 뒤, 한국계 2세대 남매가 전통적 가족을 해체하는 과정은 혈통의 단절과 인종정체성 해체에 대한 비유로 읽을 수 있다. 아시아계 미국 무대에서는 이처럼 다양한 아시아계의 인종성과 문화를 어떤 방식으로 재현하는가를 중요한 미학적 화두로 삼고 있다.

둘째, 아시아계 미국연극의 또 다른 화두는 아시아 문화와의 관계이다. 이미 1970년대부터 〈마이 극단〉이나, 〈전통문화 연희모임〉은 민족 고유문화를 소개하고 이를 무대 연출기법으로 응용하는 시도를 보여주었다. 최근 설립된 몇몇 아시아계 극단들은 아시아의 고유문화를 단순 차용하는 것에서 나아가 아시아와 미국의 문화를 융합하는 등 여러 형태의 제휴를 시도한다. 이들 극단의 아시아 민족 공연은 아시아계 이주민의 증가와 관련된 것으로 이주민의 디아스포라적 조건을 연극 미학으로 반영한 것이라고 볼 수 있다. 한국계 극작가 성 노, 줄리아 조, 로이드 서의 작품에서 이러한 경향을 확인할 수 있다. 그들의 작품에는 미묘하게 한국문화의 정취가 느껴지며 한국계 디아스포라들의 복합적인 삶이 제시된다(이미원 15).

한국계 극작가들은 '푸윙키'란 용어가 보여주듯이 인종과 민족 문화에 대해서도 간극적 인식 및 존재방식을 보여준다. 그들은 인종정체성과 고유 민족문화를 규정하는 기존의 개념이나 실천 양상을 비판하지만 그 범주로부터 완전하게 벗어날 수 있는 방법은 찾지 못한 것처럼 보인다. 언급했듯이 그들의 작품은 인종차별적 현실에 대한 비판적 시각과 인종적 정체성에 대한 자의식을 여전히 가지고 있고, 고유문화에 대한 관심과 거리감이 동시에 드러나는 등, 두 문화 사이에서 서성이는 느낌을 준다. 그런데 소속되지 못하는 존재들의 서성거림은 한국계 극작가들에게 한계가 아니라 주요한 미학적 근거로 작용한다.

가령 성 노의 『파장』*wAve*은 "한국과 미국이 만나는 곳, 「매쉬」와 마가렛 조의 중간지점, 38선의 중간지점"(113)을 배경으로 한다. 이는 내부와 외부의 중간, 두 문화의 중간, 보수적 공동체와 진보적 개인의 중간, 정치 투쟁의 중간에서 새로운 의미의 존재 가능성을 찾으려는 푸윙키적 노력을 상징적으로 나타낸다. 한국계 미국연극의 푸윙키들은 종종 그들에게 요구되는 미국성 혹은 한국성으로의 소속을 거부하고 지연시키며 각각의 범주와 일정한 거리를 둔다. 푸윙키들의 행위는 의도적이든 비의도적이든 그들에게 강요되는 기존 의미체계를 거부하고 문제시한다는 점에서 충분히 저항적이며 미학적이다.

두 문화의 사이에 머문다는 점에서 한국계 극작가들의 푸윙키적 감수성은 한국계 미국 소설가 하인즈 인수 펭클Heinz Insu Fenkl이 말한 '간극'interstitial 세계와 통한다. 간극이란 용어는 어원적으로 '사이'inter/between와 '서다'sister/to stand의 의미를 갖고 있으며 말 그대로 '사이에 혹은 가운데 있다'를 뜻한다. 펭클은 자신이 운영하는 〈간극연구소〉Interstitial Studies 홈페이지에 올린 글에서 기존 장르 개념으로 규정될 수 없는 독창적인 아시아계 미국 작품들이 서구 출판시장의 논리에 따라 장르를 강요받는 관행을 비판한다. 그는 시장 논리가 아닌 미학논리로써 이 작품들의 새로운 글쓰기 경향을 진단할 필요를 주장하고 '간극'interstitial이란 용어를 비평적 도구로 제안한다. 펭클은 "기존 장르 규정의 경계를 벗어나는 새로운 글쓰기와 자기부정"을 보여주는 몇몇 한국계 미국 문학 작품들을 간극적 미학 특성을 보여준 예시로 주장한다.

간극적 작품에 나타난 "장르 이탈의 자의식은 새로운 장르로의 재통합으로 귀결되지 않고 일체의 편입과 통합을 거부한다." 두 범주 사이에서 머물러 있음을 의미하는 '간극'은 '임계'liminal/threshold와 유사한 의미로 해석될 수 있다. 그러나 펭클은 '간극'이 호미 바바Homi Bhabha가 말하는 임계성 liminality과 유사하면서도 분명한 차이가 있다고 구분한다. 바바에 의하면 임계성은 "차이 영역이 겹치거나 대치되는 공간인 간극성이 발생하는 곳에 있다. 국민성, 공동체적 관심사, 문화적 가치들에 대한 협상이 일어나는 곳"이다(2). 펭클은 바바의 임계성 개념이 한국계 미국 작품의 혼종성을 잘 설명할 수 있지만, 자신이 주장하는 '간극' 개념과 다른 의미라고 구분한다.

즉 바바의 임계성은 한 영역에서 다른 영역으로의 이동과 도착을 제안하는 반면, 간극의 상태는 두 영역의 사이에 남는 것이다. 바바의 임계 상태는 최종 단계를 전제로 갖는 통과 과정이며 근본적으로 재통합을 지향한다. 하지만 펭클에게 간극은 재통합을 요구하는 대신, 범주를 벗어나는 방식으로 스스로를 규정한다. 간극의 작품은 경계를 벗어났거나 건너버렸다는 자의식을 드러내기 때문이다("The Interstitial DMZ"). 그러므로 간극의 작품은 재통합이 이루어지는 순간 혹은 장르적 완성이 이루어지는 순간, 한 번더 자기 부정self-negating을 하며 기존 장르로의 편입 혹은 통합을 거부한다"The Interstitial DMZ").

펭클이 제안한 간극 개념은 원래 한국계 미국 소설작품에 나타난 새로운 글쓰기형식을 분석하기 위한 것이다. 하지만 한국계 미국연극에 나타난 디아스포라적 정체성 탐구를 설명할 수 있는 유용한 시각을 제공한다. 한국계 미국연극에 나타난 푸윙키적 감수성은 간극이라는 미학적 상상 공간으로 구체화할 수 있다. 가령 영진 리의 『용비어천가』Songs of Dragons Flying to Heaven에는 흥미로운 푸윙키 소녀가 등장한다. 한국계 2세대 소녀 명빈은 한국 전통 춤을 추던 한국 여인들의 아름다움에 매료된다. 하지만 그들에게 따돌림을 당하고 분노한 소녀는 격렬하게 한국을 모욕한다. 그녀는 한국에 대한 관심에도 불구하고 그 영역에 소속될 수 없었다.

다른 한편으로 그녀는 백인의 영역이 상징하는 기득권층에 포함되고 싶은 욕망도 표출한다. 하지만 명빈은 또 한 번 인종차별과 소외감을 느낀다. 결국 한국과 미국 어느 쪽에도 소속되지 못한 채 분노와 슬픔을 쏟아낸다. 영진 리는 두 문화로부터 소외된 명빈의 심리를 상징적으로 보여주기 위해 자신이 직접 출연한 짧은 비디오 영상을 극 초반에 상영한다. 비디오 영상에서 그녀는 누군가로부터 지속적으로 뺨을 맞는다. 연거푸 뺨을 맞고 부어 오른 그녀의 얼굴과 헝클어진 머리카락, 흘러내리는 눈물이 클로즈업된다. 이러한 비디오 영상은 연극이란 장르 속에 만들어진 형식적 간극이면서 동시에 간극의 공간에 존재하는 푸웡키의 녹록치 않은 삶에 대한 주제를 재현한다.

영진 리의 경우에 푸웡키가 선택한 간극의 영역은 그로테스크하고 불안정한 장소이다. 하지만 이 간극의 영역은 새로운 삶을 모색할 수 있는 잠재적 가능성으로도 제시된다. 성 노의『비 내리는 클리블랜드』는 무대 자체가 일종의 간극 상황이다. 텅 빈 무대와 덩그렇게 놓인 폭스바겐 자동차는 이들이 머무는 시공간을 기존 범주로부터 멀어진 곳으로 상상하게 만든다. 특히 한국계 부모가 실종 혹은 가출하고 2세대 남매만 남아있는 집의 상황은 한국성과 미국성의 경계 지점을 은유적으로 암시한다. 이 집에서 그들은 한국과 미국을 객관적으로 성찰하며 자신의 정체성을 탐구한다.

남매뿐만 아니라 불구의 몸이거나 마음에 상처를 입은 청년들이 기존 가치를 벗어난 듯 보이는 이 집에 모여든다. 그들은 각자의 상처를 확인하고 인정하는 과정을 통해 이 공간을 재생의 영역으로 만든다. 마침내 세상에 대홍수가 도래하자, 두 문화의 간극에서 머물던 푸웡키들은 대홍수로 상징되는 기존 질서의 붕괴를 담담히 받아들인다. 이들은 기존의 개념이 그로테스크하게 뒤틀어지고 변형되는 간극의 장소에서 인식의 해체를 경험하고, 새로운 혹은 순수한 재출발을 시작할 동력을 얻는다. 이들에게 간극은 몸에 난 상처를 치유하고 새로운 의미를 부여할 수 있는 인식의 백지 상태를 제공한 것이다.

기존 질서를 의심하고 간극적 삶을 모색한다는 점에서 한국계 미국연극에 나타난 푸웡키들은 조르지오 아감벤Giorgio Agamben의 "아무런 존재"whatever being를 구현한다. "아무런 존재"는 아감벤의 저서,『도래할 공동체』The Coming Community에서 언급된 존재로서, "존재하지 않거나 문제가 되지 않는 상태가 아니라, 언제나 문제가 되는 상태"를 의미한다(1). 이 상태의 존재들은 안정된 소속이 주어지지 않았지만 언제나 소속되려는 충동을 가진다. 그러나 안정된 범주에 소속된다는 것은 곧 배제도 가능하다는 것임을 알기 때문에 기존 사회범주와 공동체에 소속되기보다 자기 스스로에 소속되고자 한다(Shimakawa "The Things" 151). 다시 말해서 소속되려는 욕망을 부정하지 않지만 소속될 경우 억압된 주체가 되어야 한다는 굴종의 논리를 받아들이기 어려운 상태에서, 결정을 보류하는 것이다.

아감벤은 결정을 보류하고 '하지 않으려는 잠재적 상태'the potential not to 를 일종의 잠재적 능력으로 간주한다. 이 잠재력은 지식 혹은 능력을 의미하는 것이 아니라 지식을 실재 상태로 이행하지 않는 능력이나, 일을 하지 않을 가능성을 뜻한다(Dillon 255). 아감벤에 따르면 소설 『필경사 바틀비』 Bartleby, The Scrivener의 주인공 바틀비Bartleby야말로 이러한 잠재성을 가장 잘 구현한 인물이다. "글쓰기를 멈춘 필경사로서, 바틀비는 모든 창조가 발생하는 무Nothing의 극단적 형태이다. 동시에 그는 이 무가 가장 순수하고 절대적인 잠재성임을 가장 냉혹하게 입증한다"(Dillon 257 재인용) 아감벤은 이무의 상태를 "백지 서판"tabula rasa에 비유하고 바틀비는 이 서판 위에 무언가 쓰기를 거부하는 인간의 능력을 상징하는 것으로 보았다.

아감벤의 시각으로 본다면, 한국계 미국연극의 푸윙키들은 그들이 가진 능력 및 조건을 '실행하지 않음을 선택'would prefer not to함으로써 백지 서판을 만들고 있는 바틀비적 인물들이다. 이 '하지 않으려는 잠재적 상태'를 발휘하는 푸윙키적 감수성, 즉 간극의 상태를 공연 미학적으로 가장 잘 구현시킨 것이 바로 무대 위 아시아계 미국인의 몸(몸짓)이다. 아감벤에 의하면 인간의 몸짓은 몸을 과학으로 통제하는 생명정치와 이미지 정치에 의해 의미를 빼앗겼다. 그는 자본주의적 기술이 이미지로부터 몸을 소외시킨 상황을 극복하려면, 브레히트의 서사이론에서 언급된 몸짓 연기처럼, 몸이 언어적 메시지를 전달하는 것이 아니라 인위적 의미가 전달되는 매개 자체임을 드러내야 한다고 보았다. 나아가 몸에 부여된 이미지를 낯설게 부각시켜서 그것의 인위적 의미를 드러내면 언어, 나이, 성별, 국적, 피부색과 무관하게 순수한 소통이 가능할 것이라고 낙관한다(김상운, 양창렬 210–218).

육체에 대한 아감벤의 견해는 인종차별적 이미지가 부여된 아시아계 미국인의 몸에 대한 비판적 시선과 조우한다. 시마카와는 몸과 이미지를 연결시키려는 아감벤의 비전이 영화나 비디오 등의 미디어가 아니라, 연극이나 무용과 같은 현장에서 일어나는 즉흥 공연 형태에서 가능하다고 본다. 연극 무대의 일회성, 현장성과 관객의 참여로 의미가 완성되는 공연 예술의 장르적 특성이 일시적이나마 이미지와 몸과의 수렴을 가능하게 만들 수 있다는 것이다("The Things" 158). 아감벤과 시마카와의 몸짓에 대한 견해는 마가렛 조와 영진 리의 무대에서 한국계 미국인의 몸이 가진 의미화 과정에서 확인된다. 두 사람의 무대는 아감벤이 지적한 몸짓의 상실과 몸짓의 회복과정을 자의식적으로 재현한다.

영진 리의 『선적』The Shipment에서 스테레오타입을 연기하는 배우들의 몸짓은 "종이옷을 입힌 인형처럼 몸과 연기가 따로 노는 듯 보이고" 관객들로 하여금 "어찌 반응해야 할지 주저하게 만드는 불편하고 분열된 응시를 경험"Author's note하게 만든다. 이와 유사하게 마가렛 조의 스탠드 업 코미디 쇼, 「혁명」은 언어 서사와 비언어적 이미지의 어긋남을 통해 아시아계 미국인의 스테레오타입을 비판적으로 재현한다. 가령, 그녀는 헐리웃 영화에서 재현되는 아시아인의 이미지, 즉 낯선 침입자, 이방인, 괴물 이미지를 탁월한 연기로 흉내 내어 관객들을 웃긴다. 하지만 이 부분적 흉내 내기는 그녀가 공연의 전체 틀로 제시하는 인종 비판적 서사와 맥락상 상충한다. 관객들은 마가렛 조의 흉내 내기를 보고 웃지만 그들이 화답하는 박수와 환호

속에는 스테레오타입 이미지 비판에 대한 동의가 담긴다(정미경 92).

　　이상에서 보듯이 한국계 미국연극은 푸윙키적 감수성 혹은 간극의 미학으로 정의할 수 있는 독특한 관점과 재현 형식을 보여준다. 다음 2부에서는 한국계 극작가들의 작품들을 분석하며 푸윙키적 감수성이 재현되는 양상에 대해 구체적으로 확인해 볼 것이다.

■ 3장과 4장의 내용은 『영어권문화연구』 8권 1호(2015)에 수록된 필자의 논문, 「한국계 미국연극의 푸윙키적 감수성」을 일부 수정한 것이다.

II

푸윙키들의 무대

성 노^{Sung Rno}

한국계 미국 시인이자 극작가인 성 노(본명 Rno Sung Jung)는 1968년 미국 미니애폴리스minneapolis에서 태어나 워싱턴 DC와 신시내티Cincinnati에서 자란 2세대 한국계 미국인이다. 아버지는 물리학을, 어머니는 연극을 전공한 유학생이었는데 성 노는 부모의 재능을 반반 이어받았는지 하버드대학에서 물리학을 전공하고 졸업 후에는 브라운대학 문예창작과 대학원에서 극작을 배웠다. 퓰리처상 수상작가인 파울라 보겔Paula Vogel 밑에서 수학하며 쓴 작품 『비 내리는 클리블랜드』*Cleveland Raining*로 〈시애틀 다문화 극작가 축제〉Seattle Multicultural Playwrights Festival에서 우승하면서 극작가의 길을 걷게 된다. 이 극은 1994년 〈동서연희패〉East West Players 등 여러 아시아계 미국 극단에 의해 공연되었다.

성 노는 「이상 열 셋까지 세다」 *Yi Sang Counts to Thirteen*로 2001년 〈뉴욕 프린지 페스티벌〉 New York Fringe Festival Award에서 입상했으며 「가랑비 외 다른 작품들」 *Drizzle and Other Stories*로 〈북서부 아시아계 미국연극 단막극대회〉 North West Asian American Theatre One Act Play Contest에서 2등 상을, 〈2001 해안작가축제〉 Bay Area Playwrights Festival에서는 선외가작상Honorable mention을 수상했다. 2003년에는 『파장』 *wAve*으로 신예극작가모임이 주는 휘트필드 쿡 상New Dramatists' Whitfield Cook을 수상했다. 2003-2004 엔이에이/티시쥐NEA/TCG와 반 리어/신예극작가모임Van Lier/New Dramatists에서 연구지원을 받았고, 〈마크 테 이퍼 포럼〉 Mark Taper Forum 극단에서 전속 작가Artistic Residency로 활동했다.

화려한 수상 및 활동 경력이 보여주듯이 연극계 안팎에서는 그를 아시아계 미국연극의 기대주로 평가한다. 카렌 시마카와Karen Shimakawa는 성 노를 "동시대 아시아계 미국 공연의 지표"("Ghost Families" 383)를 보여주는 작가이자, 1990년대 이후 아시아계 미국연극의 변화를 선도하는 작가로 지목하기도 했다. 2세대 아시아계 극작가이자 성 노의 적극적 후원자를 자처하는 헨리 황Henry Hwang이나 제시카 하게돈Jessica Hagedorn은 그의 "원초적 상상력이 주는 발칙한 느낌"에 주목한다. 마이 극단의 창립자인 랄프 페나Ralph Pena 역시 『파장』을 두고, "두 문화를 대립적으로 구성했기 때문에 거칠지만 시적인 느낌을 만들어내는 놀라운 무대"라고 평가한다(Hong "Particle and Wave" 56-58).

한국계 미국연극의 맏형 격인 성 노는 2004년 로이드 서Lloyde Suh, 줄리아 조Julia Cho 미아 정Mia Chung, 수잔 리Suzanne Lee, 에드 복 리Ed Bok Lee 등의 한국계 극작가들과 함께 「다음 장」 *Next Page*이란 시리즈물을 공연하는 등 아시아계 미국연극의 변화를 모색하고 있다(Hong "Particle and Wave" 58). 한국계 극작가 최초로 2000년 「이상, 열셋까지 세다」를 서울 연극제에서 공연했다. 이 극은 2011년 국내 극단 〈창고〉에 의해 재공연되었다. 2012년 역시 극단 〈창고〉에 의해 그의 대표작 『비 내리는 클리블랜드』가 초연되면서 그의 이름이 국내 관객들에게 점차 알려지고 있다.

하지만 새로움은 언제나 거부와 환호를 동시에 부르는 법인지 성 노의 극은 종종 이해되기 어렵다는 평가를 받곤 한다. 양자물리학이나 엔트로피 등의 현대 물리학 이론을 극 미학과 연결하는가 하면, 기존 아시아계 연극에서 보기 드믄 기이하고 문제적인 인물을 제시하기 때문이다. 『파장』을 연출했던 메이 애드랄레즈May Adrales는 성 노의 극이 난해하게 보이지만 극에서 풍기는 은근한 유머가 이를 덮는다고 지적한다. 성 노의 표현을 인용하면, 그의 작품은 관객들에게 "쉽게 이해되지 않지만, 비 오는 날 얻어맞는 어릿광대를 보듯 기이하면서도 재미를 느낄 수 있는 연극이다"(Hong "Making Waves" 16). "기이하지만 재미난"weird and funny, 이 두 형용사야말로 성 노의 부조리적인 작품 세계를 설명할 수 있는 적절한 표현이다.

"기이하지만 재미난" 특징은 초기작 『비 내리는 클리브랜드』에서부터 찾아볼 수 있다. 이 극은 독특한 유머와 진지함을 조화시켜 대홍수에 대한 예언, 폭스바겐 자동차를 노아의 방주로 개조하려는 비현실적 설정에서 '비범한 핍진성'verisimilitude을 성취하는데 성공한다. 이 극 외에도 그의 작품들은 초현실적 상황을 통해 부조리한 현실을 환기시키는 경향이 두드러진다. 『파장』에서는 마릴린 먼로의 디엔에이를 복제한 아시아계 마릴린 먼로 II가 등장하고, 「중력이 나무에서 떨어지다」Gravity Falls from Trees에서는 과학자 뉴턴이 등장하여 1983년 러시아 영해에서 격추된 대한항공기 사건을 만유인력으로 설명하는 식이다. 다소 엉뚱해 보이지만 유쾌하고 발칙한 상상을 담보로 연극의 기이함과 재미를 확보한다.

성 노의 작품에서 느낄 수 있는 두 번째 특징은 한국성koreanness이다.

한국성이란 한국적 특징이 드러나는 여러 요소를 지칭하는 개념으로서, 한국계 작가의 작품 속에 한국 음식, 사건, 인물 등이 물리적으로 재현되는 경우뿐만 아니라, 신화, 전설, 문학 등에 내재된 한국 고유의 문화적 감수성이 암묵적으로 드러나는 경우도 포함한다. 가령 오순택은 80년대 초 한국 전통 마당놀이와 탈춤을 응용한 공연, 「들어본 적 있나요」*Have You Heard*를 연출한 바 있고(이미원 16), 장르는 다르지만 강용흘의 『초당』*The Grass Roof*과 같은 초기 한국계 미국 소설들에서 한국성을 쉽게 발견할 수 있다. 오순택의 극과 1, 2세대 한국계 미국 소설의 한국성은 미국인에게 한국문화의 소개하고 전파하려는 "한국 민족지"의 성격이 강하다. 즉 서구에 왜곡되어 알려진 한국의 문화를 올바로 알리려는 애국적 발로에서 한국문화를 적극적으로 소개했던 것이다(임진희 159).

이에 비해 성 노 작품은 2세대 한국계 미국인이 한국성에 대해 느끼는 거리감을 부각시킨다. 극 속에서 전통 한국문화는 한국계 미국인의 상황에 맞추어 변형된다. 예를 들어 『파장』에는 한국계 이민자 M이 등장하는데, 그녀는 단순한 한국 이민자가 아니라, 그리스 비극의 주인공 메데아*Medea*를 변형한 인물로 제시된다. 극 중에서 간간히 언급되는 한국은 백인뿐만 아니라 한국계 미국인에게도 낯선 문화로 제시됨으로써 한국계 이민자들의 심리적 거리를 부각시킨다.

또 『비 내리는 클리블랜드』에서는 한국성을 상징하는 한국인 부모가 실종되기 때문에, 한국계 2세대 자녀는 부모를 찾는 과정에서 그들 나름의 방식으로 한국성의 흔적과 연관성을 추적해야 한다. 이처럼 성 노의 작품에서 한국성은 "한국과 미국이 만나는 곳, 「매쉬」와 마가렛 조의 중간, 삼팔선 중간, 두 국가의 중간"에서 살고 있는 2세대 한국계 미국인의 혼종적 정체성을 전경화시키는 매개체로서 제시된다(*wAve* 113).

다음에서는 위에서 언급한 두 가지 특징, 즉 "기이하지만 재미난" 세계관과 한국성을 중심으로 성 노의『비 내리는 클리블랜드』와『파장』을 살펴보겠다.

5

『비 내리는 클리블랜드』:
아시아계 미국인 가족의 해체와 재구성

현대 미국연극에서 가족극family drama은 특정 가족의 문제를 통해 사회적 위기를 암시한다는 점에서 동시대를 향한 작가의 문제의식을 전달한다. 아서 밀러Arthur Miller의 『세일즈맨의 죽음』Death of A Salesman이나, 샘 셰퍼드 Sam Shepard의 가족극 삼부작은 한 가족의 위기를 통해 전통적 가치관이 소멸되고 물질문명화가 진행되는 현대 미국사회의 모순과 부조리를 고발한 대표적인 가족극이다. '가족극의 사회비판'이란 측면으로 본다면, 1970-80년대 아시아계 미국가족극은 아시아계 미국인에 대한 인종차별을 고발했다는 점에서 사회 비판적인 가족극의 본질에 충실했다. 다만 아시아계 미국가족극은 아시아계 가족을 미국문화를 '계승해야 할 사회적 주체'가 아니라 '사회로부터 배제된 타자'로 제시한다는 점에서 백인 가족의 위기와 다른 인종 정치적 맥락을 제시한다.

초기 아시아계 무대에서 아시아계 미국인 가족이 사회와 충돌하는 위기 상황은 인종 장벽에 대한 분노와 좌절에서 출발한다. 가령, 1세대 작가 프랭크 친Frank Chin의 『용띠 해』The Year of the Dragon는 차이나타운의 가이드인 중국계 미국인 2세대 프레드Fred를 통해서 주류사회로부터 타자의 이미지를 요구받는 차이나타운의 허상을 보여준다. 그가 중국인에게 죽음을 상징하는 흰색 양복을 입고 관광객을 사로잡는 매끄러운 장광설을 쏟아낼 때 미국인도 중국인도 아닌 그의 비극성이 역설적으로 드러난다(Chua 176). 2세대 작가 필립 고탄다Philip Gotanda의 극에서도 가족은 인종차별역사를 보여주는 상징적 단위로 나타난다. 『생선대가리국』Fish Head Soup은 일본계 미국인 가족이 2차 대전 때 미국 정부에 의해 수용소에 억류되었던 역사적 사건을 다룬다. 인종차별적 외부 상황에 의해 이와사키Iwasaki가족이 파멸되는 과정을 보여준다. 이처럼 1970-80년대 아시아계 미국연극의 가족극은 아시아계의 사회정치적 저항의식을 전달하는 효과적인 계몽 도구였다 (Shimakawa "Millennial" 284-7).

3세대로 분류되는 아시아계 미국 극작가들은 1-2세대와 확연히 구별되는 새로운 무대를 만들어냈는데, 가족극도 예외는 아니었다. 3세대 작가를 대표하는 성 노Sung Rno의 『비 내리는 클리블랜드』는 1990년대 미국사회 진단이라는 측면에서 가족극의 전통을 잇는다. 하지만 이 극의 한국계 가족은 이전의 아시아계 가족과 여러 가지 점에서 비교된다. 친과 고탄다의 가족들은 아시아계 가족 공동체의 회복을 궁극적 목적으로 지향한다. 이에 비해 성 노의 가족은 전통적 가치와 문화의 해체를 거부하지 않는다. 그들은 미국사회의 인종차별적 관행만이 아니라 '아시아계 가족'에 담긴 보편 단일한 정체성, 동화와 성공에 대한 욕망, 민족성과 인종성의 회복과 같은 일련의 정치적 주제 역시 해체의 대상으로 삼는다. 성 노의 가족극에 나타난 위기는 인종차별의 현실과 더불어 아시아계 내부의 문제도 포함한다. 성 노의 가족극에서 부각되는 특징에 주목하고 이를 '단일한 정체성의 정치학'으로부터 벗어나고 있는 최근 아시아계 미국연극계의 변화와 연결하여 그 의미를 살펴보겠다.

[1] 한국계 미국가족의 이미지-허위 혹은 유령

아시아계 미국연극은 가족극의 가장 중요한 전제인 가족의 이미지를 비판적으로 재현한다. 미국사회에서 아시아계 미국가족의 이미지는 소수모범인종 모델Model Minority에 근거한 것이기 때문이다. 소수모범인종 모델이란 1966년 ≪뉴욕타임스 매거진≫New York Times Magazine에 실린 기사 「성공담: 일본계 미국인의 경우」"Success Story: Japanese American Style"에서 처음 사용된 용어이다(R. Lee 149). 기사 내용은 미국의 소수인종인 아시아계 미국인이 가족애와 근면함을 바탕으로 이룩한 경제, 사회적 성공을 칭찬하는 것이었다. 이 기사는 당시 소련과 냉전시대를 주도하던 미국이 아시아계 이민가정의 성공 신화를 전 세계에 유포함으로써 미국사회의 관대함과 자본주의 체제의 우월함을 선전하려는 미국 정부의 태도를 반영한다(R. Lee 150).

소수모범인종 모델은 미국 내부의 갈등을 무마하는 전략으로 사용되기도 했다. ≪유에스 뉴스≫U.S. News의 기사를 보면, "수십조의 예산이 검둥이들과 다른 소수집단의 성장을 위해 사용되어야 한다고 주장되는 그 순간에 삼십 만 명의 중국계 미국인은 아무런 도움 없이 스스로의 힘으로 성공하고 있다"(R. Lee 151 재인용)고 말한다. 이 기사는 몇 몇 아시아계 이민자들의 경제적 성공을 부각시켜 대다수 소수인종집단과 하층노동자들의 불만을 무마시키고 보수적 국가 담론을 공고하게 유지하는 데 기여한다(R. Lee 151).

하지만 소수모범인종 모델이 아시아계 미국인에게 긍정적인 이미지만 부여한 것은 아니다. 미국사회는 성공한 아시아계 미국인에게도 종종 '베트 공'gook으로 부르며 미국 자유 민주주의의 신화를 위협하는 적과 동일시한다. 아시아계 미국인은 근면하고 모범적이지만, 미국 시민이 되기엔 진정성이 부족한 내부의 적으로 간주된 것이다(R. Lee 190–91).

1세대와 2세대 아시아계 미국가족극은 소수모범인종 가족 이미지의 허구성을 비판하고 해체하는데 주력한다. 하지만 3세대 가족극은 아시아계 내부에 소수모범인종 가족 이미지가 내재되어 있음에 주목하고 이를 부각시킨다. 가령 아시아계 미국가족은 가부장적인 관계를 가지고 있는데, 아버지의 권력으로 수렴되는 가족 단위는 소수모범인종 가족 이미지를 공고하게 뒷받침한다. 이러한 모순을 인식한 듯 고탄다의 극이나 성 노의 극에서 아시아계 가부장의 상징인 아버지는 부재중이거나, 육체적 심리적 경제적으로 무능한 이미지로 제시된다. 또 아시아계 가족의 전형적 이미지를 해체하여 모범인종가족의 이미지를 흔든다. 특히 어머니는 아버지에게 순종적이지도, 자식에게 희생적이지도 않은 비전통적인 이미지로 재현되곤 한다. 2세대 자녀들은 현실 적응을 위해 분투하지만, 그들 역시 고학력과 전문직 종사자로 대변되는 소수모범인종 모델의 자녀들과는 거리가 멀다.

『비 내리는 클리블랜드』는 "첫 장면부터 단결된 아시아계 미국인 가정의 전형적 이미지를 뒤죽박죽으로 만들어놓는다."(Chang) 이 극은 한국계 부모가 모두 집을 나가버린 상태에서 시작하는데 가출 동기는 끝까지 밝혀지지 않는다. 지미Jimmy와 마리Mari 남매의 대화를 통해 짐작되는 이 가족의 상황은 동화에 성공한 이민자 가족의 행복한 이미지와 거리가 멀다. 자식을 두고 사라진 부모의 가출 못지않게, 한국계 2세대 자녀들의 변덕스럽고 일탈적 언행역시 낯선 풍경이다. 편의점에서 일하던 지미는 손님이 "바나나"의 위치를 묻자 인종차별이라며 직장을 그만둔다. 그 후 난데없이 대홍수의 도래를 예언하고 폭스바겐 중고차를 방주로 개조하기 시작한다. 방주 제작을 돕는 백인 정비공 믹Mick은 이 남매의 모습이 당황스럽다. 그에게 한국계 미국인이란 미국드라마 「매쉬」MASH에 나오는 가난한 피난민이거나 혹은 의사나 피아니스트 같은 전문직 종사자로 기억되기 때문이다. 퉁명스럽고 매사에 까다로울 뿐만 아니라, 비현실적인 꿈을 꾸는 지미 마리 남매를 보면서 그는 자못 혼란스러워 "한국인들은 전부 당신들 같아요?"(249)라고 묻기에 이른다.

이처럼 아시아계 미국가족극은 소수모범인종 모델의 이미지를 해체하지만, 가족 해체를 보는 입장은 작가마다 다르게 제시된다. 가령 고탄다의 극에서 일본계 미국가족들은 주류사회에 동화하지 못했지만 일본계 미국인으로서의 정체성을 되찾을 것이라는 희망을 공유한다. 이와사키 가족은 가족 붕괴의 위기를 극복하기 위해 가족의 재건에 노력한다. 이와 달리 성노의 극에서 가출한 부모는 돌아오지 않고, 한국계 남매는 인종차별이나 정체성 회복을 주장하는데 관심이 없어 보인다. 이 극에서 인종정체성은 이민자들의 삶에 포함된 여러 가지 환경의 일부일 뿐, 갈등의 원인과 해결방안으로 수렴되는 유일한 실마리가 아니다. 이러한 차이는 제 3세대 작가의 세계관, 즉 "인종이 더 이상 최우선적 관심사가 아니며 새로 정의해야 할 출발점"으로 간주하는 성향을 잘 보여준다(E. Lee 204).

지미는 "우린 아무것도 가졌던 것이 없어. 우리 가족은 유령 가족이야. 가족처럼 보였고 그렇게 느꼈던 거지. 하지만 사실, 가족은 없었어."(263)라고 말한다. 그의 일갈은 소수인종모델의 가족 이미지가 가진 허구성만큼이나, 혈통과 인종의 본질성에 입각한 인종 공동체로서의 가족 이미지도 허위라는 아시아계 3세대들의 인식을 대변한다. 그 결과 이 극은 가족이 해체되어야 할 당위성을 설득하고, 인종공동체 개념을 대체할 수 있는 대안 모색에 집중한다. 해체의 수순을 밟고 있는 이 가족은 소수모범인종 모델을 추종했던 한국계 미국인의 굴욕적인 과거를 반성하는 듯 보인다. 그런 맥락에서 부모의 부재는 아시아계 이주민에게 작용한 국가 서사에 대한 비판적 은유로 해석될 수 있다. 동화에 기초한 미국 이민 정책은 아시아계 미국인에게 고유의 역사와 문화를 잊고 미국의 국가 담론에 동의할 것을 요구한다. 그 과정은 아시아계 미국인에게 허구의 이미지를 부여하는 것이고 모든 공적인 영역에서 눈에 보이지 않는 존재로 만드는 것에 다름 아니기 때문이다(Shimakawa "Ghost Families" 390).

그러므로 이 극에서 부모가 사라지고 남매가 헤어지며 가족이 해체되는 상황은 가족의 위기상황이라기보다 오히려 국가 서사에 대한 불복종, 저항의 의미로 해석할 수 있다. 부재하는 부모가 남매를 향해 저항적 결정을 내릴 것을 촉구하기 때문이다. 남매의 부모는 무대 위에 존재하지 않지만 오히려 그 부재라는 조건을 통해 유령처럼 인물들의 의식을 지배한다(Shimakawa "Ghost Families" 385). 가령 아버지가 가출하며 남긴 쪽지에는 "반드시 잊어라."remember to forget는 말이 남겨져 있다. 잊으라는 말이 오히려 아들로 하여금 잊어야 할 것이 무엇인지 생각하게 만든다. 그리하여 "아들로 하여금 한국에서 이민 올 때 찍었던 가족사진을 보게 하고, 고단하고 지난한 삶을 살았던 가족의 역사를"(이형식 165) 기억하게 만드는 한편 그 역사로부터 벗어날 것을 요구한다. 지미와 마리는 어머니와 아버지의 부재로 인해 미국의 중산층 가족 이데올로기가 그들 가족에게 미친 영향을 깨닫게 되며 허구적 신화로 만들어진 모범인종 가족을 해체하는 길을 택할 수 있게 된다.

2세대인 지미와 마리에게 부모세대는 한국의 역사와 전통 문화를 대변한다. 부모는 부재중임에도 여전히 강력한 영향력을 유지하는데 이는 2세대가 한국문화와 정체성을 인식하는 방식과 연결된다. 프롤로그와 에필로그에서 마리와 지미가 묘사한 부모의 이미지는 대조적인 기호로 제시된다. 아버지에 대한 이미지는 펜, 칼, 총, 메모글/지식으로 표현되며 어머니는 붓, 그림, 물, 냄새, 피, 맛으로 암시되고 있다. 그들은 각각 남성/여성, 이성과 감성, 과학과 예술, 기계와 자연 등 이분법으로 대립되는 특징을 대표한다. 아버지는 병원에서 근무하는 전문의로서 미국사회에 성공적으로 진입한 한국 이민자에 대한 상징이다. 지미의 환상 속에서 아버지는 거대한 노란색 연필로 나타나 끝에 달린 지우개로 아들의 존재를 삭제하려고 위협한다. 지미의 상상은 아버지의 기대에 부응하지 못했다는 자책감이자, 동시에 아버지처럼 모범적인 한국인으로 살고 싶지 않다는 거부감을 암시한다.

한편 아버지와 싸우고 집을 나간 어머니는 미국 시민이 되는 과정에서 잃어버린 한국의 전통적 예술과 정체성을 상징한다. 아버지에게 총을 겨누며 반항했던 지미는 자신의 정체성을 어머니로 상징되는 한국적 세계에서 찾으려한다. 지미는 "넌 타고난 화가로구나."(267)라고 격려했던 어머니의 말을 맹신하여 의사가 되라는 아버지의 뜻을 거스른다. 화가가 되려는 지미의 바람은 어린 시절 사라진 어머니에 대한 욕망을 암시한다. 하지만 "오빠는 결코 예술가가 아니었지."(241)라는 마리의 말처럼, 그는 자신에게 예술적 재능이 없음을 깨달았고, 절망한 나머지 어머니의 유품을 모두 내다버리고 만다. 즉 지미에게 아버지와 어머니로 상징되는 한국성의 두 측면—동화한 모범적 한국계 미국인, 한국적 감수성이 담긴 전통 예술—은 그의 노력에도 불구하고 모두 자신의 삶에서 구현되지 못한 것이다. 이제 그에게 어머니와 동일시할 수 있는 유일한 방도는 김치를 먹는 것뿐이다. 지미는 김치를 "정신적인 것"(230)이고 한국인이라면 반드시 먹어야 할 음식으로 규정하며 끝없이 먹어댄다. 이는 어머니의 젖을 향한 유아기의 구강기적 욕망과 어머니가 상징하는 한국적 세계에 대한 갈구가 결합되어 표출되는 강박적 징후라고 할 수 있다.

마리에게도 한국계 미국인의 정체성은 쉽사리 형성되지 않는다. 미국에서 태어나 아버지의 손에 자란 마리는 어머니가 상징하는 한국문화를 경험하지 못했고, 아버지로 대변되는 모범적 한국계의 이미지에 더 친숙하다. 그녀는 피아노에 재능이 있었으나 지미가 그녀의 손가락을 부러뜨려 피아니스트가 될 수 없었다. 지금은 아버지의 뒤를 이어 의사가 될 준비를 하고 있다. 마리에게 어머니의 흔적은 어머니가 그린 유화 한 점뿐이다. 그녀는 어릴 적 캔버스 위에 생생하게 그려진 체리를 핥으려고 하다가 그만 혀를 베이고 피를 흘렸다. 유화가 상징하는 어머니는 마리에게 오감을 자극하는 본능적 동경의 대상이지만, 볼 수는 있어도 만지거나 가질 수 없는 대상이며 섣불리 접촉하면 고통을 느끼게 되는 금기의 영역과 같다. 어머니의 부재는 마리로 하여금 아버지에게 집착하도록 만들었고, 아버지가 집을 나간 후 그녀는 마치 그리스 신화의 엘렉트라처럼 아버지의 흔적을 찾아 고속도로를 헤맨다. 이는 한국계 미국인 2세대로서 마리가 경험하는 정체성의 혼동을 보여준다. 마리는 어머니로 상징되는 한국적 정체성에 접근할 수 없을 뿐만 아니라, 미국사회에 동화하여 성공한 한국계 아버지의 정체성조차도 계승하기 어려운 처지에 놓여있다.

정체성의 계승이 불가능해진 상황에서 2세대 남매는 스스로의 정체성을 찾아내려고 노력한다. 마리는 의학서, 『그레이 아나토미』Gray Anatomy를 읽다가 서구의 전통적 세계관을 받아들일 수 없는 자신을 발견한다. 의학도가 되기 위해 읽어야 할 이 책에는 "시체는 빈 집"과 같으니 "사라진 집 자체는 물론이고 떠나버린 사람에 대한 애착도 버리라."(237)고 적혀있다.

하지만 마리는 사라진 것들, 즉 과거는 현재에 반복되어 나타나므로 이를 기억하지 않을 수 없다고 느낀다(244). 엄마의 그림을 핥다가 혀를 베인 핏빛 기억, 아버지가 끓여준 이유식을 받아먹던 기억 등, 부모에 대한 마리의 기억은 파편적이고 불완전하지만 대부분 본능에 기초한 육체적 기억이다. 이러한 마리의 기억은 심리적 고아 상태의 발현이라고 볼 수 있으며 그녀가 이 극에 등장하는 또 한 명의 한국계 미국인 스톰Storm과 공감대를 형성할 수 있는 이유이다.

오토바이광인 스톰은 도로를 질주하다가 그녀를 입양한 백인 할머니가 운전하는 트럭과 정면으로 충돌했지만 겨우 살아난다. 그녀는 사고 직후 입양모의 죽음에 충격을 받고 현장을 도망쳐 헤매다가 마리의 집 앞에서 쓰러진다. 혼수상태에 빠진 그녀에게 입양 후 억눌렸던 기억들ー한국의 혈육들과 이별하던 순간의 두렵고 외로웠던 감정ー이 되살아난다. 꿈속에서 마리는 깨진 유리 조각에 비친 자신의 수많은 얼굴을 보는데, 이는 한국인도 미국인도 아닌 모호한 정체성 때문에 분열된 입양아의 자의식을 상징적으로 나타낸 것이다. 백인 입양모가 만들어준 이미지를 자신의 정체성으로 삼았던 스톰은 입양모가 죽자 자신을 보호하고 인정해 줄 심리적 근원을 간절히 갈구하는 충동을 이기지 못하고 자신도 모르게 한국말로 "할머니"를 외치며 꿈에서 깨어난다. 한국인의 정체성을 거부했던 그녀는 자신에게 감춰져있던 모어[12]를 발견하며 비로소 자신의 뿌리가 한국에 닿아 있음을

---

12 모어는 "태어나서 처음으로 익혀 자신의 내부에서 무의식적으로 형성된 말이며 한번 익히면 그로부터 벗어날 수 없는" "근원의 말"이다. 통상 그것은 모친으로부터 아이에게 전달되기 때문에 '모어'라고 한다. 한편 모국어란 자신이 국민으로서 속해 있는 국가, 즉 모국의 국어를 말한다. 그것은 근대 국민국가에서 국가가 교육과 미디어를 통해 구성원들에게 가르쳐, 그들을 국민으로 만드는 장치이다(서경식 18).

인정하게 된다.

이처럼 심리적 고아상태에 있다는 점, 정체성의 혼동을 겪고 있는 두 사람에게 사라진 것들에 대한 애착은 "유일한 희망이자 무기"가 된다(244). 마리가 아버지의 흔적을 찾아 헤매듯, 스톰이 부서진 오토바이 잔해를 찾기 위해 노력하는 것은 자신의 정체성을 완전한 것으로 만들고 싶은 갈망과 연결된다. 스톰을 간호하면서 마리는 그녀에게 애틋한 감정을 느꼈다. 마리는 "의사에게 감정은 위험한 상황을 초래할 뿐"(248)이니 돌보는 환자에게 감정을 이입하지 말라는 의학서의 내용에 실망하고 의학도의 길을 포기한다. 서양의 전문 의학은 피부감촉과 울음소리, 피 맛으로 기억나는 마리의 소중한 기억과 본능적인 정서를 배제하기 때문이다. 서양의 지식과 경험이 마리에게 거부감을 일으킨 것처럼, 스톰은 입양모가 들려 준 『빨간 망토 소녀 이야기』*Little Red Riding Hood*를 잔인하다고 느낄 뿐 정체성을 결정하는데 영향을 받지 않았다. 이처럼 지미와 마리와 스톰은 각자 희미한 기억과 꿈으로 나타나는 무의식을 통해 한국성과 미국성이라는 두 정체성 사이에서 자신의 존재 의미를 정의하기 위해 노력한다.

[2] '혼종' 가족과 푸윙키적 정체성

지미와 마리는 아시아계 미국가족 이미지에 깔린 백인, 이성애, 중산층 중심의 이데올로기를 발견하고 가족 계승의 의무를 거부한다. "엄마 아빠는 떠났어 . . . 떠날 만하니까 떠난 거겠지."(268)라는 마리의 말이나, "우리가 더 자유롭게 살라고 떠났을 거야. 더 중요한 일을 찾으라고."(232)라는 지미의 말에서 볼 수 있듯이, 그들은 붕괴된 가족 공동체를 아쉬워하지 않는다. 가족, 전통, 공동체를 부정하는 남매의 태도는 곧 기존 체계에 대한 거부이고 저항이며, 나아가 새로운 미래에 대한 지향으로 보인다. 이러한 가족의 붕괴와 새로운 미래는 지미의 대홍수 예언을 통해 구체화된다. 믹은 지미가 클리블랜드 지역에 대홍수가 도래한다고 믿고 방주를 만드는 것을 보며, 신으로부터 새로운 세상의 계승자로 낙점 받고 인류사 재창조의 임무를 부여 받은 "노아"(242)를 떠올린다. 믹의 상상에 의하면 대홍수의 유일한 생존자인 '노아와 그의 가족들'이 인류의 역사를 새로 시작했던 것처럼, 지미, 마리, 스톰과 믹은 대홍수 이후의 역사를 책임질 세대를 의미한다.

대홍수가 도래하기 전 우연히 한 집에 모이게 된 네 명의 젊은이들은 저마다의 트라우마를 가지고 있다. 지미, 마리 남매에게 부모의 부재는 일종의 증상처럼 끊임없이 회귀한다. 지미는 아버지를 겨누던 총으로 자신의 발을 쏘고 불구가 되었던 그 날의 절망감에서 도망치려 한다. 마리는 영아 시절부터 그녀를 키워준 아빠와 오빠의 얼굴을 기억하지만, 엄마 품을 잃어버린 상실감에 젖어있다. 입양아 스톰에게 과거를 기억하는 시도는 금기행위였다. 백인의 삶을 준 입양모가 죽은 후, 꿈을 통해 어린 시절의 기억이 되살아나자 스톰은 자신이 백인인지 한국인인지 혼란스럽다. 믹은 옥수수 밭에 갇혔던 경험을 두려워한다. 보통사람이 이해할 수 없는 옥수수 공포증에 시달리지만, 그로 인해 믹은 "세상일은 우리가 원하는 대로 되지 않는 것"(235)이란 인생관을 얻었다.

특히 지미, 마리와 스톰의 정신적 상흔은 그들의 부모세대로 대변되는 한국 현대사의 맥락과 연관되어 있다. 두 남매의 정신적 상흔은 부모의 고달픈 미국 이민 생활과 그로 인한 파국의 결과물처럼 보인다. 스톰의 삶 역시 친자식을 외국으로 입양 보내야 했던 한국인의 절박한 가난과 이어져 있다. 하지만 그들에게 과거를 설명해 줄 친부모가 실종되고 스톰의 입양모도 죽어버려 모든 근원의 흔적이 무의 상태가 된다. 이 극의 텅 빈 무대는 2세대들이 스스로의 기억에 의지하여 삶을 개척해야 하는 막막한 현실을 상징한다. 상처받고 어려운 그들의 처지를 보여주기라도 하듯이 네 사람은 모두 팔이나 다리를 다치는 등, 불구의 몸이거나 치료가 필요한 상태이다. 하지만 마리가 스톰을 치료하고 믹이 지미에게 동병상련을 느끼게 되면서 그들은 인종과 민족적 조건을 초월하여 젊은 세대의 상실감을 공유하는 동반자가 된다. 네 명의 미국 젊은이들이 과거로부터 온 정신적 상흔을 극복하고 연대하는 모습은 탈 인종 사회의 미래를 상징적으로 암시하는 것처럼 보인다.

극이 후반부로 가면서 이들의 노력은 지미가 예언한 대홍수의 의미와 연결되고, 기존 가치관의 이분법을 넘어서는 실천으로 완성된다. 성경에서 대홍수라는 사건은 서구 기독교의 이분법적 선/악 구분에 근거해 있다. 즉 타락한 악의 세계를 뒤엎고 신의 섭리를 구현하는 선의 세계를 부활시킨다는 점에서 기원을 향한 정화의 과정인 것이다. 인간에게 홍수라는 시련을 줌으로써 신이 만든 세상의 질서는 더 공고해진다. 이에 비해서 이 극의 대홍수는 감추어진 것, 억압되었던 것들을 드러내고 기존의 질서와 개념들을 바꾸는 전복을 뜻한다. 비가 오자 어머니의 그림이 묻혔던 땅에서 물감이 우러나오며 형형색색으로 대지를 물들인다. "비를 맞고 깨어난 대지가 분노한다."는 마리의 말처럼 대홍수는 어머니가 상징하는 한국성을 재발견하고 은폐된 역사가 깨어나는 계기를 마련한다.

그런 의미에서 이 극의 비는 억눌린 것들을 해방시켜 숨겨진 기억과 정체성과 능력을 발현시키는 신비의 생명수처럼 보인다. 비를 맞고 돌아온 마리는 자신의 손에 물든 색깔을 보며 엄마의 기억을 떠올리고, 한국과의 연관성을 부인하던 스톰은 비가 오면서부터 질색하던 김치를 맛있게 먹을 수 있게 된다. 두 사람의 변화에 놀란 믹은 자신의 공포증도 고칠 수 있다고 믿고, 빗속에서 옥수수 밭을 뛰어다니다가, 우연히 그림 한 점을 발견한다. 그것은 지미가 감춰둔 어머니의 그림이다. 믹이 찾아 온 그림을 보고 지미는 숨겨왔던 가족 이야기─아버지가 남긴 쪽지, 아버지에게 총을 겨누었던 일을 고백한다. 마리는 오빠 지미에게 죄책감에서 벗어나 새 삶을 의미하는 폭스바겐 방주를 완성하라고 기원한다. 그녀는 아버지가 원했던 의학도의 길을 버리고 마음을 치료하는 영적 치유사Healer가 되기 위해 스톰과 함께 집을 떠난다.

고단한 가족사를 뒤로 한 채 마리가 떠난 후, 지미는 한동안 갈등하는 모습을 보인다. 극 초반 그는 수시로 김치를 먹고, 바나나라는 단어만 들어도 동화된 한국인에 대한 비아냥거림으로 인식했다. 또 그를 떠나려는 마리를 가족이라는 명목을 내세워 주저앉히는 등, 한국적 정체성에 집착하던 모습이었다. 지미는 미국사회에 동화하라는 아버지를 거부했지만, 불행하게도 한국문화를 상징하는 어머니의 예술성을 물려받지도 못했다. 지미는 한국과 미국으로 나뉜 갈림길 위에서 망설이고 있는 것처럼 보인다. 지미를 새로운 세상으로 보내 줄 폭스바겐 방주는 "감정의 상실"loss of emotion(247)을 연료로 사용하는데, 지미의 상실감을 넣게 되면 완성된다.

망설이던 지미가 방주에 넣은 것은 다름 아닌 어머니의 그림이다. 이 장면은 지미가 어머니에게서 물려받고자 했던 한국적 정체성을 포기하고 아버지로 상징되는 미국사회로의 동화와 타협하게 되었음을 의미한다. 지미에게 어머니와 아버지로 대변되는 이분법적 가치는 이제 더 이상 그의 선택의 대상이 아니다. 지미는 대홍수 이후에 새로운 삶을 살 것이기 때문이다. 그러나 지미가 방주를 타고 나아갈 새로운 사회는 한국사회도 아니고 백인과 이성애와 중산층이 지배적인 주류세계도 아닌 듯하다. 그의 곁에서 김치를 씹으며 동승하고 있는 사람은 마리도 스톰도 아닌 백인 청년 믹이기 때문이다. 성경에서 노아의 방주는 세상의 모든 암수 한 쌍씩을 태워야 한다는 조건을 가지고 있기 때문에 홍수 이후의 인류의 미래가 이성 애 중심의 역사가 될 것임을 보여준다.

그러나 이 극에서 지미는 믹과 현대판 방주인 폭스바겐을 타기로 결정함으로써 전통적인 서구의 이성애적 신화를 붕괴시킨다. 두 사람 사이에는 세계를 이어나갈 수 있는 어떠한 계통적 조건도 존재하지 않는다. 다만, 두 사람은 모두 다리를 다쳐서, 비만 오면 상처를 입었던 기억이 되살아난다는 공통점을 가지고 있다. 또 폭스바겐 방주를 만들겠다는 지미의 계획을 동생인 마리조차 비웃을 때, 믹은 부조리한 삶에 대한 경험을 바탕으로 지미를 도와 방주를 완성시킨다. 대홍수 이후 디엔에이를 이용하여 새로운 인류 역사를 만들자는 믹의 과학적 공상에, 지미는 엔트로피법칙에 근거하면 인간의 상실감으로 방주의 동력을 마련할 수 있다고 맞장구친다. 지미가 과학과 감정, 기계와 핏줄이란 두 대립을 융합하여 폭스바겐 방주라는 상상을 실현할 수 있었던 것은 "삶은 사실적이지 않아. 그런 식으로 움직이지 않는다"(236)는 믹의 세계관과 연결된다. 이처럼 지미는 인종과 혈통의 연대가 아니라 믹에 대한 신뢰감에 근거하여 그와 새로운 세상의 파트너가 된다.

마리가 세상을 어루만질 영적 치유사가 되기 위해 집을 떠나면서 한국사회에서 버려져 입양된 여성, 스톰과 동행하게 되는 것 역시 이성애에 기반을 둔 가부장적 가족 전통을 위협하는 결정이다. 지미와 마리가 형성하는 유사가족은 중산층 가족 이데올로기를 지탱하는 백인, 남성, 이성애 중심담론을 해체한다. 나아가 아시아계 미국가족에게 요구되는 아시아계 미국인의 정체성을 의문시한다. 이 극의 지미 마리 남매는 한국계 고유의 감수성과 동화된 미국적 감수성 사이에서 새로운 관계를 상상하는 푸윙키들이다. 그들이 만들어가는 푸윙키적 가족은 한국계 미국인의 이중적 정체성에 대한 작가의 인식을 반영하는 것이다. 한 인터뷰에서 성 노는 "동화assimilation에는 반대하지만, 이 나라에서 그 과정은 불가피한 것임을 인정한다."(유선모 175)고 말하여 한국성의 유지와 동화를 대립적으로 인식하는 데 반대의 입장을 밝힌 바 있다. 그에게 동화와 한국성이라는 문제는 이분법적으로 대립되고 선택하는 문제가 아니다. 즉 미국의 꿈으로 상징되는 주류 문화에의 동화와 한국인의 정체성 추구는 동시에 일어나는 과정이며, 이질적인 두 요소의 대립으로 인해 새로운 정체성이 합성되는 것이다(유선모 177-9).

에필로그의 무대는 서로 다른 범주들의 경계에서 독자적인 동시에 상호적 질서를 만들어가는 푸윙키적 공간을 다성적인 무대 기호를 통해 보여준다. 지미와 마리는 각자의 대사를 서로 엇갈리게 혹은 동시에 발성함으로써 언어 기호의 연결과 분리과정에서 흥미로운 의미가 발생하도록 만든다. 가령 마리가 "아직도 난 기억나요"라고 시작하면 바로 이어서 지미가 "붓, 붓으로 시작해"라며 마리와 병렬적으로 다른 내용을 이야기하는 식이다. 그의 말을 받아서 마리 역시 "그리고 그 이야기들은 내 속에 있어요. 길 가에 핀 야생화들처럼"라고 자신의 이전 이야기를 이어간다. 다음 장면에서는 각자의 이야기를 동시에 전달한다. 마리는 "그 꽃들은 폭풍이 심해도 살아남아요"라고 말하고, 지미는 "색을 칠해, 진하고 검게"라고 말한다. 아래 인용문에서 두 사람은 각자 다른 이야기를 하지만 그들의 이야기는 흥미롭게도 상호 연관성을 가진 하나의 이야기로 들린다.

마리 :   지미 :
꽃들은 비를 맞으면 더 색이 분명해져.
　　빗물 때문에－

　　　　　　　　　　　　　　　　　색이 더 생생해지지.
　　　　　　　　　　　　　　　　　만약 붓이－

비에 젖으면 꽃잎은 대지에 떨어지지.
작은 방울들—

가능하면.

물감 방울들, 처음 시작할 땐
이건 피하는 게 좋아
가능하면.

MARI

...

Their colors get more bright
in the rain. The water makes—

JIMMY

the colors seem more
vivid when the brush is
wet—

from the rain and the petals
drip with what has newly fallen
to the earth, small drops—

of paint, which are to be
avoided in the beginning
if at all—

Possible. ...

Possible. ... (270)

마치 영화의 몽타주 기법이나 오버랩을 연상시키는 이 무대 연출 방식은 마리와 지미의 이야기를 통해 엄마의 이미지를 다성polyphony적 이미지로 만들어낸다. 위 이야기에서 엄마는 두 사람에게 그림을 가르치는 모습으로 제시된다. 엄마는 지미와 마리에게 별도의 이미지이자 공유하는 이미지로 존재한다. 두 사람이 따로 또 같이 엄마를 기억하는 마지막 장면은

2세대 한국계 미국인의 푸윙키적 감수성을 압축적으로 보여준다. 즉 서로 다르게 기억되지만, 언뜻언뜻 일치하는 어머니의 모습은 고정된 정체성이 아닌 열린 정체성의 표상으로 간주할 수 있기 때문이다. 지미와 마리가 어머니를 기억하는 방식은, 민족이나 인종, 가족의 범주로 일반화될 수 없는 개별자들의 다양한 존재 방식을 보여준다. 이 장면은 두 사람의 기억을 자유롭게 넘나드는 어머니의 존재처럼, 미국 인종 담론에 소속되지 않고, 일반화된 민족 정체성과도 거리를 유지하며 조르지오 아감벤Giorgio Agamben이 말하는 "아무런 존재"(1)로서의 2세대 한국계 미국인을 잘 보여준다.

* * * * *

성 노는 『비 내리는 클리블랜드』에서 기존의 아시아계 미국연극에서 중시하던 인종 문제와 혈통 계승에 대한 강조점을 다양한 입장의 차이로 분산시키면서, 혼종적으로 변화한 최근 아시아계 미국문화의 지형도를 다시 그리고 있다. 미국 대중문화에서 전통적인 모범가족으로 재현되던 한국계 미국인 가족은 성 노의 극에서 붕괴 위기에 처한 가족으로 재구성되어 있고, 부모가 사라진 자리에 남은 아들, 딸은 백인, 남성 이성애 중심적인 가부장적 가족을 대체할 혼종적, 제휴적 관계를 형성하려 한다. 그런 의미에서 성 노의 『비 내리는 클리블랜드』는 90년대 이후 다양하게 분화되고 있는 아시아계 미국인 사회의 분위기와 문제의식을 문학적으로 재현하고 있는 동시에, 미국사회의 현실을 가족에 빗대어 비판하는 미국가족극의 전통 기반 위에서 한국계 미국인 가정을 해체적으로 재조명한 극이라고 평가할 수 있다.

■ 이 장의 내용은 『현대영미어문학』 26권 3호(2008)에 수록된 필자의 논문, 「아시아계 미국인 가족의 해체와 재구성: 성 노의 『비 내리는 클리블랜드』를 중심으로」를 일부 수정한 것이다.

6

『파장』: 아시아계 미국인의 양자역학적 정체성 상상하기

2004년 뉴욕에서 공연된 한국계 미국 극작가 성 노Sung Rno의 『파장』
wAve은 그리스 고전 비극인 『메데아』Medea를 인종 정치적 관점으로 개작한
것이다. 이 극에서 가문을 재건하기 위해 부인 메데아를 배신한 제이슨
Jason왕자는 스타를 꿈꾸는 한국계 미국 2세대 남성으로 바뀌었고, 남편의
배신에 분노하여 아들을 살해한 악녀 메데아는 한국계 미국 이민 여성 M
으로 등장한다. 동족살인, 유아살인 등 원작의 충격적 요소들이 크게 부각
되지 않은 탓에 『파장』은 ≪뉴욕타임스≫New York Times로부터 "느슨한 개
작"이라는 다소 미적지근한 평가를 받았다(Jefferson). 원작과의 연관성에 집
중한 주류 언론에 비해, 아시아계 선배 극작가들은 이 극의 독창성을 호평
했지만 내심 당황스러움을 감추지 못했다. "기존의 상상과는 사뭇 다른 극

세계"를 보여주었다는 점에 큰 이견은 없었지만, "충격이 가득한", "불손한 재치"와 같은 조심스러운 표현이 사용되었다(Hong "Particle and Wave" 56-58). 아시아계 연극계가 주목한 신선함 그리고 불편함은 이 극이 기존 인종 정치극과 다른 발칙한 방식으로 인종 문제를 제기한 것과 무관하지 않다.

아시아계 미국연극의 인종 정치적 주제와 형식을 문제시하는 시도는 일본계, 중국계 중심의 기존 아시아계 연극에 대한 작가의 도전이자 저항이다. 한국계 극작가 성 노는, 하버드 대학에서 물리학과를 졸업한 뒤 브라운 대학에서 극작을 전공한 흥미로운 이력을 가지고 있다. 소위 보장된 미래를 마다하고 아시아계 미국연극계에 뛰어들었던 그는 ≪아시안위크≫ AsianWeek와의 인터뷰에서 "내가 정체되었다고 느껴지거나 참신한 발상이 떠오르지 않으면, 당장 이 곳[연극계]을 떠나 포장마차나 하겠다."고 단언했다(Hong "Making Waves"16). 이러한 발언은 기존 아시아계 연극의 구태에 대한 비판적 태도와 더불어 그의 아웃사이더다운 감수성을 잘 보여준다. 그러므로 마이 극단Ma-Yi Theatre의 연출가, 채 유Chay Yew로부터 그리스 비극 『메데아』를 한국계의 시각으로 개작해보라는 권유를 받았을 때(Hong "Particle and Wave" 58), 그가 아시아계 공동체 내부의 이방인 M을 그려낸 것은 평소의 행보에 미루어 어느 정도 예상된 결과라고 하겠다.

작가가 이 극의 인물과 시대배경을 고대 그리스 왕족 출신 부부에서 2004년 미국의 평범한 한국계 부부로 바꾼 것은 꽤 의미심장한 시도이다. 이 극의 방점이 인종 내부, 즉 미국에 동화된 2세대 한국계 남편과 한국 이주민 부인 사이에서 발생한 갈등에 찍힌 것이다. 즉, 이 극이 제기하는 인종 대립은 원주민 대 이방인 혹은 백인 대 아시아계 사이에 있지 않고, 동화된 이방인과 소외된 이방인 사이에 존재한다. 이러한 설정은 최근 미국 이민지형도가 변화함에 따라서 소수인종 공동체 "내부의 차이"(Chaudhuri 195)

에 주목해야 한다는 지적을 상기시킨다. 비엣 탄 응구엔Viet Thanh Nguyen에 의하면 65년 이민법 개정 이후 아시아계 공동체 내부에서 목도되는 여러 가지 차이들은 단순히 인구학적인 다양함을 의미하는 것이 아니라 민족, 계급, 성별, 섹슈얼리티 등에 기반한 이데올로기적 차이를 의미한다. 아시아계 내부의 이데올로기적 차이는 기존 아시아계가 정치적으로 표방하던 "여럿으로 이루어진 하나"e pluribus unum 혹은 "범-아시아계 미국인"Pan-Asian American 공동체의 유효성을 재점검하게 만드는 요인이 되고 있다(Nguyen 7-9).

그런 의미에서 이 극의 발칙함은 서구 고전 속 인물을 동시대 아시아계 인물로 대치시킨 점에 있는 것이 아니라, 기존 미국사회의 인종문제를 아시아계 인종 공동체 내부의 "이데올로기적 혼종성"(Nguyen 7)으로 전환시킨 점에 있다. 가령, 이 극에서 제이슨과 M은 각각 동화된 2세대 아시아계 미국인과 아시아계 이주민을 대변하는데, 두 사람 사이의 권력관계와 갈등은 아시아계 내부에서 벌어지는 정치적, 경제적 갈등과 유비적으로 읽힌다. 제이슨처럼 동화된 아시아계 2세대가 아시아 상품을 전유하는 양상은 '아시아성'을 둘러싼 아시아계 내부의 인종, 민족, 계급적 이해관계의 차이를 드러낸다. 제이슨이 스스로의 미국성을 괄호치고 주류사회를 향해 "상품화된 인종성"a commodified identity의 가면을 쓸 때, 아시아계 미국인의 정체성은 기존의 인종 범주를 넘어 "다원적이고 가변적인 것"(Nguyen 24)으로 변하고 있음을 확인할 수 있다. 이 극이 일으킨 파장은 여러 겹의 동심원들을 만들어내는데 그 중에서 원작『메데아』의 주제를 인종적 맥락으로 전환할 때 발생하는 정치적 의미가 흥미롭다. 그 의미는 아시아계 내부의 인종 갈등 양상과 상품화된 인종성을 바라보는 상이한 이해관계 등으로 구체화된다.

[1] 제이슨과 M: 미국과 한국, 「매쉬」와 마가렛 조의 중간, 38선 중간 어디쯤

작가 성 노는 『메데아』의 제이슨과 메데아가 당시 주류사회인 고대 그리스 도시국가의 정식 구성원이 아니라, 외부에서 이주한 이방인이라는 사실에 주목한다. 당시 이방인이란 신분은 변방 출신 공주 메데아 뿐만 아니라, 그리스의 도시강국 이올코스Iolcos의 왕자였던 제이슨에게도 치명적 약점이었다. 원작에서 메데아와 함께 추방된 자로 떠돌다가 코린토스Corinth에 머물게 된 제이슨은 그 곳의 공주와 결혼함으로써 자신과 두 아들의 시민권을 획득하려고 한다. 극 중 코러스는 도시국가의 가부장적 질서에 의해 제이슨의 재혼이 불가피한 결정임을 인정하지만, 헌신적인 부인을 져버린 결정에 대해서는 "어떻게 변명하든 그것은 배신행위"(60)라며 힐난한다. 하지만 제이슨이 메데아를 "원시적인 나라에서 온 이방인"으로 부르며, 그동안 "그리스 땅에 살면서 정의와 법의 이점을 알게 된 것에 감사하라"(『메데아』 57-8)고 훈계하는 것에 대해서 코러스는 이의를 제기하지 않는다. 이는 메데아의 마술 능력을 원시적인 것이라고 비아냥거린 제이슨이나, 시민권이 없는 기피인물의 추방을 강행하는 크레온의 입장에 당시 그리스 관객들이 동의했음을 암시한다. 도시 국가의 안전과 질서를 위해 위험한 이방인을 구별하고 추방해야한다는 담론은, 당시 무대 위에서 코러스가 대변하던 그리스 관중을 '호명'interpellation한 지배 이데올로기였다.

『파장』은 제이슨이 메데아에게 부여했던 이국성, 그리고 시민과 노예의 서열구조를 현재의 인종 정치적 맥락으로 위치시킨다. 원작에서 그리스인 제이슨이 부인 메데아를 "원시적인 나라에서 온 이방인"(『메데아』 57)으로 규정하며 '구별 짓기'하던 모습은, 한국계 미국 2세대 남편 제이슨이 한국인 부인 M을 "촌뜨기 이민자"(FOB-Fresh Off the Boat 117)라고 부르는 장면에서 되살아난다. M은 동생을 죽인 죄책감 그리고 낯선 이민 생활로 말미암아 광장공포증을 앓고 있다. 제이슨은 부인의 고충을 배려하기는커녕, 아시아 계 이민자를 비하하는 속어, "촌뜨기 이민자"라고 부른다. 하지만 M이 장난삼아 제이슨에게 "촌뜨기 이민자"라고 놀리자 그는 정색하며 화를 낸다. 그의 분노는 아시아계 2세대인 자신의 인종 서열이 이민자인 M보다 우월하다는 무의식에서 비롯된 것이다. 제이슨이 "촌뜨기 이민자라도 진짜배기 아시아 음식을 해주는 여자랑 결혼하길 잘했지. 대학 물 좀 먹었다고 어설프게 백인입네 설치고 다니는 여자가 아니라"(117)라고 말할 때, 그의 태도는 마치 아시아 여성에게 순종적인 헌신을 기대하는 백인 남성과 다를 바 없어 보인다.

제이슨이 M을 '촌뜨기 이민자'로 부른 장면은 아시아계 미국 공동체 내부에서 일어나는 인종 문제를 상징적으로 보여준다. 주지하다시피 1965년 이민법 개정 이후 기존 아시아계 미국인의 문화적 지형도는 크게 변화되고 있다.[13] 그러나 아시아계 내부의 차이가 가시화되고 있음에도 불구하고 아시아계 공동체는 여전히 단일한 아시아계 정체성을 정치 전략으로 내세운다. 옌 에스피리뚜Yen Espiritu에 의하면, 1960년대 후반 아시아계의 정치적 지위 향상은 '범-아시아계'pan-Asian 운동 전략 덕분이다(52). 당시에도 '범-아시아계'란 용어는 정치적 경제적 연대 과정에서만 사용될 수 있었을 뿐, 아시아계의 다양한 문화적 감수성을 담아내지 못한다는 비판이 있었다(164). 1990년대에 이르자 아시아계 내부의 차이는 더욱 확대되었고, 리사 로우

---

[13] 법 개정 후 동남아시아를 비롯한 아시아 각국으로부터 이주해 온 이주민들은 기존의 아시아계 공동체와 매우 다른 정체성과 특징을 보여준다. 19-20세기 초에 중국, 일본, 필리핀에서 온 1차 아시아 이주민들은 최근 3-4세대에 이르면서 부모 세대의 아시아성을 거의 잃고 미국사회로 동화되는 추세가 가속화되고 있다. 반면, 최근 이주한 아시아인들은 미국사회에 동화되기보다는 고유의 아시아적 유산을 유지하면서 미국 다문화사회의 상당한 지분을 갖고 있다 (정미경 109-10).

Lisa Lowe와 같은 문화연구가들은 아시아계가 인종 정치 이면의 문화적 차이에 주목해야 할 필요성을 강조하기 시작한다. "이종성, 혼종성, 다양성" (heterogeneity, hybridity, multiplicity Lowe 65)으로 정의될 수 있는 1990년대 이후 아시아계 공동체는 "범 아시아계"를 대체할 새로운 인종 정치 전략이 필요해진 것이다. 기존 아시아계가 1990년대 이후 새로 형성된 아시아 이주민들의 민족성, 세대, 젠더, 계급적 차이를 고려하지 않는다면 "범 아시아계"는 인종정체성이란 미명으로 주체와 타자를 양분하는 또 다른 이분법적 인종차별이 될 수 있기 때문이다(Lowe 30).

이런 맥락에서 볼 때, M과 제이슨의 갈등은 미국사회에서 '하나인 듯, 하나 아닌, 하나같은' 아시아계 미국인의 정체성이 문화적으로 해체되어야 할 당위성을 보여주는 듯하다. 이 극의 배경으로 제시된 "「매쉬」*MASH*와 마가렛 조*Margaret Cho*의 중간 지점,[14] 38선의 중간"(113)이란 표현은 M과 제이슨 사이의 간극을 상징한다. 제이슨은 한국계 2세대 사업가로서 우연히 한국에서 M을 만나 사랑에 빠졌다. 그는 미국 주류사회에 진입할 방법을 찾고자 M을 이용하여 한국의 보물인 '기'*Chi*를 훔쳐 달아난다. 미국에 돌아온

---

[14] 「매쉬」는 1970년부터 1983년까지 미국 TV시리즈로 방영된 코미디 드라마로서 한국전쟁 당시 의정부에 세워진 미군병원을 배경으로 미 군의관들에 관한 이야기를 다루었다. 미국 전체 시청자 수가 1억2천5백만 명에 이를 정도로 인기를 누렸지만, 이 드라마는 한국인의 모습을 존재감 없는 엑스트라로 등장시키거나, 베트남의 전통모자인 논(non)을 쓰고 다니게 하는 등 한국인과 한국문화를 왜곡한 것으로 악명이 높다. 이런 이유로 대중문화 비평에서 「매쉬」라는 제목은 종종 인종차별적 문화기호의 상징으로 언급된다(*Wikipedia*). 한편 마가렛 조는 1999년 미국 TV 시트콤 「완전한 미국소녀」(*All American Girl*)의 주인공을 맡았던 한국계 스탠드 업 코미디언이다. 이 드라마는 이민 가족의 세대 간 갈등을 잘 포착했지만 아시아 문화를 왜곡하거나 비하하는 재현 때문에 아시아계 공동체로부터 인종차별적이라는 비판을 받고 조기 종영되었다. 「매쉬」의 이국적 한국인 이미지와 『완전한 미국소녀』의 동화된 2세대 한국인 이미지는 미국 대중문화에서 한국인의 모습이 가장 극과 극으로 재현된 사례로서 M과 제이슨의 문화적 차이를 보여주는 비유라고 할 수 있다.

두 사람은 훔쳐온 '기'를 이용하여 컴퓨터 프로그램 회사를 세운다. 가족과 조국을 배신하고 제이슨을 따라 온 M에게 이 회사는 "우리의 피와 땀으로 이룬 것"이지만, 제이슨에게는 그저 "사이버계의 배관공"(118)에 불과한 작은 회사에 불과하다. 두 사람의 상이한 태도는 '기'로 대변되는 한국성에 대한 인식의 차이를 보여준다. '기'를 정신적 뿌리로 간주하는 M과 달리 제이슨에게 '기'는 주류사회로 진입할 수 있는 인종적 상품인 것이다.

제이슨은 자신의 "국수 고명 같은 삶"(118)에 불만을 가지고 있었는데, 어느 날 한국전쟁에서 그의 아버지에게 목숨을 빚진 프로듀서 럭키Lucky로부터 뜻밖의 제안을 받는다. 럭키는 마릴린 몬로Marilyn Monroe의 디엔에이를 디지털화한 마릴린 파트 IIMarilyn Part II가 출연하는 뮤지컬 영화, 「미스터 프놈펜」Mr. Phnom Penh을 기획하던 중 제이슨에게 남자 주인공을 맡긴다. 제이슨은 이 영화출연이 진정한 미국 "시민 강씨"(118)가 될 수 있는 기회라며 기뻐한다. 제이슨의 태도는 주류사회에 동화되기 위해 노력하는 아시아인, 즉 소수모범인종 모델Model Minority을 연상시킨다.[15] 기존 아시아계 학자들은 아시아계의 성공적 이민사례에 대한 칭송은 인종차별과 자본주의가 결탁한 결과이고, 궁극적으로 미국 백인 가족과 국가 이데올로기를 강화한다고 비판한다(R. Lee 190–91). 그럼에도 불구하고, 제이슨처럼 스스로의 인종정체성을 상품으로 전환하여 미국 자본주의에 편승하는 아시아계 지식인, 기업인들은 점점 더 증가하고 있다. 응구엔은 아시아계 내부의 이데올로기적 지형도를 분화시키고 있는 이들을 "다원주의적 아시아계 미국인"(Pluralist Asian American 12)이라 부른다.

---

[15] 소수모범인종 모델에 대한 설명은 이 책의 64쪽 II. 5. [1] '한국계 미국가족의 이미지 – 허위 혹은 유령' 참조.

제이슨이 "다원주의적 아시아계 미국인"을 대변한다면, 한국계 이민 여성 M은 무엇을 상징하는가? 우선, M은 '이민자'를 의미하는 영어단어 'Migrant'의 약자로 해석될 수 있다. 성 노는 작가노트에서 M을 "한국과 미국에 모두 가족이 있는 최근 한국계 이민자"(113)라고 소개한다. 하지만 그녀는 한국으로 돌아갈 수 없는 처지이다. 제이슨을 위해 가보를 훔친 도둑일 뿐만 아니라 이를 막는 남동생을 죽이고 달아난 살인자이기 때문이다. M은 귀향은커녕 과거를 기억하는 것조차 고통스러운 자기 부정 상태에 빠진다. 주류사회로 진입하려는 제이슨의 야망 뒤에서, M은 한국과 미국 사이에서 표류하며 자신의 정체성을 찾기 위해 몸부림을 친다. "나는 죽고 싶어. 비가 되고 싶어, 단단한 보행로가 되고 싶어, 담배가 되고 싶어. 누가 날 좀 피워 줘. 누가 날 좀 불태워줘"(124)라는 M의 독백은 주류사회로부터 소외된 자의 절규로 읽을 수 있다.

그녀가 느끼는 고뇌와 불안은 근본적으로는 살인에 대한 죄책감에서 오지만, 미국이란 타지에서 이민자가 느끼는 외로움 때문에 더욱 가중된다. 미국에 도착한 첫날, M의 일기에는 살인을 저지른 어린신부가 낯선 곳에서 느낀 불안과 이방인의 자의식이 고스란히 드러나 있다.

그저 어린 소녀였던 때가 어제 일 같은데 낯선 남자에게 반해버린 젊은 여자였던 때가 어제 일 같은데 어린 신부였던 때가 어제 일 같은데 낯선 공항에 내렸던 때가 어제 일 같은데 꿈에서 깨어난 것 같았지 매연이 코를 찔렀지 집에 돌아갈 수 없으리란 사실을 알고 두려웠지 저 화려하고 밝은 네온사인과 일회용 세계가 날 반기지 않는다는 걸 알았지 그래도 어쩔 수 없었지 가족 고향 조국과 떨어지던 첫 날 밤에 난 빅맥을 주문하고 끊임없는 소음과 이동이 일어나는 거리를 바라보았지 . . . 그날 밤 감자튀김을 먹으면서 난 슬펐지 이 남자와 함께 있는 것이 너무 외로워서.

only yesterday i was a little girl only yesterday i was a young woman
falling in love with this strange man only yesterday i was a young bride
only yesterday we landed in a strange airport it was like we had just
waken from a dream the smog was clogging my nose i was scared I
know this would never be home to me i know that the bight colors and
neon and plastic would never welcome me completely but i had no
choice i had divorced myself from my family my home my country that
first night i ordered a big mac stared out at the street the endless noise
and motion . . . i was sad that night sad as i ate my french fries because
i was so alone alone with this man. (129)

위 인용문에 사용된 소문자 "i"는 낯선 미국문화에 적응하는 과정에서 그녀
가 느꼈을 소외감과 자기 부정, 그리고 정체성의 상실을 보여준다(Yoon
159-60). 한국으로 돌아갈 수 없었던 M은 미국인으로 살 수밖에 없었고, "모
래 위에 쓴 것들을 파도가 쓸고 간 것처럼"(119) 한국인의 정체성과 과거의
기억을 지워버려야 했다. 하지만 그녀는 제이슨과 달리 과거로부터 자유로
워질 수 없는 처지로 보인다. 그렇게 그녀의 이름은 '이민자'란 의미와 동
전의 양면을 이루는 '기억'Memory의 M이 된다.

제이슨과 M이 가진 인종정체성의 차이는 두 사람이 한국전쟁을 기억
하는 태도에서도 확인할 수 있다. 세츄 시게마츄Setsu Shigematsu에 의하면
1965년 이민법 개정 이후의 이주민 가운데, 20세기에 미국과 전쟁을 치렀
거나 미군의 통치를 받았던 아시아 국가들, 한국, 베트남, 라오스, 캄보디
아 출신이 특히 많았다. 미국이 치른 전쟁으로 인해 아시아 태평양 군도
지역 주민들의 이주, 퇴거, 이민을 촉발되었기 때문이다. 이 지역 출신 이
주민들에게 미 제국주의와의 전쟁은 과거의 사건에 그치지 않고 현재의 삶

에도 영향을 끼치며 이민자 서사에서도 중요 문법으로 나타난다(xxv-xxvi). 이 극에서도 한국전쟁은 M의 정신적 상흔과 제이슨의 정체성을 설명하기 위해 은유적으로 배치된다. 이주민 M에게 한국은 강대국의 침입에 시달렸던 작은 반도 국가이며, 강제 징용된 노동자, 군 위안부, 분단의 비극을 겪은 제국주의 전쟁의 피해자로 기억된다. 위에서 언급된 M의 일기에는 제이슨과 미국이 "오즈의 마법사"(129)로 표현되어 있는데, 이는 비록 깨져버린 꿈이 되긴 했지만, 한국전쟁 이후 한국인이 승전국 미국을 바라보던 선망어린 시선과 불행한 과거로부터 벗어나려는 이민자의 꿈을 드러낸다.

주목할 점은 그녀가 갖는 한국 이미지들이 부정적이라는 것, 그리고 한국적 정체성을 상징하는 그녀가 극 중에서 한국전쟁을 언급한 적이 거의 없다는 사실이다. 이러한 자기 부정과 침묵은 "촌뜨기 이민자"로 놀림 받으면서, M이 내면화한 열등감과 소외감에서 비롯된다. M은 한국전쟁이 그녀에게 무의미한 것이라서가 아니라, 미국의 국가 담론에 동화되기 위해 발설할 수 없었던 금기사항이기 때문에 침묵하는 것이다. 승리하지 못한 전쟁으로 기억되는 한국전쟁은 군사 강국 미국의 자존심을 건드렸고, "잊어버린 전쟁"이 되었다. 백인들이 한국 전쟁을 「매쉬」의 배경으로 떠올리거나 옛 애인 "명희"로 기억하는 현실 속에서, 한국계 이주민 M은 미국 시민으로 살기 위해 한국 전쟁의 기억을 함구했을 것이다. 이러한 전쟁 피해자의 침묵은 친동생을 죽였던 골육상잔骨肉相殘의 기억을 은폐하여 스스로를 방어하려는 가해자의 침묵과 통한다. M의 주치의 양 박사Dr. Yang 역시 그녀의 침묵과 은둔을 살인자의 심리와 유사하다고 진단하는데, 이를 한국전쟁을 함구한 것과 동생 살해를 은폐하려는 것 사이의 심리적 유사성으로 전유해 읽을 수 있다.

한국전쟁의 흔적이 현재의 삶으로 이어지는 M과 달리, 미국에서 태어난 제이슨은 한국전쟁의 의미를 피부로 느끼지 못한다. 제이슨에게 한국전쟁은 한국인 아버지가 겪은 전쟁이라기보다 아버지의 전우인 미국인 럭키가 참전한 전쟁이며, 자신에게 인생 역전의 기회를 가져다 준 사건일 뿐이다. 럭키는 그에게 주연배우의 역할을 주면서 "「매쉬」 이후로 자네 민족에게는 최고의 영화가 될 거야"(115)라며 그를 격려한다. 그러나 그들이 제작할 「미스터 프놈펜」의 배경은 캄보디아와 베트남이 뒤섞인 국적 불명의 가상공간이기 때문에 한국을 배경으로 제작된 「매쉬」를 운운한 럭키의 말에는 어폐가 있다. 하지만 럭키 같은 미국 백인에게 한국과 캄보디아 혹은 베트남은 아시아에서 미국이 벌인 여러 전쟁터 중 하나일 뿐, 두 나라의 역사와 문화적 차이는 중요하지 않다. 「매쉬」에서 베트남 전통 모자 '논'을 쓴 한국인이 등장했던 것처럼 종종 미국문화는 아시아 국가들을 구별하지 않고 아시아라는 한 단어로 획일화시켰다. 이는 서구 중심적인 오리엔탈리즘을 드러내는 것이지만, 제이슨은 럭키의 실수를 개의치 않는다. 한국전쟁이든, 베트남전쟁이든 상관없이 그의 관심사는 오직 이 영화를 통해 주류사회의 스타가 되는 것뿐이다.

[2] '아시아'라는 상품

로버트 리Robert Lee에 의하면, 소수모범인종 모델은 대내적으로는 1960-70년대 흑인 인권운동의 확산을 저지하고 대외적으로는 냉전 시대에 민주(이민)국가의 우월감을 과시하려는 미국 외교 정책의 결과물이며 아시아계에 대한 조작된 이미지이다(145-161). 하지만 응구엔은 소수모범인종 모델이 아시아계 공동체의 인종 정치적 토대를 마련해 준 계기였음을 인정해야한다고 지적한다. 1960년대 초기 아시아계 공동체는 시민권 투쟁을 위해 범인종적 아시아계 조직을 구성하고 정치적 연대를 이루는데 성공했다. 이 정치적 행위는 1970년대를 거치며 미국 대학의 인종학과를 개설하는 등 학문적 커리큘럼으로 자리 잡거나, 범 아시아계 이익집단으로 조직되는 등 제도적 성과를 냈다. 응구엔에 의하면 이는 인종과 경제적 평등을 위한 민주주의적 투쟁의 성과물로 평가할 수 있지만, 동시에 인종을 상품으로 착취하는 자본주의적 사회 체계와 타협한 것이기도 하다. 즉 인종을 상품화하는 다문화주의 소비사회를 수용하도록 만든 것이다(9).[16]

　가령 이 극의 제이슨처럼 아시아계의 다문화적 특성을 하나의 인종 상품으로 생산하고 소비하는 최근 아시아계 미국인은 소수모범인종 모델의 대표적 사례가 된다. 고급기술을 가진 신세대 아시아 기업가들이나 초국가적 고학력 아시아계 미국인들은 미국 자본주의 구조에 아시아계 미국인이 포함되도록 민주적 절차의 완성을 요구하고 이를 성취해 냄으로써 미국문화에 지대한 영향을 끼치고 있다. 이는 다문화주의 민주사회에서 소수 인종적 정체성이 오명이 아닌 찬양의 대상, 다시 말해서 인종적 정체성이 하나의 문화적 아이콘이거나 상품이 될 수 있다는 사실을 의미한다. 소수인종을 주류로 진입시켰던 소수모범인종 모델이 자본주의적 다문화 시장과 결합한 것이다(Nguyen 10-12). 앞서 언급했듯이 아시아적 소재를 가진 영화를 통해서 출세를 꿈꾸는 제이슨의 태도는 소수모범인종 모델의 수혜자가 되려는 전형적인 "다원주의 아시아계 미국인"의 모습이다.

　『파장』은 소수모범인종 모델에 대한 인종 공동체 내부의 중층적 태도에

---

16 정치투쟁을 통해 얻어낸 제도적 성과물, 즉 주류사회로 진출한 아시아계 미국 지식인, 예술가, 정치인, 경제인 등은 피에르 부르디외(Pierre Bourdieu)가 말한 상징자본에 해당한다. 다시 말해서 이는 인종을 궁극적으로 경제적 자본의 결과나 기능, 즉 상품으로 전환하여 인식할 수 있다는 뜻이다. 반인종주의 운동을 이끄는 아시아계 지식인은 반자본의 태도를 취하지만, 전지구적 자본주의사회에서 아시아 문화는 물론 아시아계 미국인의 정치성도 하나의 사물, 상품이 되어 소비되는 현실을 부정하기 어렵다(Nguyen 9-17).

초점을 맞췄지만 정치적, 도덕적 판단을 괄호 친 채 제이슨과 같은 다원주의적 아시아계 미국인을 객관적으로 조명한다. 이를 위해 원작『메데아』에 나타난 이방인 생산과 배제의 국가 서사 방식과 비교될 만한 동시대의 국가 서사, 즉 인종을 다문화적 상품으로 만드는 동시대 자본주의적 소비사회의 서사를 보조 서사로 제시한다. 가령, 제이슨이 출연하는 영화「미스터 프놈펜」과 M이 즐겨보는 텔레비전 쇼「칭키와 구키 쇼」*Chinky & Gooky Show*는 원작의 플롯과 별개로 인종 상품화라는 동시대의 문제를 보여주기 위해 삽입된 에피소드이다. 주목할 점은 이 극에서 인종 상품을 생산하고 소비하는 주체가 아시아계 미국인으로 제시되었다는 점이다. 아시아계 1세대를 대표하는 작가, 프랭크 친Frank Chin의『용띠 해』*The Year of the Dragon*에서 볼 수 있듯이, 기존 아시아계 연극에서 인종 상품은 주로 백인들이 소비하는 것이다. 아시아계 인물은 주류에서 유통되는 인종 상품이 왜곡되었거나 가짜라고 비판하며 백인 중심 문화에 저항하는 투쟁적 주체로 제시되곤 했다.

이에 비해『파장』에서는 아시아계 이주민과 다원주의적 아시아계 미국인의 구체적 존재 방식을 대조시킴으로써, 아시아적 인종 상품을 생산하고 소비하는 아시아계 공동체 내부의 다양한 층위를 드러낸다. 구체적으로 아시아계 미국인이 인종 상품을 생산하고 소비하는 양상들은 첫째 아시아 음식, 둘째 영화「미스터 프놈펜」, 셋째 텔레비전 쇼「칭키와 구키 쇼」를 통해 나타난다. 아시아 음식은 제이슨과 M의 인종정체성에 대한 태도를 상징적으로 보여주는 연극 기호로 제시된다. 가령 맥도날드 햄버거는 미국문화의 상징으로서 M이 처음 미국에 도착하여 먹은 음식도 바로 맥도날드의 빅맥 버거였다. 제이슨과 아들 주니어는 평소에는 맥도날드의 싸구려 버거 세트를 즐겨 먹지만 제이슨은 M이 만든 한국 음식을 이국적인 특별 요리로 생각하며 좋아한다.

제이슨: 이거 죽이는데. 정말 맛있어. 돼지고긴가?

M: 아니.

제이슨 : 닭고기?

M: 아니.

제이슨: 뭐든 간에, 정말, 정말 맛있다.

M: 컨버스야.

제이슨: 그게 뭔데?

M: 새로운 고기 종류지.

제이슨 : 그래? 스팸 같은 건가?

M: 비슷해. 내일은 푸마야.

제이슨: 뭐든 간에, 난 좋아.

JASON. This is good. Really good. Pork?

M. No.

JASON. Chicken?

M. No

JASON. Whatever it is, it's really, really good.

M. It's Converse.

JASON. What's that?

M. A new kind of meat.

JASON. Yeah? Like Spam?

M. Something like that. Tomorrow's Puma.

JASON. Whatever it is, I like it. (129-30)

잠시 후 제이슨이 맛있게 먹은 국수 국물에서 M이 컨버스란 상표의 신발을 꺼내는 장면은 관객들의 폭소를 자아낸다. 광장공포증 때문에 외출하지 못하는 부인은 아랑곳없이 영화 촬영에만 몰두하는 제이슨에게 M이 엽기적인 음식을 먹여 복수하는 코미디처럼 보인 것이다. 다른 한편, 이 장면은 원작의 메데아가 사람을 살리는 묘약을 만들었던 주술사였음을 상기시킨다. 메데아의 주술 능력이 미개한 이방인의 상징으로 비난받았던 것처럼, M이 신발로 만든 아시아 음식은 그녀의 이국성을 부각시키는 효과를 발휘한다. 웨이닝 추Wenying Xu에 따르면 서구 문화에서 아시아 음식은 두 가지 의미를 가진다. 개, 고양이, 쥐, 메뚜기, 원숭이 골을 재료로 쓰는 혐오스런 음식으로 비하되거나 아니면 이국적이고 낭만적인 경험으로 미화되는 것이다(8). 위 장면에서 서구 문화가 아시아 음식에 부여하는 상반되는 두 이미지, 즉 혐오와 이국적 매력은 M의 정체성과 연결된다. 이국적 음식을 먹으며 좋아하는 제이슨의 순진함과 대조적으로 신발을 끓여 음식을 만든 M은 개고기를 먹는 아시아인의 혐오스런 이미지와 연결된다. 이러한 의미부여과정은 그녀에게 "촌뜨기 이민자" 혹은 이방인의 지위를 부여한 제이슨의 인종차별적 태도를 정당화시킨다.

M의 음식에 만족해하는 제이슨의 모습은 이국적인 아시아 음식을 관광 상품으로 소비하는 서구인의 표상을 볼 수 있다. M이 조리한 음식의 재료가 컨버스나 푸마와 같은 초국가적 상품이라는 점은 서구 소비사회가 아시아 음식을 전 지구적 상품으로 소비하는 문화적 맥락을 부각시킨다. 관객들은 아시아 음식을 즐기는 한국계 제이슨의 모습에서 이국적인 인종 상품을 소비하는 서구인의 모습을 본다. 이 경우, 제이슨은 한국계 출신임에도 같은 한국계 출신 M이 생산하는 인종 상품을 소비하는 주체가 된다. 동화된 아시아계 미국인이 아시아계 이주민의 인종 상품—아시아 음식을 향유하는 설정은 아시아계 인종 내부의 "이데올로기적 차이" 혹은 계급적 차이를 보여준다.

한편 M에게 아시아 음식이란 "돈 주고 살 수 없는 특별한"(116) 것이다.

그녀에게 한국 음식은 특별한 영양식이나 문화체험 그 이상의 의미, 즉 과거를 떠올려주는 매개체가 된다. M은 양념을 의미하는 영어단어 'seasonings'를 언급하다가 이를 무의식중에 'sea/son'으로 분리하여 발음한다. 영어가 모어mother tongue인 관객에게 이 장면은 언어기호의 관습적 조합을 깨고 시적 의미를 발생시킨 것으로 보일 수 있다. 하지만 M과 같은 비원어민에게 일어나는 이 분리는 영어와 모어의 경계에서 솟아나는 디아스포라적 정체성을 드러낸다. M은 영어 단어 'seasonings'를 아들과 바다를 의미하는 sea/son으로 분리한 후, 그녀의 무의식에 침잠해 있는 그 날의 기억을 떠올린다. 그녀는 제이슨을 따라 한국을 떠나던 그 날, 차갑게 파도치던 바다와 그녀가 토막 내어 버린 남동생의 시체를 찾던 아버지에 대한 기억으로 돌아가는 것이다. 아래 인용한 장면에서 M은 도마 위에서 야채를 썰면서 칼질하는 소리에 맞추어 한 마디씩 내뱉는다.

(그녀는 야채를 썰기 시작한다. 그녀는 칼로 써는 소리에 맞추어 말한다.)
그 날 난 보았지
맑게 개었던 그 아침
제이슨과 나는 깨어났고
우리는 달렸지
새벽 공기 속을
얼음처럼 차갑던
우리는 훔쳤지
가보 ㄱ-ㄱ-기를

(She starts slicing vegetables. She speaks with the rhythm of her slicing.)
i see that day
clear that morning

jason and i woke

we ran

morning air

icy cold

we steal

our family ch-ch-chi (119)

『메데아』의 내용을 알고 있는 관객이라면 M이 동생을 죽였음을 고백하는 이 장면은 그다지 충격적이지 않을 것이다. 그보다 M이 가족과 조국을 배신하던 과정을 전달하는 방식이 더 주목을 끈다. 위에서 볼 수 있듯이 M은 야채를 써는 속도에 맞추어 그 날의 일을 회상하여 말하고 있다. 이러한 대사 전달은 M의 과거를 관객에게 알리는 한편, 그녀가 만드는 음식과 그녀의 언어에 담긴 기억이 하나의 뿌리로 연결되어 있음을 상징적으로 보여준다. M이 한국 음식을 만들기 위해서 칼질하는 소리는 곧 그녀의 의식에 깃든 기억이 발화되는 순간에 다름 아니다. 테리 이글턴Terry Eagleton 식으로 표현하면, 한국계 이주민인 M에게 음식은 단순한 음식이 아니라 "물질화된 감정인 것이다"(204). 한국음식에 대한 M의 이러한 태도는 이민자 출신인 그녀에게 한국적 정체성이 갖는 중요함을 부각시켜 제이슨이 가진 미국적 정체성과 대조를 이룬다.

인종 상품의 두 번째 예는 제이슨이 출연한 「미스터 프놈펜」이다. 이 영화는 주류사회의 동양문화 애호가들을 겨냥한 상품이다. 캄보디아의 수도, 프놈펜을 의인화한 제목부터 수상스런 이 영화는 세계적으로 흥행에 성공한 뮤지컬 「미스 사이공」의 아류작이다. 백인 병사를 사랑하는 베트남 소녀 킴이 백인 여성을 사랑하는 아시아 남성 프놈펜으로 바뀌었을 뿐, 백인들의 오리엔탈리즘을 만족시켜 줄 요소들만 골라 기획된 패스티쉬pastiche에 다름 아니다. 럭키는 이 영화에 다문화 시대에 걸맞게 무술, 노래, 로맨스, 풀피리, 요리 장면, 헬리콥터, 마릴린 몬로Marilyin Monroe가 김밥처럼 어우러져 등장할 것이며, 이러한 제작방식이 곧 시대정신a zeitgeist이라고 자랑한다 (114). 그가 운운한 시대정신은 소비가 곧 존재의 근거가 되어버린 후기자본주의 시대에 아시아 문화가 갖는 상품 가치를 정확히 진단한 표현이다.

이 영화에 출연하는 배우 마릴린 파트 IIMarilyn Part II는 미국 대중문화의 섹시 아이콘이었던 마릴린 몬로의 복제물이다. 그녀는 서구 미인의 조건인 금발과 육감적인 몸매, 그리고 백치미를 가졌고 꽃꽂이, 주짓수 등 동양적인 문화로 프로그램화되어 있다. 하지만 마릴린 파트 II의 디지털 회로에 입력된 마릴린 몬로의 이미지와 동양 문화 등은 원작의 진정성과 깊이가 없는 흉내 내기에 불과하다[17]. 원작의 아우라가 없는 이미지의 복제이며, 미국 소비자 대중의 욕망을 완벽하게 실현한 허상이라는 점에서, 그녀는 장 보드리야르Jean Baudrillard가 말한 시뮬라시옹simulation이다. 제이슨은 이 영화가 인종차별적이지만, 마릴린 파트 II의 인기에 힘입어 흥행에 성공하면 장차 아시아계 미국인들에게 긍정적인 파급 효과를 줄 것이라고 믿는다. 그는 기존 주류 영화 속 아시아인 배우가 맡았던 하찮은 역할들에 대해 언급하면서, 자신의 성공이 수백만 이민자들의 오랜 꿈을 실현할 토대가 될 것이라고 상상한다.

제이슨의 희망은 에스피리뚜가 정의한 "범인종적 기업정신"panethnic entrepreneurship에 입각해있다. 원래 "범인종적 기업정신"이란 아시아계 공동

---

[17] 실제 뉴욕 공연에서 마릴린 파트 II는 아시아계 배우인 데보라 크레이그(Deborah Craig)가 맡았는데 아시아계 인물 칭키(Chinky)를 일인이역으로 연기하도록 연출함으로써 마릴린 파트 II에게 내재된 아시아여성의 상품성을 부각시켰다.

체가 내부의 문화적 차이에도 불구하고 아시아계에 대한 차별 철폐와 권익을 목적으로 단일한 아시아계의 정체성을 구성하여 연대하는 전략을 말한다(Espiritu 166). 아시아성이라는 인종 상품을 전략적으로 활용하려는 "다원주의 아시아계 미국인"의 태도는 "범인종적 기업정신"의 경제적 발현이라고 할 수 있다(Nguyen 11). M을 '촌뜨기 이민자'로 불렀던 것에서 알 수 있듯이 제이슨은 M이 가진 아시아성을 열등한 것으로 치부하고 완벽한 미국인이라고 자부하는 자신과 구분하려고 애쓴다. 하지만 그는 럭키가 만드는 소위 다문화적 영화의 경우처럼 아시아 상품을 이용하면 성공의 기회를 얻을 수 있다는 사실을 알고 있다. 이미 그는 한국에서 '기'를 훔쳐와 미국에서 경제적인 토대를 마련한 초국가적 기업인의 면모를 보인 바 있다. 제이슨은 럭키의 영화가 요구하는 아시아의 가면을 자발적으로 쓰고, 다문화사회가 소수인종에게 부여하는 정치 경제적 혜택을 얻고자 한다.

따라서 제이슨이 자신의 행동을 한국계와 아들의 장래를 위한 것이라고 주장해도 M의 동의를 얻지 못하는 것은 당연하다. M은 자신을 '촌뜨기 이민자'로 놀리던 남편에게서 민족과 가족을 운운하는 위선자의 얼굴을 본 것이다. 결국 주류사회로 진입하려던 제이슨의 꿈은 M이 그에게 선물한 '기' 총 때문에 물거품이 된다. 마릴린 파트 II를 향해 그가 총을 쏘는 장면을 촬영하던 중, 그의 총에서 실제로 자기장이 발사된다. 자기장은 마릴린 파트 II의 회로에 이상을 일으키면서 그녀를 한 장의 시디롬 디스크로 변환시켜버린다. 마릴린 파트 II의 소멸과 함께 영화 제작이 중지되고, 스타가 되려던 제이슨의 꿈도 좌절된다. M의 총은 아시아성을 복제한 가상의 이미지를 살해(변환)했을 뿐만 아니라 제이슨이 흉내 내던 아시아성도 무용지물로 만든다. M이 유사 아시아성을 파괴한다는 점은 아시아 상품을 소비하는 미국사회와 인종 공동체에 대한 비판으로 해석할 수 있다. 이 사건을 계기로 칩거를 풀고 광장으로 나온 M은 주류사회는 물론 제이슨을 비롯한 아시아계 내부의 "범인종적 기업정신"이 아시아성을 착취하고 있음을 폭로하는 악녀 메데아의 얼굴을 드러내기 시작한다.

아시아성을 소비하거나 상품화하는 아시아계 미국인은 제이슨뿐이 아니다. 인종 상품의 세 번째 사례는 「칭키와 구키 쇼」로서, 이 쇼의 두 주인공, 칭키와 구키 역시 아시아성을 상품으로 팔고 있는 아시아계 미국인들이다. 제이슨은 M에게 자신의 외도가 영화의 성공을 위해 불가피한 것이라고 변명하면서, "나는 우리 민족을 한 단계 나아가게 하려고 애를 쓰는데, 당신은 칭키와 구키 타령이야"(139)라고 힐난한다. 제이슨이 비난하는 「칭키와 구키 쇼」는 헐리웃 영화에서 아시아인을 재현하는 방식, 미디어에 나타난 인종 스테레오타입 이미지 등을 비판적으로 다루는 텔레비전 코미디 쇼이다. M이 이 쇼의 열렬한 시청자인데 반해, 제이슨과 주니어는 이 쇼의 정치성을 의심한다. 칭키와 구키가 구사하는 농담은 아시아인과 아시아계를 비하하는 소위 인종 유머이기 때문이다.

하지만 이들의 인종 유머는 M의 불안한 자아를 달래준다. 스스로를 살인자, 이방인으로 간주하면서 광장공포증에 시달리는 M은 이 쇼를 보면서 위안을 얻는다. 그 이유는 M이 그들 공연의 관객으로서 중요한 역할을 한다는 느낌을 받기 때문이다(Yoon 159). 「칭키와 구키 쇼」를 보면서 그녀의 위치는 로이스 레빈Lois Leveen이 말하는 "화자의 위트와 유머를 인정해주는 자" 혹은 "'판단하는 자'의 위치로 향상되기 때문이다"(Yoon 159 재인용). M에게 칭키와 구키가 사용하는 서툰 영어발음, 즉 아시아식 발성accent은 그녀가 가진 아시아적 잔재를 부정적으로 보지 않아도 되는 계기를 마련해준다. 그녀는 주류 미디어에서 미국성을 갖지 않은 아시아인의 존재를 공식적으로 확인한 것이다. M이 광장공포증을 무릅쓰고 「칭키와 구키 쇼」를 찾아가 출연을 자청한 것은 미국성의 강요를 거부할 인종적 자아를 획득했음을 보여준다(Yoon 160).

그러므로 칭키와 구키가 아시아식 발성을 흉내 내는 아시아계 미국인 이란 사실이 드러났을 때, 그녀가 받은 정신적 충격은 이루 말할 수 없을 만큼 컸다. "네 놈들 염병할 가짜었어!"(145)라고 외친 후 그녀가 내뱉기 시 작한 장광설이 미국 국가의 가사로 시작한다는 점은 매우 의미심장하다. 윤보미Yoon Bomi의 명쾌한 해석에 의하면 이는 그녀가 미국 시민권을 얻기 위해 어렵사리 공부하고 암기한 시험공부의 흔적이 무의식의 파편으로 터 져 나오는 순간이다(161). 그녀의 무의식은 칭키와 구키의 허구성과 미국 시 민권을 비약적으로 연결하며 미국의 다문화주의에 대한 실망감을 표출한 다. 그녀에게 아시아성을 긍정할 계기를 마련해준 칭키와 구키가 가짜였듯 이, 여러 인종과 문화의 공존을 표방하는 미국의 다문화주의 정책 역시 현 실성이 없는 허상임을 깨달은 것이다. 미국 주류사회는 물론이고 아시아계 공동체 역시 그녀가 어렵사리 취득한 미국 시민권, 즉 인종/민족적 평등권 을 인정하지 않고 여전히 차별적 시선을 유지한다는 깨달음이 무의식을 비 집고 토사물처럼 쏟아져 나온 것이다.

M은 남편 제이슨처럼 동화된 아시아계 미국인이 한편으로는 미국사회 가 강요하는 아시아성을 거부하지만 다른 한편으로는 M과 같은 이민자들 의 아시아성을 흉내 내며 주류사회로부터 정치적, 더 정확히는 경제적 혜 택을 추구한다는 사실을 깨닫는다. M이 충격에 빠져 스튜디오를 나간 뒤, 구키와 칭키는 아시아인 흉내로 돈을 버는 자신들의 삶에 대해 잠시 회의 적인 태도를 취하지만 방송이 시작되면 다시 인종 상품의 적극적 판매자로 돌아온다.

구키: 난 심각해. 우리 스스로를 속이고 있었던 것 같아. 더 나은 상황이 올 거라고 생각하면서 이런 일을 해 왔어. 하지만 그런 일을 없을 것 같아. 이런 꼴이나 당하고. 한 번은 약혼녀가 날보고 사랑한다고 말했는데, 내가 뭐라고 말했는지 알아? "나도 따랑해" 그랬다고. 일생을 구키로 살고 싶지 않아. 뭘 해야 할지 잘 모르겠어.

칭키: 약혼녀 앞에서도 아시아인 말투를 바꾸지 말았어야지. 프로답지 않게.

· · · · · ·

(경적이 울린다. 그들은 카메라 앞으로 돌아온다. 두 사람은 다시 아시아인 말투를 쓴다.)

칭키: 자, 저희가 돌아왔습니다.

Gooky. I'm serious. Maybe we've been fooling ourselves. I keep thinking, I'm just doing this till something better comes along. But maybe nothing will. Maybe this is it. My fiance told me she loved me the other day, and you know what I said? "I rove you too." You see? I don't want to be Gooky my whole life. I don't know what I'm doing anymore.

Chinky. You shouldn't have dropped your accent in front of her. That was totally unprofessional.

· · · · · ·

(A buzzer sounds. They're back on Camera. Both resume accents.)

Chinky. And we're back. (146)

칭키와 구키는 아시아계 미국인에 대한 미디어의 신화를 비판하지만, 그들 역시 "범인종적 기업정신"에 입각한 또 다른 신화제작자임이 드러난다. 제이슨에 대한 분노로 촉발된 M의 변신은 가짜 아시아인, 칭키와 구키에 대한 실망을 계기로 결정적인 전환을 맞는다. 극 초반 무기력한 이주민으로 등장했던 그녀는 인종정체성을 둘러싼 미국 주류 미디어의 재현에 분노하고 아시아계 내부의 경제적 이해관계를 자각하게 되면서 차츰 독립적인 자아를 가진 아시아계의 면모를 보여주기 시작한다. 이 장면 이후로 M은 범아시아계 정체성을 흔드는 복수의 화신, 메데아로 화려하게 변모한다.

[3] M, 파도를 타고 온 이민자 혹은 새로운 인종적 에너지

원작 『메데아』에서 메데아는 제이슨의 신부를 독살한 후, 두 아들마저도 살해함으로써 제이슨에게 치명적인 복수를 감행한다. 아들들의 죽음에 절규하는 제이슨을 뒤로 한 채, 태양신의 손녀인 메데아는 하늘에서 내려온 마차를 타고 홀연히 떠나버린다. 그렇다면 『파장』의 한국계 이주민 M은 어떤 복수의 끝을 보여주는가? 그녀는 이미 제이슨의 영화를 망쳐버렸고, 칭키와 구키가 쓴 아시아인의 가면을 벗겨냈다. 하지만 M의 진정한 복수는 원작의 메데아가 선택한 길과 다른 방식, 즉 살인을 통한 폭로와 응징이 아니라 분리와 독립이란 새로운 길을 만드는 것으로 완결된다. 복수를 시작하면서 M은 살인자와 이방인의 이미지로부터 탈피한다. 그녀가 아들 주니어에게 칼을 겨누는 장면은 한국에서 동생을 살해할 때와 유사하게 재현되어 관객으로 하여금 원작에서처럼 그녀가 친자식을 죽일 것이라 예상하게 만든다. 하지만 M은 아들을 죽이지 않고 그와 함께 제이슨 곁을 떠남으로써, 살인자 혹은 추방되어야 할 이방인의 처지로부터 자신의 미래를 구해낸다.

하지만 M은 화해를 간청하는 제이슨에게는 일말의 여지를 주지 않고 떠나 버린다. 그녀가 마릴린 파트 II처럼 헬리콥터를 타고 떠나버리는 코믹한 장면에서 제이슨에게 남긴 메시지는 진지하지만 난해하다. M은 느닷없이 양자역학을 언급하면서 파장과 입자가 서로 독립적 관계이듯, 너와 나도 서로 별개의 존재라고 선언한다. 제이슨 말마따나 결별을 통보한 부인의 설명치고는 생뚱맞아 보인다. 하지만 그녀가 제이슨에게 "당신과 나는 조화를 이루지 못해. 우리는 유사한 파장의 기복을 가졌어야 했는데, 왜곡과 고집으로 서로를 상쇄시켜 버렸지."(153-54)라고 말할 때, 부부의 불협화음을 입자와 파장이 상호 독립적으로 공존하는 자연 물리학의 세계에 빗대었음을 알 수 있다.

M이 언급한 양자역학이론은 두 사람의 파경에 대한 은유이지만, 그 해석의 폭은 두 사람의 경우에 머물지 않고 아시아계 내부의 인종적 차이와 갈등으로 확대된다. 아시아계 공동체 내부의 여러 인종정체성들은 마치 파장과 입자처럼 독립적인 관계로 존재할 뿐만 아니라 종종 파장과 입자의 구분 자체를 모호하게 만드는 양자역학의 세계로 접어들었다. 양자역학이 뉴턴의 고전물리학에 기반한 세계관을 뒤흔들었듯이 아시아계 미국인의 혼종적 정체성도 새로운 질서와 규명이 필요하게 된 것이다. 하지만 "범아시아계 미국인"이란 기존의 정체성은 제이슨이 M의 기억을 공유하지 못하고, M이 제이슨의 동화를 이해하지 못하는 양자역학적 현실을 설명할 수 없을 뿐만 아니라 두 영역의 차이를 은폐한다. 서로 다른 정체성을 "범아시아계"로 정의하는 것은 M이 지적하듯이 두 정체성의 교차점마저 불가능하게 만들뿐만 아니라, 서로를 상쇄시키는 억압이 될 수 있다.

이러한 현실 진단 하에 M은 제이슨과 결별함으로써, 스스로의 정체성을 지키고자 한다. 이 극에서 M의 복수는 제이슨의 삶을 파괴하는 것이 아니라 스스로의 삶을 찾아가는 것, 즉 아시아계 이주민의 독자적 미래를 만들어가는 것이다. 주니어와 함께 M이 떠나가자, 제이슨 앞에 파장장이 wavemaker가 등장한다. 이 인물은 마릴린 파트 II와 마찬가지로 작가의 재치가 돋보이는 창조물로서, 그리스 비극의 코러스처럼 극중 인물과 대화하는 배우이자 관객에게 설명하는 해설자의 역할을 한다. 파장장이는 홀로 남겨진 제이슨에게 웃음 속에 숨은 눈물의 경고음을 들어야한다는 알쏭달쏭한 말을 전하고 사라진다. 그는 물의 원소기호인 H2O를 웃음과 울음의 이중창이라고 설명한다. 즉, 눈물은 "H-2-OOOOOO-HO-HO_HO-HO"(116)라고 웃고 웃음은 "H-2-OOOOOO-NO-NO-NO-NO…"(154)라고 운다는 것이다. 언어 기호를 해체하여 물질 기표에 감정의 기의를 부여하는 파장장이의 태도는 영어 단어 'seasonings'를 디아스포라적 감수성으로 낯설게 만들고 음식(물질)에서 감정을 뽑아내던 M의 세계관과 닮아있다.

하지만 제이슨은 양자역학을 언급한 M의 말도, 웃음 속에 눈물이 감춰져있다는 파장장이의 말도 이해하지 못한 채 홀로 어둠 속에 남겨진다. 그는 M의 오래된 일기장을 발견하고 마치 암중모색하듯이 촛불을 켜고 읽는다. 그녀의 일기는 오랜 항해 끝에 미국에 도착한 이민자가 뱃머리에서 자유의 여신상을 바라보며 느낀 감격을 묘사하고 있다. 제이슨과 M이 무대의 양쪽에서 번갈아가며 일기를 읽는 장면은 두 사람의 뿌리가 모두 한국계 이민자로부터 시작되었음을 암시한다. 하지만 제이슨이 파장장이의 충고를 받아들여 M의 일기 속에 암시된 '웃음 속에 깃든 눈물'의 의미를 이해하게 되는지에 대해서 이 극은 더 이상의 답을 보여 주지 않은 채 암전된다. 관객들은 M과 제이슨이 아시아계라는 기억을 공유하는 부부로 재결합할 지 혹은 영원한 결별을 할지 궁금해질 만한 결말이다. 그리고 그 질문은 M과 제이슨의 관계가 상징하는 "범-아시아계"의 정체성의 미래에 대한 궁금증에 다름 아니다.

* * * * *

성 노의 『파장』이 가진 의의는 다른 무엇보다도 차별과 갈등의 원인을 아시아계 공동체 내부를 향해 질문했다는 점에 있다. 이 극은 한국계 부부 M과 제이슨의 갈등을 통해 기존 아시아계 공동체와 최근 아시아계 이주민 사이에 존재하는 거리감을 구체적으로 보여준다. 이 극은 아시아계 내부의 차이를 굳이 해소하거나 문제를 봉합하지 않는다. 『파장』에서 복수의 화신 메데아는 남편 제이슨이 상징하는 미국성과 결별하고 이주민의 새로운 인종정체성을 개척하는 M으로 거듭난다. 이러한 결말의 의미는 이 극이 제목이 왜 '파장'인가를 생각해봄으로써 간접적으로 유추될 수 있을 것이다. 영어 단어 'Wave'는 바다의 파도를 의미하는 동시에 음파, 광파처럼 입자 없이 이동하는 에너지의 존재 방식을 뜻한다. 극 제목에 담긴 다의성은 M이 파도를 건너 온 이민자이면서, 미국사회에 존재하는 새로운 변화의 에너지가 될 것이라는 해석을 가능하게 만든다. 록 콘서트 장으로 꾸며진 무대에서 전자 기타의 여러 효과음을 통해 M의 존재와 변화를 암시하는 미장센 역시 M의 파장적 존재 방식을 뒷받침한다. 즉, 공기접촉이 적은 전자 기타의 줄이 증폭기에 연결되면 엄청난 소리 에너지를 발산하듯이, M이 대변하는 아시아계 이주민이란 미약한 존재는 어떤 매개를 통해 거대한 인종적 미래로 증폭될 수 있을 것이다. 그 인종 정치적 매개가 무엇일지에 대한 답은 관객의 몫으로 남겨진다.

■ 이 장의 내용은 『미국학논집』 46권 2호(2014)에 수록된 필자의 논문, 「아시아계 미국인의 양자역학적 정체성 상상하기: 성 노의 『파장』을 중심으로」를 일부 수정한 것이다.

줄리아 조^{Julia Cho}

줄리아 조_{Julia Cho}는 1975년 로스엔젤레스에서 한국계 이주민 부모 사이에서 태어났다. 우주항공계열사에 근무했던 아버지를 따라 애리조나 주로 이주한 후 청소년기를 그 곳에서 보냈다. 16살 때 우연히 연극 『관계의 6단계 법칙』*Six Degrees of Separation*을 본 후 극작가의 꿈을 키웠다고 한다 (Sung Rno "Julia Cho" 45). 이후 암허스트_{Amherst}대학을 거쳐 버클리주립대_{UC Berkeley}에서 영문학 석사를, 뉴욕대학_{New York University}에서 극작 프로그램 석사학위를 받았고 줄리아드_{Julliard School}에서 상근작가로 활동했다. 줄리아 조가 쓴 첫 번째 작품은 『99가지 이야기들』*99 Histories*로서, 2002년 뛰어난 유색 인종 여성 작가에게 주어지는 수잔 스미스 블랙번_{Susan Smith Blackburn} 극작가상 후보에 오르는 영광을 안겼다(Newdramatists.org). 이후 그녀는 2002년부터 2007년까지 거의 매년 새로운 작품들을 주류 무대에 올리며 ≪뉴욕타임스≫로부터 "아시아계 연극의 새로운 장을 열었다."(Anita Gates)는 극찬을 받았다.

이 기간에 발표한 작품들 가운데 『상실의 구조』*The Architecture of Loss* (2003-4), 『변두리』*BFE*(2005), 『듀랑고』*Durango*(2006)는 소위 사막 3부작으로 일컬어진다. 『변두리』로 아놀드 바이스버그Arnold Weissberger상을, 『듀랑고』로 베리 엔 버니스 스태비스 극작상Barrie and Bernice Stavis Playwriting을 받았다. 이 시기의 작품들은 주로 아시아계 미국인의 이야기를 다뤘다. 2007년 『피아노 선생』*Piano Teacher*를 시작으로 새로운 주제와 인물을 다룬 작품들을 발표하기 시작한다. 2010년 발표한 『언어저장소』*The Language Archive*로 줄리아 조는 수잔 스미스 블랙번 극작가상의 최종수상자가 되었다. 다른 장편 작품으로는 2006년에 발표한 「윈체스터 하우스」*The Winchester House*가 있고 그 외 「토드의 가장 아름다운 이름 100가지」*The 100 Most Beautiful Names of Todd*, 「작은 박물관」*The Small Museum* 등의 단막극이 있다(Newdramatists.org).

첫 작품 『99가지 이야기들』과 사막 3부작은 한국계를 포함한 아시아계 미국가족의 이야기를 다룬다. 『99가지 이야기들』은 한국계 미국여성 유니스와 어머니 사이의 애증, 기억, 집, 이주, 가족 등의 문제를 보여주고 있는데, 작가의 경험을 다룬 것은 아니지만 스스로 "정체성을 담은 연극"identity play이라고 부를 정도로 2세대 한국계 미국인의 정서가 잘 드러나는 극이다(E. Lee "Introduction" 21). 『변두리』는 전통적인 아시아계 연극에서 보기 어려웠던 한국계 가족의 낯선 모습을 보여준다는 점이 특징이다. 이 한국계 가족은 미국사회에 성공적으로 동화되지도 못했고 한국사회와의 유대감도 갖지 못하는 한국계 가족의 실상을 보여준다. 『듀랑고』는 실직을 당한 한국계 아버지와 두 아들의 갑작스런 여행 이야기이다. 세 남자들은 그 동안 감춰두었던 가족의 비밀과 개인 고민들을 공유하며 서로에 대한 사랑을 깨닫게 된다. 『상실의 구조』는 3대에 걸쳐 일어나는 한 가족의 비극적 이야기를 담고 있다. 한국계 2세대 캐서린은 한국전쟁에 참전했던 미국인 아버지와 전쟁 신부로 미국에 온 한국 어머니의 불행한 삶을 유전처럼 물려받았다.

줄리아 조의 초기 작품들은 이처럼 한국계 미국인을 주요하게 다루고 있지만, 특별히 인종적이거나 민족적 색채가 두드러진다는 인상을 주지 않는다. 이미원은 줄리아 조의 작품에 나타난 한국계 인물들의 기억의 뿌리는 혈연적 전통과 얽혀 있지만 한국성과의 직접적인 관계보다는 한국계 미국인으로서 느끼는 거리감이 더 부각된다고 지적하면서 다른 한국계 극작가들에 비해 보편성을 추구하는 작가라고 평가한다(48-9). 그녀가 인물의 내면을 시적으로 표현하는 능력과 인간 존재에 대한 깊이 있는 시선은 한국계 극작가들 가운데 단연 발군이라 할 수 있다. 한국계 극작가 성 노 또한 줄리아 조의 첫인상으로 표현했던 "영리하고 관찰력이 좋으며 은근히 재미있는 성격"이 작품 안에서 "상실감에 대한 시적인 감수성과 더 큰 존재의미를 고뇌하는 인물들"로 잘 살아난다고 평가한 바 있다("Julia Cho" 46).

모호함과 섬세함으로 인물의 진정성을 표현하는 줄리아 조의 작가적 능력은 특히 후기 작품들에서 더욱 빛을 발한다. 근래 발표된 『피아노 선생』이나 『언어저장소』는 모두 백인을 주인공으로 등장시키고 인종적 문제로 특화되지 않는 보편적 인간의 내면을 다룬다. 『피아노 선생』은 K부인이 제자들에게 오랜만에 연락을 취하면서 일어나는 일을 다룬다. K부인은 언제나 친절하고 양심적인 삶을 살았지만 어린 시절 대량학살에서 살아남은 남편이 그녀의 제자들에게 인간의 어두운 본성을 알려준 사실을 몰랐다. 양심과 순수함, 고통과 폭력은 동전의 양면처럼 공존하는 모순이라는 작가의 통찰을 느낄 수 있다. 『언어저장소』에서도 이러한 모순과 아이러니가 드러난다. 언어학자인 조지는 사라져가는 언어를 채집하고 기록하는 일에 열성적인 학자이지만, 정작 아내에게는 감정을 표현할 언어를 찾지 못한다. 언어가 감정을 담아내기 어려운 것이 아니라 언어에 감정을 담기 어려운 사람들의 이야기가 코믹하고 잔잔하게 전달되는 극이다.

다음에서는 줄리아 조의 초기작에 해당되는 『변두리』와 『99가지 이야기들』을 중심으로 한국계 미국여성의 정체성 형성과정을 모녀관계와 통과의례 연극의 측면에서 살펴보겠다.

7

한국계 미국여성의 혼종적 정체성:
『99가지 이야기들』에 나타난 두 가지 서사구조

한국계 미국 극작가 줄리아 조Julia Cho의 작품에 대한 평은 인종성과 민족성이 두드러지지 않는다는 것이 지배적이다. 가령 첫 작품 『99가지 이야기들』99 Histories과 소위 사막 3부작으로 일컬어지는 『상실의 구조』The Architecture of Loss, 『변두리』BFE, 『듀랑고』Durango는 모두 한국계 미국인의 이야기를 다뤘지만 기존 아시아계 미국연극과 달리 인종정치에 대한 강조라든지 한국 혈통과의 연관성을 찾기 어려워 보인다. 이런 이유로 비평가들은 줄리아 조의 작품에 나타난 "한국계 인물들의 기억의 뿌리는 혈연적 전통과 얽혀 있지만 한국성과의 직접적인 관계보다는 한국계 미국인으로서 느끼는 거리감이 더 부각되기 때문에 현재 한국계의 가장 가장자리에 있으며 보편성을 추구하는 작가"라고 평가한다(이미원 48–49).

그럼에도 그녀의 작품에서 한국계 작가의 민족적 자의식을 느낄 수 있는 부분이 있다면 그것은 한국계 여성 인물을 통해서이다. 그녀의 작품에서 한국계 미국여성 인물들은 그들의 젠더 정체성이 인종, 민족, 계급 등 여러 다층적 정체성들 사이에서 충돌하거나 타협점을 추구할 때, 한국계 여성 고유의 경험을 드러낸다. 예를 들어『변두리』에서 한국계 모녀는 백인 미인의 기준에 맞춘 화장법이 아시아 여성의 몸을 통제하는 문화적 동화과정임을 문제적으로 드러낸다.『상실의 구조』에서도 한국계 여성 노라Nora는 백인 남편과 결혼한 후 한국문화의 흔적을 버리고 백인 문화로 통합하도록 요구받는다. 이처럼 한국계 여성들이 혼종 결혼을 하거나 미국적 정체성을 욕망할 때 그들의 인종, 젠더 정체성은 서구-백인-남성 중심적 이데올로기에 의해 억압된다. 이러한 인물 재현은 "아시아계 미국여성에게 젠더와 인종성이 분리될 수 없는 관계"임을 잘 보여준다(Kim "Opposite Creatures" 70).

초기작『99가지 이야기들』역시 한국계라는 인종성과 여성이라는 젠더 정체성의 복잡한 얽힘이 잘 드러난 극이다. 이 극에서 한국계 미국 2세대 여성 유니스Eunice가 자신의 한국계 정체성을 탐구하는 과정은 두 가지 성장 서사 구조로 제시된다. 하나는 서구의 전통 성장문학bildungsroman 서사이고 다른 하나는 아시아계 여성 문학 작품에서 주로 사용되는 모녀관계 서사mother-daughter romance이다. 서구의 성장문학은 한 개인이 사회가 요구하는 통합된 주체로 완성되는 과정을 통해 자유와 권리를 쟁취하는 성공담에 기반한다. 모녀서사는 엄마로 대변되는 아시아 전통유산의 계승과 이민 여성의 역사에 입각하여 아시아계 여성의 정체성 형성을 설명하는 재현 구조이다(Chu "To Hide Her" 62).

서구 성장문학의 서사가 선조, 전통과 결별하고 개인의 독립성을 성취하도록 권장하는 반면에(Bolaski 23), 모녀서사는 기존 사회가 요구하는 정체성 개념에 의문을 제기하고 그 대안으로 모계전통을 계승하는 아시아계 여성의 정체성을 추구한다는 점에서 두 서사 구조는 필연적으로 충돌하지 않을 수 없다. 인종, 민족, 젠더 조건을 무시한 채 서구 성장문학의 서사, 즉 사회통합에 성공하는 개인 정체성 개념을 한국계 미국여성에게 적용하면 이는 미국사회로의 동화 혹은 소수모범인종 모델의 강요로 귀결될 우려가 있다. 흥미롭게도 이 극은 두 서사의 충돌을 전략적으로 사용하여 유니스가 정체성을 형성하는 과정을 미국사회로의 통합이나 동화로 제시하지 않고 혼종적 공간과 분쟁점을 드러내는 과정으로 대치시킨다.

두 서사 구조의 모순적 관계를 부각시킴으로써 이 극은 아시아계 여성을 미국사회에 동화되도록 유도하는 기존의 정체성 구도에 의문을 제기한다. 더불어 한국계 미국여성이 스스로의 인종, 민족 젠더에 기반한 독자적인 정체성을 추구해야 하는 당위성을 보여준다. 이때 모녀관계 서사는 한국계 2세대 여성이 전통 문화를 혼종적인 정체성의 일부로 수용하게 되는 심리적 발달과정을 설명할 수 있는 기본 토대가 된다. 문학작품에서 엄마라는 기호는 종종 누군가의 생물학적, 문화적 뿌리를 대표하며 '고국'old country를 구현하곤 한다. 엄마와 땅의 연관은 이민자들의 마음에 상상되는 방식과 유사하며, 엄마와 딸의 복잡한 관계는 디아스포라의 보편적 양상을 가장 적절하게 보여주기 때문이다(Lee xxii).

이처럼 이 극은 두 서사 구조의 효과적 대립을 통해 서구 정체성 형성과정에 내포된 구조적 인종차별을 드러낼 뿐만 아니라 대안적 정체성의 뿌리를 엄마로 대표되는 한국문화에서 찾고 있다는 점에서, 기존의 평가, 즉 한국적 특징이 두드러지지 않는다거나 인종차별에 대한 언급이 적다는 식의 감상을 재고하게 만든다. 이 글은 줄리아 조의 『99가지 이야기들』에 나타난 한국계 여성 정체성 형성을 둘러싼 인종적, 젠더적 자의식에 집중하여 그 양상과 의미를 검토할 것이다. 특히 이 작품이 주제를 구현하기 위해 주요하게 채택하고 있는 두 가지 서사 형식 - 모녀관계 서사와 서구 성장문학 서사가 한국계 여성 인물의 정체성 형성을 설명하기 위해 어떤 방식으로 전유되고 해체되는지 살펴보겠다.

[1] 『99가지 이야기들』에 나타난 서구성장문학 서사의 해체

『99가지 이야기들』은 한국계 미국인 2세인 유니스가 어린 시절 목격한 아버지의 죽음을 계기로 방황의 시절을 거쳐 한국계 2세대로서의 정체성을 확인해가는 극이다. 주인공의 상실감, 방랑, 성숙, 화해 등의 과정은 서구의 전통 문학 장르인 '성장소설'의 플롯을 따르고 있고 연극 장르로 치면 주인공의 통과의례와 사회적 통합을 다루는 '통과의례'Coming of Age 연극을 보여준다. 스텔라 볼라스키Stella Bolaski에 따르면 성장문학의 서사구조는 "개인적 에너지를 사회적 목적과 연관 지음으로써 기존 사회 질서의 법 안으로 통합시키는 기능"(12)을 한다. 개인의 복잡한 삶의 궤적과 사상들은 통과의례를 거치는 동안 일반적인 갈등구조를 가진 플롯으로 동화된다. 다시 말해서 성장문학 장르의 특징인 통합과 보편화 기능은 궁극적으로 주류사회로의 동화를 의미하고 뒷받침하는 것이라고 볼 수 있다(Bolaski 12).

성장문학이 표방하는 개인주의적 주체, 미국적 성공담 등의 주제는 아메리칸 드림에 근거한 이민서사와 매우 잘 맞았을 뿐만 아니라 미국 대중문화 기호에도 부합했기 때문에 아시아계 작가들은 종종 성공문학 서사 형식을 사용하여 자신의 이야기를 풀어내곤 한다(Chu *Assimilating* 15–16). 패트리샤 추Patricia P. Chu에 의하면 성장문학에 나타난 미국적 사고-기회의 땅으로서의 미국, 부모와 자식의 굳건한 연대, 의지에 기반한 주체성으로 스스로의 미래를 통제하는 개인 권력-는 이민자들의 유토피아적 이민신화와 만난다. 이민자의 신화 서사에서 그들은 일반적 영웅이 그러하듯이 불완전하고 무질서하고 비관용적인 낡은 집, 구세계(아시아 본국)를 버리고 과감히 미국행을 선택한다. 그들에게 미국은 자유와 정의를 상징할 뿐만 아니라, 경제적, 사회적 기회가 약속된 땅으로 형상화된다(Chu *Assimilating* 143). 하지만 이러한 성장문학의 플롯은 종종 아시아계 미국 독자들에게는 불편한 경험을 제공할 수 있다. 아시아계 미국인은 주류 담론으로부터 영원한 이방인으로 간주되어 "미국 주체성"에 동일시되는 일로부터 배제되어 왔기 때문이다(Chu *Assimilating* 12).

성장문학의 장르적 한계와 서구 중심적 서사구조에 비판적인 아시아계 미국여성 작가들인, 『여인무사』*The Woman Warrior*를 쓴 맥신 킹스턴Maxine H. Kingston, 『조이 럭 클럽』*Joy Luck Club*의 저자 에이미 탠Amy Tan 등은 이 장르의 재현관습을 전략적으로 이용하여 인종과 민족, 젠더 시각을 반영한 아시아계 성장 서사를 재구성하려고 시도했다(Chu *Assimilating* 20-23). 패 미엔 엥Fae Myenne Ng을 비롯한 2세대 아시아계 여성 작가들도 성장문학이 "사회 속 개인의 발달을 다루는 원형"(Bolaski 11)을 가졌으며 본질적으로 불안정하고 잡종적 공간을 가진다는 사실에 주목했다. 그들의 작품은 개인과 사회의 갈등을 인종, 민족, 젠더의 측면으로 다양화하고, 성장문학의 주제를 사회통합이나 동화의 완성이 아니라 혼종적 공간과 주체성의 분쟁으로 확장시켜 제시한다.

결혼을 예로 들면, 서구 성장문학에서 "결혼은 사회질서와 개인의 화해"를 의미하며 "주인공의 도덕 교육의 완결"(Chu *Assimilating* 18)이었다. 반면 아시아계 여성이 쓴 작품에서 결혼은 정체성의 완결이 아니라 정체성의 완성을 위해 극복해야 할 또 다른 갈등을 의미한다. 아시아계 여성에게 미국 사회로의 통합은 백인 배우자와 결합하는 경우로 제한될 뿐만 아니라 고유의 민족성을 포기해야 하기 때문이다. 따라서 아시아계 여성 작가들의 작품 속 여성 인물들은 종종 결혼을 거부하거나 인종 간 연애의 결론을 디스토피아로 묘사함으로써 사회통합을 통한 주체성의 완성에 의문을 제기한다(Chu *Assimilating* 18–19).

볼라스키는 서구 성장 서사와 아시아계 성장 서사를 비교한 글에서 주인공이 과거, 전통에 대해 갖는 인식 차이를 지적한다. 가령 벤자민 프랭클린Benjamin Franklin의 자서전은 선조와의 연대를 벗어남으로써 안정적인 정체성을 만들어내는 과정을 중시한다. 반면 킹스턴의 글은 가족, 특히 모계 전통과의 연결을 강조한다는 것이다. 서구 성장 서사 구조에서 전통과의 결별은 곧 자아성취를 의미하며 최종 완결은 결혼으로 완성된다. 만약 이에 실패할 경우, 그 원인은 (여성) 인물이 엄마 혹은 전통에 대해 집착하기 때문이다. 여성 주체의 미성숙함은 자아 창조라는 미국 신화와 논리를 부정하는 비주체적인 태도라고 비판된다. 하지만 아시아계 이민자 출신 여성 작가들은 인종 간 결혼이 여성 인물의 정체성을 안정적으로 완성시키지 못한다고 제시한다. 그들은 서구 성장 서사에 나타난 결혼 구도와 전통과의 연계 태도를 새롭게 해석하는 한편, 인종 공동체의 가부장제를 대표하는 아버지의 존재를 거부하고 텍스트의 중심 서사를 모녀관계로 바꾼다(Bolaski 22–23).

그러나 추가 말했듯이 모녀관계 서사는 두 가지 위험 요소를 가진다. 하나는 아시아계 여성, 특히 아시아 문화의 전통을 고수하고 있는 이민자 어머니를 보는 오리엔탈적 시각이다. 미국에서 태어난 딸의 시선으로 묘사되는 아시아출신의 어머니는 모녀 사이의 문화적 차이를 부각시키는 과정에서 미국사회에 낯선 문화와 태도를 가진 이국적 여인으로 대상화될 수 있다. 다른 하나는 아시아 문화를 대표하는 어머니가 미국에서 출생한 딸의 자아 성장을 위해 헌신하고 연대하는 서사 구조가 자칫 감상적으로 보일 수 있을 뿐만 아니라 나아가 자아 발달이란 근대성과 미국문화를 동일시함으로써 아시아 문화의 가치를 열등한 것으로 평가하는 인상을 줄 수 있다는 점이다("To Hide her" 62~63). 하지만 추는 이국적 문화로 대표되는 어머니는 아시아계 이민 역사를 상징하는 존재이기 때문에, 미국성을 가진 딸과 어머니의 연대를 통해 이민 역사에 대한 통찰에 도달할 경우, 모녀관계 서사는 감상적 오리엔탈리즘을 벗어나 미국 이민사에 대한 비판적 시각을 제공할 수 있다고 주장한다("To Hide her" 63~64).

『99가지 이야기들』은 아시아계 여성 문학의 특징인 모녀관계 서사에 기반하여 한국계 여성의 정체성 형성을 설명하는 한편, 서구 성장문학 플롯을 재해석하는 전유를 보여준다. 한국계 미국 2세대 여성 유니스는 자신의 정체성을 찾기 위해 기본적으로 미국사회로의 통합을 욕망하지만 아시아계 여성이 동화할 수 있는 방식인 혼종 연애, 결혼 등을 거부한다는 점에서 서구 성장 서사의 궤도에서 벗어난다. 그녀는 미국사회에 동화된 모범인종의 정체성과 긴장 관계를 형성하는 한편, 한국인 엄마와의 관계 정립을 통해 한국적 감수성을 이해하고 한국 민족 정체성을 수용하게 된다. 유니스가 주류사회가 요구하는 정체성과 갈등을 빚게 된 원인은 그녀의 인종적, 민족적, 젠더적 배경이 미국사회가 요구하는 통합적 가치와 대립할 뿐만 아니라 주류사회로부터 소외되고 배제된 가치임을 알게 되었기 때문이다.

유니스가 자신의 정체성을 둘러싼 낯설고 불편한 진실을 깨닫게 된 것은 어린 시절 학교 숙제로 가계도를 그리다가 시작되었다. 엄청난 수의 나무 가지들과 뿌리를 가진 백인 친구의 가계도에 비해 너무도 간소한 자신의 가계도를 보면서 그녀는 자신의 가족이 미국 땅에 이식된 나무처럼 이질적이고 초라한 소수 이민자 집단에 속한다는 사실을 깨닫게 된다. 또 친구가 조상들로부터 물려받은 혼수상자hope chest를 본 그녀는 자신에게 혼수상자를 물려 줄 선조가 없음에 실망한다. "나는 텅 빈 배야. . . . 콜럼부스의 배는 희망을 싣고 신세계에 대한 기대를 안고 항해하지. 하지만 나에게 신세계는 나타나지 않아. 나는 콜럼부스가 아니야."(41)라는 유니스의 독백에서, 미국이란 신대륙을 찾아 출항했지만 상륙하지 못한 채로 신대륙 주변을 맴도는 이방인의 처지, 다시 말해서 신대륙이 상징하는 미국적 정체성에 결코 이를 수 없는 한국계 2세대 소녀의 절망을 느낄 수 있다.

이로 인해 유니스는 자신의 한국적 정체성을 고민하게 된다. 그녀의 방황은 한국계 2세라는 구체적 인종, 민족적 맥락을 가진다는 점에서 또래 청소년들이 겪는 일반적 통과의례와 다른 양상을 띤다. 그녀는 한국계 부모의 삶으로 상징되는 한국적 정체성 때문에 자아를 완성할 수 없었다. 아버지는 유니스의 첼로 수업료를 벌기 위해 밤늦게까지 상점에서 일했다. 유니스는 열한 살 때, 가게에 침입한 강도의 총을 맞고 죽어가는 아버지를 목격했고 그 때 받은 정신적 충격은 죄책감과 의무감으로 전이되었다. 그녀는 고액의 첼로 수업료가 아버지의 죽음과 맞바꾼 것, 즉 아버지의 "핏방울이 똑똑 떨어져 현금 다발로 변신한 것"(44)이라고 느꼈기 때문이다. 아버지가 죽은 후 그녀는 미친 듯이 첼로를 연습했고 경연대회마다 우승을 휩쓸어 음악 신동으로 불리게 된다. 유니스는 한국계 미국인들의 자랑거리가 되었지만, 마치 아버지 죽음에 대한 삼 년 상이라도 치른 듯 돌연 첼로 연주를 중단했고 정신분열로 고통 받다가 가출해버린다.

그녀의 정신적 분열은 한편으로는 두 가지 원인에서 비롯된다. 하나는 아버지가 살해됨으로써 상징적 질서로 그녀를 이끌어 줄 "정신적인 법"의 존재가 사라진 것이다. 다른 하나는 한국성을 상징하는 엄마에게 자신의 자아를 동일시할 경우, 영원히 미국적 정체성을 가질 수 없다는 두려움이다. 미국사회가 요구하는 통합적 주체도 될 수 없고, 부모의 한국적 특성마저 공유할 수 없는 유니스의 자괴감은 "나는 언어도 문화도 이어받은 게 없고, 외모도 머리카락도 이어받지 못하고 고작 질병만 유전 받았구나."(40) 라는 한탄에서 드러난다. 유니스는 첼로 연주가로 성공하여 이민자의 아메리칸 드림을 성취하게 되면, 아버지의 죽음에 대한 죄책감을 덜 수 있을 뿐만 아니라 자신도 미국사회로 통합될 수 있을 것이라고 생각한다. 그녀가 첼로를 연습하며 엄마 사진Sah-Jin과 주고받는 아래 대화는 개인의 노력을 통해 성공에 이르는 성장문학 서사와 이민자 서사가 결합되어 있음을 보여준다.

사진: 왜 그래?

소녀: (손가락을 만지며) 손가락 아파.

사진: 계속 연주하면 안 아파.

소녀: 내 연주 소리는 엉망이야

사진: 듣기 좋기만 하구만.

소녀: 바흐가 무덤에서 돌아눕겠다.

사진: 언젠가 바흐보다 더 잘할 거야.

소녀: 말도 안 돼.

사진: 카잘스보다 더. 요요마보다 더 잘 할 거야.

소녀: (생각해본다.) 그건 가능할지도 모르겠다.

사진: 원하면 뭐든지 될 수 있다고 내가 말했지. 원하는 걸 얻지 못한다면…

사진과 소녀: …그건 네가 간절히 원하지 않았다는 뜻이지.

사진: 말하는 대로 이뤄진다니까.

소녀: 알아.

사진: 그럼 다시 해볼까. (소녀는 연주한다. 조명 희미해진다.)

SAH-JIN: What is it?

GIRL: (touching her fingertips.)Hurts.

SAH-JIN: Keep playing. It will go away.

GIRL: I sound awful

SAH-JIN: No. Beautiful.

GIRL: Bach would turn over in his grave.

SAH-JIN: Someday you can be better than Bach.

GIRL: don't be ridiculous.

SAH-JIN: Better than Casals. Better than Yo-Yo Ma.

GIRL: (Thinking about it.) Maybe.

SAH-JIN: I tell you, you can be anything you want. If you don't get what you want …

SAH-JIN and GIRL: … it just means you didn't want it bad enough.

SAH-JIN: Words become reality.

GIRL: I know.

SAH-JIN: Then again. (The girl plays. The lights dim.) (7)

유니스의 엄마 사진에게 한국이란 "백화점이 이유도 없이 통째로 무너져 내리는 곳이고 아무도 없으면 빨간 신호등이 켜져도 차들이 통과해버리는"(22) 후진국으로 인식된다. 그녀는 선진국 미국에서 딸 유니스가 미국 시민으로서 성공하기를 바란다. 하지만 유니스에게 엄마 사진은 한국문화를 상징하는 인물이다. 한국교회에서 한인들과 어울리고, 마늘을 까고 콩나물을 요리하며, 딸에게 무조건적으로 헌신하는 사진의 모습은 유니스가 이해하기 어려운 한국적 영역이다. 2세대 딸은 학교에서 배운 서구 고전 작품들과 미국 대중문화의 이미지를 통해 자신의 감수성과 무의식을 표출하는 것이 익숙하다. 유니스의 기억에서 죽은 아버지를 안고 있던 어머니의 모습은 총에 맞고 쓰러진 케네디 대통령을 안고 있는 영부인 재클린의 이미지와 겹쳐있다. 케네디 대통령은 1960년대 미국의 청년문화와 이상, 꿈을 상징하는 문화적 기호라고 할 수 있다. 아버지를 잃은 그녀의 상실감을 진보적 지도자를 잃은 미국사회의 상실감과 유비적으로 간주할 만큼 유니스의 정체성은 미국적 배경을 가지고 있다.

그런 맥락에서 가출했던 소녀 유니스가 집에 돌아와 엄마 사진을 죽이려고 시도한 것은 한국성의 상징인 엄마를 죽임으로써, 자신의 정체성 혼란을 어떻게든 끝내고 싶은 욕망을 의미한다. 다음의 인용문은 유니스의 분신인 소녀와 사진의 대화를 성인이 된 유니스가 지켜보고 있는 장면이다. 어린 시절 그녀가 받았던 정체성 혼란과 고뇌를 상징적으로 보여준다.

사진: 유니스!(사진은 소녀에게 달려가 끌어안는다. 유니스는 어둠 속에서 조용히 지켜본다.) 걱정돼 죽는 줄 알았다. 왜 그랬어, 추운데 옷은 또 이리 얇게 입고! 내 말 신경 쓰지 마. 괜찮아. 돌아와 준 것만도 고마워.(소녀는 엄마의 팔에서 빠져 나오려고 몸을 비튼다.)
소녀: 돌아온 거 아냐. 필요한 게 있어서 왔어.
사진: 날씨가 점점 추워지는데. 집에 있으렴. 오늘 밤만 이라도.
소녀: 내 말 못 들었어. 나갈 거라고.
사진: 그럼 뭐 필요해? 밥 먹을래? 돈 필요해?(소녀는 당황하는 기색이 역력하지만 아무렇지 않은 척 애쓴다.)

· · · · · ·

소녀: 싫어. 조용히 해!
사진: 왜 그래, 무슨 일이야?
소녀: 그만 해. 날 괴롭히지 마.
사진: 아무것도 안 보이는데, 난·모르겠네. 여기 누가 있다고 그래-누구랑 말하는 거야? (소녀는 바닥에 첼로를 집어 던지며 일어난다. 깨지는 듯한 소리를 내며 떨어진다.)
소녀: 저 소리 안 들려, 엄마? 좀 막아줘.

사진: 누군데 그래. 누가 널 괴롭히니? (소녀는 스스로와 싸우는 것처럼 보인다.)

유니스: 안 돼 난 안 할 거야. 안 해 안 해 (유니스는 소녀 뒤에서 점점 큰 소리로 계속 말한다.)

소녀: 안 돼, 난 안 할 거야.

사진: 유니스, 왜 그래? 누가 널 아프게 해? (소녀는 주먹으로 활을 꽉 움켜쥔 채 머리 위로 치켜든다. 다른 손으로 바닥을 짚는다. 그녀는 활을 손에 쥔 채 손을 밑으로 훑어 내리며 비명을 지른다.) 유니스. (암전. 유니스에게 희미한 조명이 비친다. 그녀는 여전히 구부린 채다. 사이. 서서히 몸을 펴 일어선다. 손을 들어 올리고 바라본다.)

SAH-JIN: Eunice! (Sah-Jin goes to the girl and embracesher. Eunicere mains in the dark, absolutely still.) You scare me to death. What's wrong with you, you're not dressed for the cold at all! don't listen to me, I don't care, I'm just glad you're home. (The girl disentangles herself from her mother's arms.)

GIRL: I'm not home to stay. I just needed something.

SAH-JIN: Temperature's getting lower. You should just stay here. At least for the night.

GIRL: You're not listening to me. I'm not staying.

SAH-JIN: Then What? Are you hungry? Do you need money? (The girl is clearly distracted, but she struggles to act as if everything's normal.)(33)

· · · · · ·

GIRL: No. Shut up!

SAH-JIN: What, what is it?

GIRL: Stop it. LEAVE, ME ALONE.

SAH-JIN: I don't see anything. I'm— I don't understand. Who's there— Who are you talking to? (The Girl stand, knocking the cello to the ground. It falls with a terrible clatter.)

GIRL: Can't you hear them, Um-mah? Make them stop!

SAH-JIN: Just tell me who, who's hurting you? (The girl seems to be struggling with herself.)

EUNICE: No, I won't No I won't No I won't No I won't (Eunice continues speaking under the girl, getting louder and louder)

GIRL: No I WON'T

SAH-JIN: Eunice, what happening? WHO's HURTING YOU? (The girl lifts her bow with one hand high over her head, her fist tightly encircling it. Her other hand she lays flat on the ground. She drives the end of the bow into her hand and cries out.) EUNICE. (Black out except for one faint light on Eunice. She is still crouched over. Beat. She slowly uncurls and sits up. She raises her and looks at it.) (34)

한국성을 상징하는 사진을 죽이려는 소녀 유니스의 광적인 심리는 모녀가 믿었던 이민자의 성공담이 무너졌음을 암시하는 것이다. 유니스가 사진과 함께 첼로를 연습하는 장면에서 나타나듯이, 유니스의 성장문학 서사는 근면함과 의지를 가진 개인의 성공담을 공유하는 엄마의 이민자 신화와 일시적으로 결합한다. 하지만 유니스가 미국사회에 동화된 주체가 되려면 이민자의 기억과 문화로부터 분리되어야 한다는 점에서 성장문학 서사의 인종차별성은 필연적으로 이민자 신화를 배반한다. 첼로 신동이라고 불리며 이민자의 꿈을 실현한 상징적 존재가 되었지만 유니스는 여전히 아버지를 죽인 자들이 자신을 죽이러 올 것이라는 내면의 소리에 시달린다. 그녀를 위협하는 목소리는 인종차별을 정당화하고 이민자의 문화와 정체성을 미국사회에 동화하도록 요구하는 국가적 서사를 상징한다. 유니스는 자신을 위협하는 목소리를 피할 방법은 이민의 기억과 전통적 문화를 가진 엄마와 자신의 관계를 끊고 미국에 동화된 개인으로 살아가는 것뿐이라고 생

각한다. 하지만 엄마를 죽임으로써 미국적 정체성을 획득하려 했던 유니스
는 이를 실행에 옮길 수 없었고 결국 자해와 긴 가출로 이어진다.

유니스의 정체성 혼란은 그녀에게 이중적이고 수동적이며 간접적인 태
도를 형성하게 만든다. 여러 비평가들이 이 극의 특징, 혹은 약점으로 지적
하는 인물의 모호한 태도와 극 의미의 비결정성은 바로 유니스의 불안한
심리, 즉 미국사회가 요구하는 통합적 주체 형성을 스스로 지연시킨 젊은
이의 절망감과 연결되어 있다. 가령 유니스가 헤어진 남자친구 조Joe를 만
나 임신 사실을 알릴 때, 직접적으로 밝히지 않고 화장실 낙서를 언급하며
우회적으로 설명하는 태도는 자아 형성에 대한 불안함과 관련되어 있다.

> 유니스: 의사한테 갔었어. 그런데 가면 작은 컵에 오줌을 담아오라고 하
> 잖아? 화장실에 앉아 있는데 당신도 알다시피 그런 화장실엔 낙서가 없고
> 언제나 말끔하잖아? 근데 거기서, 변기에 앉아서 문을 바라보는데 뭔가
> 쓰여 있는 거야. 금속으로 된 문에 글자를 새겨 놓았더라구, 열쇠 같은 걸
> 로. 내용은,
> 날 때려,
> 상처를 줘,
> 불러줘 에일린. . . .
> 조: 재미있군.
> 유니스: 그렇지.
> 조: 근데 당신 왜 병원에 갔었어?
> 유니스: 그걸 보니까 또 다른 농담이 떠오르더라고. 이름 가지고 하는 다
> 른 농담 알지? 다리 하나 가진 여자를 뭐라고 부르게?
> 조: 유니스. 왜 병원에 갔었-?
> 유니스: 유니스가 아니야. 다른 이름이야. 맞춰봐.
> 조: 모르겠어.

유니스: 에일린이야. 에일린이라고 부르지. (그녀는 그를 바라본다. 그는 웃지 않는다.)

조: 왜ー 당신이ー 병원에ー

유니스 : 음, 날 때려, 내게 상처를 줘, 날 에일린이라고 불러줘, 나 임신했어, 조. (한참 동안 불편한 침묵)

EUNICE: I went to the doctor the other day and you know how they make you pee in those little cups? I'm in the bathroom and you know usually you never see any graffiti in those bathrooms, they're always squeaky clean, right? But there I am, on the toilet, staring at the door and there's something written on it. Someone had scratched the words right into the metal, like with a key. And it said:

Hit me,

hurt me

call me Eileen. . . .

JOE: That funny.

EUNICE: Uh huh.

JOE: So why were you at the doctor's?

EUNICE: It reminds me of a joke, you know, one of those name jokes? What do you call a girl with one leg?

JOE: Eunice, why were you atー

EUNICE: No, not Eunice. Another name. Come on. Answer. Guess.

JOE: I don't know.

EUNICE: Eileen. You call her Eileen. Get it? (She looks at him. He's not laughing.)

JOE: Why-were-you-

EUNICE: Well, hit me, hurt me, call me Eileen, I'm pregnant, Joe. (A long, awful pause.) (12-13)

유니스가 조를 회상하는 위 장면을 두고 비평가 로이스 그레이든Royce Graydon은 극 구조상 불필요한 배치였다고 지적하면서 줄리아 조가 난해한 극 기법을 택했지만 노력한 것에 비해 효과가 적었다고 비판한다. 그러나 아기 아버지에게 임신 사실을 밝히는 이 장면은 유니스가 내면의 상처 때문에 솔직한 심정을 드러내지 못하는 복잡하고 불안한 상태임을 엿볼 수 있는 중요한 단서를 제공한다. 조는 그녀의 아픔을 이해하지 못할 뿐만 아니라 오히려 그녀가 다른 사람과의 관계를 깊이 맺지 못하고 방어적인 태도를 취한다고 비난하며 결별의 책임을 은연중 유니스에게 지우려고 한다.

> 조: 당신은 마치 러시아 같아. 이건 마치 러시아와 전쟁을 하는 나폴레옹 같잖아. 그는 대군을 이끌고 싸우려고 잔뜩 벼른 채 굶주림과 싸워가며 러시아 영토로 들어가지만 . . . 전쟁터는 텅 비어있지. 러시아 인은 찾아 볼 수가 없고. 그들이 러시아군을 쫓아 내륙 깊숙이 따라 들어갈수록 러시아군들은 계속 도망만 다니다가, 나폴레옹과 그들의 군사들이 굶주리고 지쳐 패배할 때까지 기다리지.

> JOE. It's like when Napoleon went to war with Russia. He amasses this huge army and drives into Russian territory, hungry to fight. . . . Except the field is totally empty. There isn't a Russian to be seen. He keeps chasing then farther and farther into the interior, and they just keep withdrawing until finally Napoleon and his men are starving and exhausted and defeated. (12)

그는 유니스의 방어적 태도가 정신적 상처를 경험한 사람들의 본능적인 자기 보호에서 비롯된 것임을 알지 못한다. 그래서 유니스가 에일린을 "다리 하나로만 서 있는 소녀"라고 표현함으로써 자신의 불안한 마음을 전달했던 의도를 헤아리지 못한다.

조가 유니스를 이해하지 못하는 태도는 단지 남녀 갈등이 아니라 백인 주류 문화가 아시아계 미국인과 문화를 이해하지 못한 채 이방인으로 간주하는 관행과 연결된다. 아시아계 성장문학에서 아시아계 여성은 백인 남성 애인과의 혼종 연애를 통해 미국성을 획득할 기회를 접한다. 그러나 그의 구혼을 받아들이고 미국사회로의 동화가 완성되려면, 아시아계 여성은 자신의 인종적 과거를 모두 지워야 한다는 조건이 뒤따른다(Chu Assimilating 18-19). 따라서 두 사람이 결혼으로 이어지지 않는 것은 유니스의 성격적 결함 때문이 아니라 혼종 결혼을 통한 미국성의 획득과 동화를 유니스 스스로 거부했기 때문이다. 그리하여 유니스는 조의 아기를 임신했지만 그의 청혼을 거부하고 엄마의 집으로 돌아온다. 달리 표현하면 그녀는 백인 남성과의 혼종 결혼을 통한 미국사회로의 동화를 거부하고 한국성을 상징하는 엄마에게로 돌아간 것이다. 엄마의 한국성을 거부하고 집을 떠났지만 다시 돌아 온 그녀는 엄마가 말하지 않는 가족의 과거, 한국에 대해 질문을 던짐으로써 스스로 한국적 정체성에 다가서기 시작한다.

유니스는 미혼모의 자식으로 태어나 입양될 운명의 아기에게 편지를 쓰다가 자신은 가족의 과거에 대해 아는 바가 없음을 깨닫는다. 자신의 아이 역시 혈통을 이어받지 못했다는 자괴감에 빠진 그녀는 자신의 처지를 표현해 줄 표상을 찾기 위해 문학 작품 속의 고독한 인물들을 떠올린다. 안과 밖의 경계에 선 자신의 존재 의미를 『필경사, 바틀비』Bartleby, the Scrivener의 바틀비Bartleby를 통해서 암시하는가 하면, 미혼모가 된 자신을 한국계 의사와 결혼시키려고 노력하는 엄마를 『유리동물원』The Glass Menagerie의 아만다 Amanda에 빗대며, 첼로에 전념했던 어린 자신의 모습을 『목마타기 우승자』 Rocking Horse Winner에서 돈을 위해 미친 듯이 말을 타는 소년에게서 찾는다.

하지만 그녀가 분신으로 선택하는 인물들은 그녀의 정체성을 확고한 의미로 설명해주지 못하고 지속적으로 대체된다.

이런 점 때문에 비평가 그레이든은 이 극의 메타포가 본질적이지 않고 장식에 불과하다고 비난한다. 하지만 이 메타포의 데리다식 차연différance은 서구사회와 한국사회 모두에서 뿌리를 찾지 못한 유니스의 정체성에 대한 적절한 비유가 된다. 그녀가 선택하는 서구문학 정전 속의 인물들은 안정된 국가와 사회구조에서 비껴난 이방인이거나 경계인이라는 특성을 공유한다. 유니스는 이 분신들에게서 정체성의 닻을 내리려 하지만 서구 정전의 기표들은 확정적 기의로 통합되지 못하고 차연됨으로써 오히려 유니스의 불확정적인 정체성을 부각시킨다. 기표들의 불확정성뿐만 아니라 모호하고 열린 결말 역시 유니스의 정체성 추구를 비유적으로 나타내는 장치들이다. 그레이든은 이 극의 갈등이 이렇다 할 해결의 과정도 없이 결말에 이른다는 점을 이해할 수 없다고 평가한다. 그의 지적처럼 유니스는 엄마에게로 되돌아가 미혼모의 삶을 선택함으로써 결혼으로 귀결되어야 할 자아 완성의 결말을 뒤틀었고, 첼로 신동의 지위를 거부함으로써 성공한 시민의 삶도 걷어 차버렸다. 성장문학 서사의 관행에 비추어본다면 유니스의 자아 성장을 위한 여정은 미완성에 불과하며 그레이든의 지적처럼 극 미학적으로도 실패한 셈이다.

하지만 전통 문학 서사에서 벗어난 작품들은 자의식적으로 전통 형식을 벗어난 실험한다는 하인즈 펭클Heinz Fenkl의 지적을 상기해볼 필요가 있다(22). 이 극처럼 진실이 모호하고 결말이 열려 있는 작품의 경우, 평가의 기준은 기존 장르적 범주를 벗어날 수밖에 없다. 볼라스키 역시 개인의 욕망과 사회화의 갈등을 다룬 작품들은 "규범적 관습과 충돌하는가 하면, 자연스러워 보이는 개념들을 분해하고 형식을 비틀고 확장시켜 유럽중심 가부장 형식으로 정의하는 일반적인 '카펫' 아래 숨겨진 다양한 유형들과 인물들을 드러낸다"(12)고 지적한다. 이 극에 나타난 유니스의 모호한 정체성과 열린 결말 등의 구성은 전통적 성장문학 서사의 관행을 벗어난다. 하지만 이러한 일탈은 한국계 여성 인물의 정체성이 서구 기준에 맞춘 동화 서사로 설명될 수 없음을 비판하고 해체하기 위해 의도적으로 재구성된 것으로 볼 수 있다. 서구 성장문학 서사를 해체하고 난 후 이 극은 한국성을 상징하는 엄마와의 관계 정립, 즉 모녀관계 서사를 통해 정체성 형성의 대안을 모색하는 구도를 제시한다. 다음 장에서는 모녀관계 서사가 유니스의 독자적 한국계 여성의 정체성을 형성하는 과정을 살펴보겠다.

[2] 모녀관계 서사와 "장"에 기반한 한국계 미국여성의 정체성

유니스가 아기에게 쓴 편지에는 그녀의 한국계 이민 가족이 살아온 발자취가 고스란히 드러난다. 그녀의 부모는 미국으로 이민을 떠날 때 두 사람 모두 부모를 잃은 상태였다. 아버지는 두 명의 이복형제가 있었지만 연락을 주고받지 않았고, 어머니는 어려서 유일한 혈육인 언니와 사별하는 등 유니스의 부모는 고아와 다름없는 상태로 한국을 떠나왔다. 한국에서 혈연적 뿌리를 잃은 부모는 미국에서 새로 뿌리를 내리기 위해 노력했다. 유니스의 부모는 "가진 것 없이 이민 온 후 주류 판매점, 세탁소 등 할 만한 장사는 다 해보다가 일주일에 하루만 쉬면서 아침 8시부터 밤 11시까지 편의점에서 일해야 하는"(21) 고된 삶을 살았다.

오랜 방황 끝에 집으로 돌아온 유니스는 한국에서 엄마가 살았던 삶에 대해 알고 싶어 한다. 그녀는 우연히 사진의 오래된 짐 속에서 다니엘Daniel이란 이름이 적힌 시집과 엄마를 닮은 젊은 여성의 낡은 사진을 보게 된다. 하지만 엄마는 사진 속 여인이 죽은 언니라고만 말할 뿐 자세한 설명을 회피하여 유니스의 궁금증을 증폭시킨다. 엄마의 이야기는 사금파리 파편처럼 조각나있고 상처의 흔적들로 얼룩져있다. 어렸을 적 부모를 여의고 유일한 혈육인 언니마저 병으로 잃어버린 사진에게 한국을 기억하는 일은 언제나 괴로웠기 때문이다. 이 극은 어린 고아 소녀 사진이 한국 전쟁 후 피폐해진 한국사회에서 어떻게 살아 왔는지 설명하지 않는다. 하지만 가부장적인 한국사회에서 혼기를 넘긴 고아 처녀가 자신과 같은 처지의 남편을 만나고 미국 이민을 결심하기까지 결코 녹록치 않은 삶을 살았으리라 짐작할 수 있다.

사진은 언니의 사진과 다니엘이란 남자 이름이 적힌 시집에 대해 답변을 회피하거나 매번 다른 설명을 내놓는다. 사진 속 여인을 그냥 친구라고 했다가 나중에 언니라고 번복하는가 하면, 다니엘에 대해서는 한국에 있을 때 잠시 피아노를 가르쳤던 외국인 학생이고 그가 준 시집이 언니를 생각나게 해 주기 때문에 함께 보관했을 뿐이라고 설명한다. 처음으로 이모의 존재를 알게 된 유니스는 다니엘과 이모 혹은 다니엘과 엄마가 연인 사이였으리라 추측한다. 그러나 이후 재현된 장면에서 관객들은 유니스의 추측도 사진의 답변도 아닌 다른 이야기를 보게 된다. 열 두 살의 사진이 첼로를 연주하던 다니엘을 우연히 만나고, 사진의 외모에서 언니의 흔적을 찾아낸 다니엘은 언니와의 추억을 그리워하면서 그녀의 동생인 사진에게 첼로를 선물한 것이다. 이 장면에서 다니엘은 사진의 해명과 달리 죽은 언니를 알고 있었을 뿐만 아니라 그녀와 가까운 관계였다는 암시를 준다.

이 재현 장면이 유니스의 상상을 보여준 것인지 혹은 사진이 유니스에게 말하지 않은 진실을 관객에게만 보여준 것인지 분명치 않다. 중요한 것은 기억에 대한 진실 규명이 아니라, 과거를 회상하는 독특한 방식이다. 유니스는 한국에서의 일을 기억하는 사진의 태도에게서 아버지의 죽음을 기억하는 자신의 방식과의 유사성, 즉 트라우마를 왜곡하는 심리적 유사성을 느낀다. 그녀는 두 사람이 "사실을 잘못 기억했지만," "영원히 기억되는 것은 진실이 아니라 슬픔"과 같은 감정이라고 생각한다. 따라서 트라우마를 가진 두 사람이 "망각이 언제나 기억을 이긴다."(47)고 믿는 것은 자연스러운 일이다. 유니스는 사진이 과거를 모호하게 왜곡하여 기억하는 모습에서 엄마 역시 자신처럼 트라우마로부터 스스로를 방어했음을 깨닫는다.

유니스는 두 사람의 상처가 첼로 연주와 관련된 기억을 공유한다는 사실도 알게 된다. 사진에게 첼로는 어릴 적 사별한 언니를 기억하게 해주는 유일한 통로이다. 어린 유니스가 연주하는 첼로 소리를 들으며 사진은 유일한 혈육이었던 언니 혹은 한국의 기억을 떠올리는 애틋한 시간을 가졌을 것이고, 딸을 통해 이민자의 꿈이 이루어지리라 희망에 부풀었을 것이다. 한편 유니스에게 첼로는 어린 그녀를 매혹시켰던 꿈이었지만 동시에 아버지에 대한 아픈 기억을 떠올리게 만드는 대상이기도 하다. 두 모녀에게 첼로는 상실과 그리움을 동시에 떠올리게 만드는 기호인 것이다. 성인이 된 유니스가 엄마에게 첼로 연주를 들려주는 장면은 두 사람 사이에 특별한 대화가 오고 가지 않아도 몸에 각인된 기억을 끌어내어 서로의 상처에 공감하고 유대감을 형성하는 화해의 의미를 갖는다.

이러한 두 사람의 관계 변화는 전형적인 모녀 서사에 기반한 것이다. 낯선 문화를 상징하는 아시아 엄마와 미국에서 태어난 딸의 문화적 차이와 갈등에도 불구하고 결국 두 사람은 "엄마의 피와 살로 이어진 사이"your mom is in your bones라는 결론에 도달하게 된다(Chu *Assimilating* 168). 두 사람이 가진 몸의 상처 역시 마음의 상처로 연결되는 은유로 제시된다. 한국계 미국 소녀 유니스의 정체성 혼란이 그녀의 손에 첼로 활로 그은 상흔을 남긴 것처럼, 한국계 이민 여성 사진의 고된 삶은 그녀의 목에 작은 상처 자국으로 남은 것이다. 두 여성의 몸에 각인된 고통스런 과거의 기억은, 아이를 잉태하고 출산한 여성의 경험을 공유하는 현재로 이어지면서 서로에 대해 깊이 이해할 수 있는 계기를 마련한다. 몸의 기억, 엄마의 정으로부터 비롯되는 행위와 공감 등 언어로 표현되기 어려운 두 사람의 공감대로부터 '너와 내가 다르지 않'는 모녀 서사가 완성된다.

이 극은 몸에 기초한 한국계 여성인 두 사람의 공감대를 '정'이라는 한국 고유의 정서로 구체화한다. 사진에 의하면 한국인의 독특한 정서인 '정'이란 사랑하는 사람뿐만 아니라 미워하는 사람들 사이에서도 생길 수 있다. 또 정이 생기려면 남녀 간의 사랑이나 열정보다 시간이 걸리지만 오래 지속되는 사랑보다 위대한 감정이다(20). 그것은 말로 표현될 수 없고 비논리적인 감정이며 기억과 감정이 융화되어야 느낄 수 있는 한국인 특유의 감수성인 것이다. 사진 자신도 유니스의 배에서 아기가 부르는 노래를 듣고서야 비로소 유니스에 대한 자신의 감정이 '정'으로 표현될 수 있는 모성임을 깨닫는다. 유니스 역시 두 사람이 거쳐 온 지난 모든 과정이 정이 만들어진 시간임을 알게 된 순간, 비로소 어머니의 기억과 문화를 자신의 근원으로 받아들일 수 있게 된다. 유니스가 "우리 집안 여자들이 다 한 미모하잖아?"(48)라고 농담을 던질 때, 그녀가 말하는 우리 집안은 곧 모계 혈통을 의미한다. 아기에게 썼던 편지들과 자신은 가져 볼 수 없었던 조상의 유품, 혼수품 상자를 아기에게 전해줄 미래를 꿈꾸면서, 유니스가 상상하는 단촐한 한국계 미국인 가족의 가계도에는 아이의 아버지인 조 대신 죽은 이모와 엄마 그리고 자신이 낳을 아기가 포함되어 있다.

유니스는 엄마와 젠더적 민족적 공감대를 형성하는 것으로 정체성 형성에 일시적으로 닻을 내린 것처럼 보인다. 하지만 그녀의 정체성이 한국문화와 맺는 관계는 한국문화에 뿌리를 둔 엄마의 경우와는 다르다. 이민 1세대로서 엄마 사진은 한국문화를 유지하면서 미국문화에 문화적 적응 acculturation을 시도하지만, 미국에서 출생한 유니스는 미국문화를 바탕으로 한국문화에 선택적으로 적응enculturation한다는 점에서 두 사람의 정체성이 근거하고 있는 지배적 문화의 배경이 다른 것이다.[18] 유니스는 미국문화에 근거한 미국적 정체성을 한국문화에 대한 적응enculturation과 결합시킴으로써 스스로의 정체성을 엄마 사진의 정체성과 다른 이질적이고 혼종적인 것으로 형성한다. 그러므로 그녀의 정체성은 미국문화와 한국문화의 규범과 질서로부터 일탈한 것이 아니라 인종, 민족, 젠더 등 여러 조건들과의 갈등, 타협을 통해 형성된 혼종적이고 유동적인 정체성이라고 말할 수 있다.

이런 맥락에서 볼 때, 이 작품의 제목 『99가지 이야기들』은 유니스가 정체성을 형성하는 과정에서 상상하고 기억하고 머물렀던 여러 가지 다양한 정체성들을 의미한다. 미국사회와 한국사회의 경계를 떠도는 유니스는 자신의 내면과 기억에 감춰진 무수한 타자들과의 만남을 통해서 그녀를 규정하는 고정된 기의를 잃고 새로운 기의를 얻는 과정을 수없이 반복한다. 유니스의 정체성 여행은 불행한 과거 기억으로부터 촉발된 것이지만, 끊임없는 차연의 과정을 통해서 타인과 스스로에 대한 이해의 폭을 넓혀가는 자아 성장의 과정이다. 이 극에서 기나긴 여정을 돌아온 유니스가 일시적으로 닻을 내리는 지점은 어머니와 이모로부터 이어지는 한국 여인들의 정과 사랑이다. 하지만 한국계 2세 여성 유니스가 정체성을 찾아가는 여정은 이후로도 99개 아리랑 고개를 넘어가듯 99개의 이야기를 통해 여전히 계속

---

[18] 브라이언 김(Bryan Kim)에 의하면 다른 국가에서 온 이민자는 미국문화에 적응(acculturation) 한다고 표현할 수 있지만, 이민 온 부모의 고유문화에 사회화되지 않은 개인들, 즉 미국에서 태어난 아시아계 2세대들은 고유문화와의 관계를 고려할 때 문화변용(enculturation)이란 개념이 더 적절하다(99).

될 것임을 알 수 있다.

* * * * *

한국계 미국 극작가 줄리아 조의 작품 『99가지 이야기들』은 한국계 2세대 여성의 주체성 형성의 지난함을 보여준다. 극 중에서 한국계 2세대 여성의 자아는 주류사회에 통합되기 위해 개인적 성장통을 앓는 한편, 한국계 여성이라는 인종, 젠더적 관문 역시 통과해야 하기 때문이다. 미국사회가 요구하는 '동화된 개인 주체성'과 한국계 부모로 대변되는 '한국적 뿌리에 기반한 주체성' 그리고 '한국계 여성'을 둘러싼 여러 가지 정체성들은 서로 대립하고 갈등하고 때로는 타협하면서 한국계 2세대 미국여성의 정체성을 형성해간다. 이 극의 두 가지 서사의 혼용, 즉 성장문학서사와 모녀서사의 혼종적 형식 역시 한국계 2세대 여성의 정체성을 이질적인 것, 지속적으로 변화하는 것 즉 혼종적 정체성으로 보는 관점을 뒷받침한다. 이 극은 서구의 전통 성장문학 서사와 아시아계 미국여성 문학의 모녀관계 서사를 대립시키고 각각의 서사구조를 전유하거나 해체함으로써 관객들이 고정된 기존 개념에 질문을 던지고 새로운 정체성을 수용하도록 유도한다. 그런 점에서 주제와 형식에 나타난 여러 가지 특징들, 정체성에 대한 혼종적 시각과 이를 뒷받침하는 서구 전통 서사의 해체, 그리고 인종, 민족, 젠더적 맥락을 반영한 모녀 관계 서사 이용은 두드러지지 않지만 은밀하게 전달되고 있는 이 극의 인종, 민족적 정치성을 확인할 수 있게 만든다.

■ 이 장의 내용은 『영어권문화연구』 6권 2호(2013)에 수록된 필자의 논문, 「한국계 미국여성의 혼종적 정체성 연구: 99 Histories에 나타난 두 가지 서사구조를 중심으로」을 일부 수정한 것이다.

8

아시아계 미국여성이 사는 방식: 『변두리』*를 중심으로

[1] 맥아더 장군의 연인, 이사벨

줄리아 조의 극 『변두리』는 주류사회로부터 관심을 받지 못하는 한국계 미국인 가족[19]의 삶을 다루고 있다. 『변두리』라는 제목이 보여주는 대

---

* 작품 제목 *BFE*는 "Bum Fuck Egypt"의 줄임말로, 젊은이들 사이에서 '들어본 적도 없는 외진 촌구석'(countrysides, there is for the middle of nowhere)의 의미로 사용되는 속어이다. 본 글에서는 이 작품의 공간적 배경이 도시에서 멀리 떨어진 사막이란 점과, 인물들이 백인 중심적 사회로부터 소외된 주변인의 심리를 가졌음을 드러내기 위해 이 극의 제목을 '변두리'로 해석했다.

19 텍스트에 지시된 바에 따르면 패니의 가족은 아시아계 미국인이다. 그러나 2006년 9월 24일자 《뉴욕타임스》 기사에서 애니타 게이츠(Anita Gates)는 이들을 한국계 미국인 가족으로 명시하였다("New Page"). 줄리아 조의 한국계 출신을 염두에 둔 그녀가 패니의 가족을 한국

로 이 극의 무대는 미국의 사막 지대 근처의 어느 외진 도시이다. 이곳에 살고 있는 한국계 미국인 소녀 패니는 열네 번째 생일 즈음에 자신의 삶이 세상의 중심으로부터 벗어나 있음을 깨닫게 된다. 그녀와 함께 살고 있는 엄마 이사벨Isabel과 외삼촌 레프티Lefty도 주변인처럼 살고 있기는 마찬가지이다. 한국에서 태어난 엄마와 외삼촌은 어렸을 때 미국의 백인 가정으로 함께 입양되었는데, 양부모로부터 적절한 양육을 받지 못한 듯 보인다. 레프티의 회고에 따르면 그들은 늘 부모 없이 "스스로 혼자 태어난 것 같은 느낌을 받았고", "다른 사람의 안경을 쓴 듯, 남의 자리에 앉아 있는 듯"(38) 불편한 삶을 살아왔다. 이사벨은 어린 나이에 패니를 낳았는데 남자친구가 아버지 되기를 거부하고 떠나버려 오빠 레프티와 함께 한 가족을 꾸려 살게 되었다.

사막으로 둘러싸인 소도시의 단조로운 일상 속에서 이들 가족이 세상과 소통하는 유일한 통로는 텔레비전과 잡지뿐이다. 세상으로부터 소외된 거주지에서 패니는 아시아인 외모 때문에 또 한 번 소외된다. 패니는 "다섯 살 이후 천한 아시아인Chink이란 소릴 듣게 되면서"(17) 자신이 남들과 다르다는 사실을 알게 되었다. 그런데 엄마 이사벨이 패니의 외모를 두고, 단순히 차이가 있는 정도가 아니라 열등한 것이라고 규정함으로써 사춘기 소녀의 소외감은 더욱 심각해진다. 어느 날 텔레비전 뉴스에서 소녀 납치, 살해범에 대한 보도가 방송되자 이사벨은 희생양이 된 소녀들의 외모를 칭찬한다. 그들은 "자매라고 해도 될 정도"로 모두 금발과 파란 눈을 가진 백인

계로 단정하는 실수를 범했을 수 있으나, 필자는 오히려 패니 가족을 특별히 한국계 출신이라고 가정할 경우, 인물들의 심리적 배경이 될 수 있는 입양의 경험이나 전쟁에 대한 기억들이 구체적인 역사성을 가질 수 있음에 주목하여, 패니의 가족을 한국계 미국인으로 전제하고 분석하였다.

소녀들이다. 이사벨은 패니에게 "어쨌든 적어도 네 걱정은 안 해도 되겠구나"(15)라고 말하며 딸의 아시아인 외모가 백인 여성의 외모보다 예쁘지 않다는 인식을 무의식중에 드러낸다.

　이사벨 스스로도 자신의 외모에 불만을 갖고 서구 여성의 얼굴로 성형수술을 했다. 그런 이사벨이니 만큼 딸의 생일선물로 성형수술을 떠올린 것은 당연한 제안이자 경험에서 우러나온 선택이었다고 볼 수 있다. 그녀에게 성형수술은 성숙한 여성이 되기 위해 응당 치러야할 통과의례와 같은 것이다.

　　이사벨: . . . 여자가 된다는 게 뭐겠니? 생리한다고 다 여잔가 뭐? 그건 호르몬 따위의 문제가 아니야. 나이만 먹으면 다 되는 게 아니라고. 암. 소녀가 여자가 되는 순간은, 희생에 대해서 처음으로 생각해 보는 때이겠지.
　　패니: 희생이요?
　　이사벨: . . . 여자란 모름지기 세상이 원하는 게 뭔지 아는 사람이어야지. 그리고 계속해서 좋아요, 언제나 즐겁게 좋아요 라고 말해야 되는 거야. 내 말 잘 들어, 패니. 이제 너도 세상이 네게 요구하는 게 뭔지 알고 좋아요, 좋아요, 좋아요 라고 대답할 때가 됐어. (그녀는 패니 앞에 전화번호부를 들이대고 광고문 하나를 손으로 짚는다.) 이게 내 선물이란다.
　　패니: 무슨 말인지 모르겠어요.
　　이사벨: 성형 수술 말이다.

　　ISABEL. What is to be a woman? It isn't enough to bleed, it isn't merely hormonal. It is not enough to be d'un certain ge, no. A girl becomes a woman, I believe, when she understands sacrifice for the first time.
　　PANNY. Sacrifice?
　　ISABEL. . . . A woman is one who understands what the world asks of

her, and answers with an eternal YES, an affirming YES. I say to you,
Panny, now is the time to look at what the world asks of you and say
YES, YES, YES! (She spines the book towards panny and points at an ad.)
This is my gift to you.
PANNY. I don't understand.
ISABEL. Plastic surgery. (14)

이사벨에게 아시아적 외모는 사회적 요구에 부응하지 못한 열등함이고 극
복 대상이므로, 성형수술을 "건설적인 자기 발전을 위한 간단한 행위"(15-6)
라고 간주한다. 그런데 이사벨이 "진정한 아름다움은 타고나지 않아. 진정
한 아름다움은 의지의 행위이지. 넌 그저 선택만 하면 돼, 패니. 선택은 너
의 몫이야"(16)라고 비장하게 말할 때 그녀의 어조는 마치 그녀가 즐겨보는
텔레비전의 광고 문구처럼 과장되어 있다. 실제로 이사벨은 성형수술의 당
위성을 텔레비전에서 찾는다. "사람들이 다 해. 유명 인사들은 서른다섯 넘
기면 다 한다고 봐야지. 확실해. 텔레비전에서 봤으니까 알지."(15)

　성형수술과 텔레비전 광고에 대해 맹신하는 이유는 이사벨이 광장 공
포증에 걸린 사람처럼 집 밖에 나가지 못하고 텔레비전과 잡지책을 통해서
만 주류사회의 세상을 만나기 때문이다. 텔레비전 드라마와 전쟁 다큐멘터
리를 보면서 극 중 인물과 낭만적인 사랑을 꿈꾸는 이사벨의 모습은 마치
『욕망이라는 이름의 전차』 A Streetcar Named Desire 의 주인공 "블랑쉬 두보아
Blanche DuBois 가 아시아 여성이 된 것처럼 보인다(Kuchwara). 집 안에서 칩거
에 가까운 생활을 하던 블랑쉬가 신문대금을 받으러 온 소년에게 키스했던
것처럼 이사벨도 피자 배달을 온 소년을 유혹한다. 블랑쉬의 은둔과 타락
이 비극적인 첫 사랑에서 기인한 것처럼 아시아계 블랑쉬가 된 이사벨에게
도 고통스런 기억이 있었다. 어린 시절 이사벨은 양어머니처럼 자신도 현

모양처가 될 수 있느냐고 물어보자 양어머니는 그렇다고 답했지만 "혹시라도 내게[이사벨] 운이 있다면"(35)이란 단서를 붙였다.

어린 이사벨이 양어머니에게 자신도 현모양처가 될 수 있는지 물어본 것은, 어머니의 모습과 동일시하고픈 사춘기 딸의 보편적 성장과정과 다른 맥락을 갖는다. 즉, 이사벨의 질문은 자신의 외모가 백인 양어머니와 다르다는 사실에 두려움을 느꼈기 때문에 나온 것이다. 그녀의 인종적 불안감을 읽지 못한 양어머니의 답변은 아시아 여성을 백인여성보다 열등하게 평가하는 백인 중심적 미국사회의 기준을 이사벨에게 각인시키는 계기가 된다. 외모 열등감을 해소하기 위해 어린 이사벨은 양부모를 포함한 주류사회로부터 인정받을 비책을 강구하게 되고, 서구사회가 만들어낸 아시아 여성의 순종적 이미지를 지향점으로 삼게 된 것이다. 극 속에서 이사벨은 다큐멘터리에 등장하는 텔레비전 속의 맥아더 장군을 환상 속의 연인으로 등장시킨다. 그녀는 그에게 자신을 미국으로 데려가 달라고 애걸하는 등, 마치 미군이 진주했던 아시아 국가의 여성을 연상시키는 행동을 보인다.

이러한 태도는 이사벨이 미국인 가정에서 자라났음에도 스스로의 처지가 양부모와 다르다고 인식하게 된 후, 미국대중문화에서 흔하게 볼 수 있는 백인 남성에게 매달리는 아시아 여성의 이미지에 동일시하게 되었음을 암시한다. 미국사회가 그녀에게 주입한 백인 우월적 가치관 때문에 이사벨은 스스로를 열등한 아시아 여성으로 비하하고 집안에만 머물면서 환상에 빠져 지내게 되었던 것이다. 그녀가 끊임없이 서구 여성에 가까워지려는 욕망을 충족시키기 위해 성형수술을 감행하고, 딸 패니의 아시아적 외모보다 금발에 파란 눈을 가진 소녀들의 외모를 찬양하는 것은 이러한 열등감의 또 다른 이면으로 볼 수 있다.

이사벨이 즐겨보는 전쟁 다큐멘터리와 맥아더 장군의 이미지는 그녀가 입양되기 전 겪었을 한국의 전후 상황에 대한 기억과 이어진다. 패니가 차려준 소박한 점심을 먹으며 이사벨은 한숨을 쉬면서 "전쟁 배급과 다를 게 없구나."(26)라고 말한다. 그러자 선글라스를 낀 맥아더가 등장하여 그녀에게 "언젠가, 내 사랑, 당신은 최고급 스테이크와 철갑상어 알을 먹게 될 거요"(26)라고 약속한다. 먹을 것에 집착하는 이사벨의 태도는 전쟁고아가 겪었을 굶주림의 경험 때문일 것이라고 짐작되지만 그녀의 심리적 결핍 역시 느낄 수 있게 해준다. 그녀는 피자배달부 잭Jack과 함께 피자를 먹다가 문득 이렇게 말한다. "정말 맛있어. 음식이란 건 다른 사람하고 같이 먹을 때 더 맛있는 거야, 그렇지 않아요?"(45)

이사벨의 심리적 허기는 한국 부모를 잃고 미국으로 입양된 사실, 임신한 자신을 버린 남자친구의 배신에서 기인한다. 그녀의 욕망은 결국 치유되지 못할 듯하다. 피자배달부 잭마저도 그녀와의 성관계가 끝나자 서둘러 떠나가고, 그의 등 뒤에 대고 자신의 이름을 알려주려는 이사벨의 목소리가 애처로울 뿐이다. "이사벨이에요. 이사벨! 내 이름도 정확히 모르면서 어떻게 전화를 한다고 그래요? 잭. 잭!"(49)

[2] '낯설고 괴기스러운': 아시아계 미국 소녀 패니의 화장법

서구 남성의 기준을 충족시키기 위해 성형수술을 마다않는 이사벨과 달리 패니는 어릴 때부터 주위로부터 외모에 대한 놀림을 받아왔지만 서구 여성의 아름다움에 무조건적으로 동의하거나 자신의 외모에 문제가 있다고 생각하지 않는다. 극 초반에 패니는 잡지 모델의 사진을 보다가 백인 친구 낸시Nancy에게 "이것 봐, 우리가 싫어하는 모델이야. 이 여잔 여기저기 다 나오네. 예쁘긴 하다, 그치?"(11)라고 말하는 것에서 볼 수 있듯이, 자신의 선호도와 상관없이 타인의 아름다움을 인정할 수 있는 객관적 판단

능력이 있음을 보여준다. 하지만 열네 살이 되자 비로소 패니는 아시아계 미국여성으로서의 삶이 뜻하는 것을 진지하게 고민해야 하는 상황에 직면하게 된다. 그녀는 우연히 전화로 알게 된 백인 청년 휴고Hugo에게 장난삼아 열여덟 살이라고 둘러댔다가 그에게서 데이트 제안을 받게 되자 자신의 외모를 걱정하기 시작한다.

나이를 속인 것도 걱정이 되고, 사춘기 소녀라면 누구나 뚱뚱하다고 여길 자신의 몸매도 불만이지만 "그녀가 소녀용 잡지에 나온 화장법에 따라 자신의 얼굴에 화장을 할 때, 진정으로 못마땅하게 생각하는 것은 아시아인의 외모라는 점이 분명해진다"(Gates "Theatre review"). 15장에서 패니는 휴고와 데이트를 앞두고 목욕탕에서 잡지를 펴든 채 화장법 기사를 소리 내어 읽으며 화장에 열중한다. 같은 시간에 이사벨은 자신의 방에서 멋진 여성이 되기로 결심했던 어린 시절을 회고하고 있다. 이사벨과 패니는 각자 다른 공간에 있지만 두 사람의 대사가 한 마디씩 교차되면서 아시아계 미국인 여성이 성장과정에서 어떻게 서구사회가 기대하는 미의 기준을 내면화하는지를 보여준다.

패니: 아이셰도우를 눈 쌍꺼풀 아래에 바르고 . . . 쌍꺼풀이라. (패니는 거울을 보고 자신에게 쌍꺼풀이 없음을 깨닫는다.) 괜찮아, 생략하지 뭐.
이사벨: 일곱 살 때, 잠자리에 들던 때였지, 침대 옆 탁자에 공책에 두었지. 그 공책에 매력적인 여성이 되는 법을 다짐하며 적어 두었지. 하나. 조용히 말한다.
패니: 립스틱으로 그리다가 번지지 않도록 립 펜슬을 사용하라.
이사벨: 둘, 잘 듣는다.
패니: 윤기가 돌게 하려면 점성이 없는 파우더를 사용하라.
이사벨: 셋, 이를 드러내지 않고 웃는다.

패니: 위로 한번, 쓸듯이 볼연지를 바른다.

이사벨: 그리고 네 번째. 방에 들어가기 전, 반드시, 반드시 문 앞에서 잠시 기다린다.

PANNY. Apply the eyeshadow under the crease of your eyelid . . . crease . . . of your eyelid. (Panny looks at herself and realizes she has no crease.) Okay, skip it.

ISABEL. At the age of seven, I remember going to sleep at night, and on my nightstand I had a notebook. In this notebook, I had written reminders to myself on How to be a fascinating woman. One: Speak quietly.

PANNY. Use a lip pencil to keep your lipstick from bleeding.

ISABEL. Two: Listen well.

PANNY. Use loose powder to control shine.

ISABEL. Three: Smile without showing teeth.

PANNY. Apply blush in an upwards, sweeping motion.

ISABEL. And four: Always, always pause in the doorway before entering a room. (35-36)

이 말을 마친 이사벨이 영화 속의 여배우처럼 조신한 모습으로 동작을 취하자, 무대 반대편에서 화장을 끝낸 패니도 어머니와 유사한 동작을 취한다. 이사벨이 영화 속 여성의 이미지를 이상적 여성의 표준으로 삼아 스스로를 훈육했던 것처럼, 패니 역시 잡지 속의 화장법이 대변하는 서구식 미의 기준에 맞추어 자신을 치장한 것이다.

이 장면은 그들 모녀에게 공통적으로 작용하는 서구사회의 문화적 통제를 드러내고 있다. 이사벨이 추구하는 조용하고 순종적인 여성은 그녀

스스로의 욕망과 취향이 아니라 서구 남성의 환상과 욕망이다. 패니가 참고하는 화장법 역시 쌍꺼풀이 있는 서구 백인 여성의 얼굴을 돋보이기 위한 것이므로 아시아 여성의 얼굴에 적절하지 않다. 그러므로 화장을 끝낸 패니의 얼굴이 관객들에게 어색하게 보이는 것은 처음으로 화장한 소녀의 얼굴이기 때문만은 아니다. 관객에게 두 한국계 여성의 몸이 백인 여성을 흉내 내는 것처럼 보이는 것은 매우 중요한 극적 의미를 발생시킨다. 성형수술한 어머니의 얼굴을 본 패니가 "기이하고 낯설게"(unheimlich, 14) 느꼈던 것처럼, 패니의 어색한 화장은 익숙했던 것을 낯설게 만들어 현상 이면에 감추어진 본질을 도드라지게 만드는 전경화 전략이다. 즉, 무대 위에서 이사벨과 패니의 육체 기호가 부자연스럽게 제시되는 것은 아시아 여성의 몸에 강요되는 서구적 가치기준과 시선의 폭력성을 웅변하기 위함이다.

백인 여성의 아름다움이 표준이자 중심이 되는 곳에서 아시아 여성인 패니와 이사벨은 언제나 『변두리』로 몰리게 된다. 다시 말해서 백인 여성의 화장법이 지배적인 표현수단일 때, 서구인처럼 성형수술을 한 패니와 이사벨의 외모는 스피박이 정의했던 '지배적 재현체계 내에서는 말할 수 없는 서벌턴subaltern 여성'의 이미지에 가깝다. 서구 여성처럼 보이기 위해 성형수술을 하거나, 혹은 아시아 여성의 전형적 이미지를 흉내 내지 않으면 패니와 이사벨의 육체는 남성 욕망의 대상이 되지 못한다. 서구 페미니스트들은 여성 육체가 남성들의 욕망의 대상이 된다는 전제로부터 여성 육체의 저항과 전복을 이야기한다. 하지만 패니와 이사벨의 육체처럼 서구 남성의 욕망의 대상이 될 수 없는 상황, 즉 성별과 인종의 교차점에 이르면 자못 난감해진다.

서구 페미니스트들은 여성의 육체에 각인된 가부장적 이데올로기를 폭로하기 위해 여성성이란 규범을 반복적 수행에 의해 획득된 언행 결과적

효과로 주장한다(Butler 10-12). 이러한 서구 페미니스트들의 통찰은 특히 연극 무대 위의 여성 육체를 "영구불변한 것이 아니라 끊임없이 문화적 재입력, 재문신화될 대상으로 존재하는" 지표로 인식할 수 있도록 만든다(황훈성 263). 즉 여성의 몸에 부여된 기존의 의미를 무효화할 수 있는 가능성을 부각시켜 무대 위에서 여성의 몸이 주체적인 위치를 가질 수 있도록 역공의 계기를 마련해주는 것이다. 이처럼 여성의 육체에 가해지는 남성 중심적 시선의 성적 억압과 폭력적 현실에 맞서 서구 페미니스트들은 여성 육체를 이용하여 불편한 진실을 폭로하고 해체하는 시도를 벌여왔다.

그런데 여성들의 몸에 각인된 여성성의 기호가 서구 남성적 시각을 중심으로 규범화된 이데올로기에 불과하다는 서구 백인 페미니스트들의 주장은, 이 극에서 아이러니하게도 한국계 여성인 패니와 이사벨의 육체적 기호가 주는 시각적 특성 때문에 더 효과적으로 전달되고 있다. 이 극에서 패니와 이사벨의 부자연스런 화장법과 태도는 그들의 육체에 부여된 서구 가부장적 가치를 탈자연화하고 새로운 기의를 형성하도록 만드는 투쟁의 장이 될 수 있다. 백인여성의 몸을 무대 기호화할 때 남성 중심적 시각이 드러나고 기표와 기의가 미끄러지면서 새로운 여성주의적 의미를 형성하는 것처럼, 패니와 이사벨과 같은 아시아 여성이 서양여성의 몸짓과 외모를 흉내 낼 때 드러나는 어색함은 여성성의 규범에 깃든 백인 남성 중심적 시각을 드러내 보여주게 된다.

서구 페미니스트들이 주장하듯이 규범적 여성상은 남성적 시각으로서 여성을 타자화시킨 것인데, 그 속에는 여성과 남성의 서열구조뿐만 아니라 백인여성과 아시아 여성의 서열구조 또한 숨어 있다. 영화와 잡지 속의 이미지를 흉내 내면서 패니와 이사벨이 동시에 동작을 취하는 장면은, 정지된 장면을 통해 아시아계 미국여성이 겪는 다중적 억압을 전경화시키는 브레히트식 게스투스Gestus가 된다. 부자연스럽게 제시되는 두 여성의 육체는 서구 페미니스트가 비판하는 사회적 규범에 깃들어 있는 남성적 시각뿐만 아니라, 아시아 여성을 백인여성보다 열등한 지위에 놓는 서구 중심적 시각을 드러낸다.

무대에서 이사벨과 패니의 어색한 몸짓이 동시에 재현되는 것은 엄마 이사벨의 경험한 성적 인종차별이 딸 패니에게도 여전히 진행형임을 보여주는 것이다. 서양적 외모와 아시아적 외모는 우열을 구분할 수 있는 범주의 대상이 아님에도 불구하고, 이사벨뿐만 아니라 패니 역시 서구의 기준에 견주어 보면서 스스로를 못생겼다고 생각한다. 어느 날 밤 패니는 휴고와 전화통화를 하면서 제법 이야기가 통하게 된 그에게 아무에게도 말하지 못했던 속마음을 밝힌 적이 있었다.

> 패니: 우연히 창문에 비친 내 모습을 보게 되었어. 그리고 잘 모르겠지만. 아마 불빛 때문이었겠지. 아주 짧은 순간에 그렇게 보이긴 했는데, 내가 내가 아니었어. 내가 진짜 아름다운 것처럼 보였거든. 그런 것 같았다고 말하는 건, 왜냐면, 음, 사실은 난 아니거든, 난 아름답지 않거든. 전혀.

> Panny. [I] happened to catch my reflection in the window. And I don't know—the quality of the light or something— but It was like for this really brief moment, I wasn't me, I actually seemed. . . . beautiful. I'm only saying that because, see, in reality, I'm not. I'm not beautiful. At all. (25)

이렇듯 패니는 자신이 본 스스로의 아름다움을 현실로 믿지 못하고 "상상의 친구"(25)일 뿐이라고 생각하여 자신의 아름다움을 부정한 채 외부의 시선에 의해서 자신의 가치를 결정하고 있다.

잡지와 텔레비전 등 미국 대중문화는 아시아 여성에 대한 부정적 이미지를 반복적으로 재현하여 패니의 열등감을 조성하고 확인시켜준다. 미국 대중문화에서 아시아 여성의 이미지는 주로 매춘부, 술집 종업원, 게이샤로 재현되며 백인 남성을 섬기고 봉사한다(Uchida 166). 아시아 여성에 대한 부정적 인식은 서구사회의 오래된 인종 서열구조에서 기인한 것이다. 특히 미국사회에서 아시아 여성의 이미지는 최초 중국계 여성 이민자가 창녀였기 때문에 창녀 혹은 성적 유혹에 쉽게 넘어가는 여성으로 일반화되어 왔다. 이는 중국 노동 이민이 시작되던 19세기 말, 미국 정부가 매춘 여성 이외에 중국여성의 입국을 금지했기 때문에 중국 매춘부가 번창하게 된 사실과 관계가 있다. 미국인에게 초기 아시아 여성의 이미지는 창녀였기 때문에 미국인들은 아시아 여성 전반에 대한 편견을 갖고 그들에 대한 차별의식을 정당화했다(Uchida 161-66).

이민자들을 향한 백인사회의 거부감과 편견에 치우친 시각은 미국 백인 문학작품에서도 찾아 볼 수 있다. 특히 백인 남성 작가들은 종종 그들의 작품에서 아시아 여성에 대한 서구 남성들의 욕망을 정당화하기 위해 아시아 남성을 성적으로 무력화시키거나 아시아 여성을 유혹적인 창녀로 재현하곤 하였다. 백인 남성 작가들이 묘사하는 백인남성 인물들은 비열한 아시아 남성으로부터 힘없는 아시아 여성을 구해주는 영웅에 가깝고, 설령 불행한 과오를 자초하는 경우도 아시아 여성의 사악한 유혹 때문이라는 인상을 준다. 반면 백인 작가들의 작품에서 백인 여성은 언제나 아시아인들이 넘볼 수 없는 순결함의 상징이며, 백인 남성이 아시아 여성을 쟁취하는 것뿐만 아니라 백인 여성을 지켜줄 때 비로소 영웅으로서의 자아가 완성되는 것으로 나타난다(Kim 3-22). 아시아 여성은 악녀로 묘사되는 반면, 백인 여성은 동서양 모두에게 순결한 존재가 되는 서구 백인 문학의 재현 관행은 아시아인과 백인을 인종적으로 차별하고 서열화하는 의식으로부터 반영된 것이라고 할 수 있다.

아시아 여성과 백인여성 사이의 인종적 서열구조는 이 극의 백인 남성의 태도에서 잘 드러난다. 전화로 우정을 쌓아 온 휴고는 패니의 얼굴을 보고 실망하여 그녀의 백인 친구인 낸시와 함께 가버린다. 그들의 옆에서 이 과정을 모두 지켜보던 백인 남자가 상심에 빠진 패니를 위로하면서 자신의 차로 그녀를 데려간다. 그는 연쇄적으로 금발의 파란 눈을 가진 백인 소녀들을 납치, 살해한 범인이었다. 아르바이트를 하고 있던 금발머리의 낸시를 납치하려다가 패니와 휴고 때문에 계획이 어긋나 버리자 대신 패니를 납치한 것이다. 그러나 패니에게 금발의 가발을 씌어보아도 아시아인 외모를 감출 수 없자 그는 그녀를 마구 때린 후 의식을 잃고 쓰러져 있는 패니의 몸에 "못난이"(ugly, 51)라는 글자를 남긴 채 도망간다.

백인 남성의 눈에 못생긴 아시아 여성으로 보인 덕분에 구사일생했지만, 그녀의 몸에 새겨진 "못난이"란 글자는 패니의 의식에 아시아 여성의 외모가 서양여성보다 열등하다는 서구 남성적 편견과 차별적 시각을 낙인처럼 남긴다. 납치의 충격과 열등감에 고통 받던 패니는 이사벨의 권유를 받아들여 쌍꺼풀 수술을 받는다. 그러나 그녀를 찾아 온 휴고가 여전히 냉담한 태도를 보이자, 수술 부작용 때문에 부어오른 패니의 눈에서는 붉은 눈물이 떨어진다.

[3] 진실과 거짓 혹은 현실과 환상: "너는 미국에 살잖니, 뭐가 힘들다는 거야?"

이사벨과 패니는 재현 매체의 인종차별적 이미지에서 벗어나지 못한 채 주변인의 삶을 살게 된다. 이 극이 시작할 때 패니는 관객을 향해 '진실'

의 상대성에 대해 말하는데, 진실은 사람들의 경험과 관점에 따라 다르기 때문에 자신이 겪은 사건 역시 떠도는 소문들 사이에서 어느 것이 사실인지 알 수 없다고 말한다. 패니는 관객들에게 자신은 위기의 순간에 유괴범의 눈을 찌르고 용감하게 도망쳤다고 말한다. 그러자 패니의 분신인 한국 소녀 혜윤Hae Yoon이 등장하여 그녀의 말은 거짓이라고 반박한다. 혜윤에게 떠밀려 사건의 전말을 밝힌 후 패니는 자신의 몸에 새겨진 '못난이' 글자 문신을 보여 주면서 이것이 진실이라고 말한다. 관객들은 담담히 글자를 보여주는 패니를 보면서 그들이 알아야 할 진실이란 사건에 대한 정확한 설명이 아니라 열네 살 소녀 패니가 겪은 육체적, 정신적 고통임을 깨닫는다.

패니는 성형수술을 받는 중에 잠시 꿈을 꾸는데, 풍선처럼 부풀어 있는 파랑새들을 바늘로 터뜨리자 그들에게서 피가 흘러나오는 광경을 본다. 희망을 상징하는 파랑새가 날지도 못한 채 죽어버린 것처럼, 이제 막 피어오르려는 열네 살 패니의 육체는 (성형용 수술) 바늘에 찔려 변형되고 위장된다. 패니가 여인으로 성장하기 위해 치러야 할 통과의례는 다른 백인 소녀들보다 더 혹독했다. 호된 경험을 통해 패니가 알게 된 현실은 아시아계 미국여성인 그녀를 사회의 주변적 존재로 밀어 넣는 폭력적인 인종서열체계가 존재한다는 것이다. 아시아인의 눈을 서구인의 눈처럼 바꾸기 위해 쌍꺼풀 수술을 받고 피눈물을 흘리는 패니의 모습은 백인 남성 사회가 요구하는 여성이 되기 위해 가면을 써야하는 현실에 대한 고통스러운 자각으로 보인다.

패니와 편지를 주고받는 동갑내기 한국 소녀 혜윤이란 인물은 한국사회가 미국사회에 대해 갖는 환상 혹은 거짓을 보여주는 분신으로 볼 수 있다. 그녀는 미국을 꿈의 나라로 바라보고 현대성의 상징으로 삼는 한국사회의 문화식민지적 상황을 반영하고 있다. 혜윤은 코카콜라와 미국영화를 좋아하고 장차 영어선생님이 될 꿈을 가진 평범한 한국 중산층 가정의 소녀이다. 그녀는 사진 속의 패니가 "완전한 미국인full-American이 아니라 나와 다를 바 없는 아시아인이라서 약간 실망"(21)했지만 그래도 패니가 살고 있는 곳이 미국이기 때문에 괜찮다고 생각할 정도로 미국을 이상적인 나라로 생각한다. 미국문화에 대한 혜윤의 열망은 한 개인적 취향이 아닌 한국사회의 전체적인 분위기로 보인다.

혜윤은 편지글에서 어머니의 권고에 따라 어린 나이에도 불구하고 아시아인의 외모를 서구적으로 바꾸기 위해 눈 성형수술을 했고, 앞으로도 무처럼 굵은 다리를 날씬하게 보일 수 있는 수술을 계획하고 있다고 당당하게 밝힌다. 그녀뿐만 아니라 학교 친구들은 물론 영화배우나 가수들도 모두 성형수술을 했는데, 이러한 성형수술의 열풍 이면에는 아시아인 외모가 서구인, 특히 미국인에 비해 열등하다는 사회전반적인 의식이 자리 잡고 있다. 전쟁 중에는 아무도 예쁘지 않았다는 혜윤 엄마의 회상은 식민지배와 전쟁으로 고통 받았던 한국사회의 과거만을 의미하지 않는다. 그것은 한국전쟁을 계기로 남한사회에 밀려든 미국문화가 사회가치 척도의 절대적 기준이 되었음을 의미하는 말이다.[20]

혜윤은 시종일관 미국을 추종하는 태도를 보여주고 있지만 그럼에도

---

[20] 1950년대에 미국은 한국의 비참한 일상과 대비되어, 물질적으로 풍요할 뿐만 아니라 세련되고 멋진 남녀들이 펼치는 이상적인 세계로 인식되었다. 특히 미국영화는 대학생들이나 지식인들에게 고급문화, 뭔가 자신을 구별 짓는 문화적 행위로 규정하며 즐기는 중산층의 소비 형식이었다. 미군 기지에서 흘러나오는 일상품들을 중심으로 남한사회에 퍼져나간 미국문화는 곧 남한사회의 현대성과 진보를 의미했다(이선미 74). 미국문화는 혜윤의 부모처럼 미국 물질문명의 단맛을 보기 시작했던 전후세대를 거쳐 1990년대 혜윤의 세대에 이르기까지 선망의 대상으로 이어지는 것이다.

불구하고 그녀 역시 성형과 영어공부를 감내해야 하는 인생의 피곤을 느끼고 있음을 알 수 있다. 패니의 분신답게 혜윤은 패니의 꿈 이야기를 듣고 그녀의 실망과 상처를 알아챈다. 혜윤이 보내 온 답장에서 한국사회의 일상은 유쾌한 어조로 전달되고 있지만 그럼에도 한국여성들이 겪어야 하는 심리적인 억압이 있음을 알려준다. 혜윤의 아버지는 평소에 가족들과 대화가 없었으며 뚱뚱한 "아들이 이웃보기에 부끄러워 함께 있기 싫어하고", 애완견이 오줌을 쌌다고 "목이 쉴 정도로 소리를 질러"(53)대는 괴팍하고 냉정한 남성으로 묘사된다. 혜윤의 편지를 보고 짐작할 수 있는 것은, 오빠처럼 뚱뚱하고 예쁘지 않았던 혜윤 역시 아마도 아버지가 못마땅해 했을 터이므로 어린 나이에도 불구하고 어머니의 손에 이끌려 성형수술을 받았을 것이고, 앞으로도 무처럼 생긴 종아리 등을 포함하여 신체 여러 부분을 수술하게 될 처지라는 점이다.

혜윤과 패니는 각각 한국과 미국에서 서구 백인 남성중심의 미적 기준에 의해 소외받고 고통 받았던 경험을 공유한다는 점에서 서로의 분신이라 할 만하다. 그런 의미에서 패니를 위로하기 위해 혜윤이 전하는 농담은 두 소녀가 공유하는 소외감을 매개로 한국적 감수성을 소통하고픈 바램을 담고 있다. "왜 소가 넘어갈까?"Why did the cow roll down the hill?라고 묻고 "다리가 없어서"Because it had no leg!라고 답하는 농담의 묘미는 처음에 질문을 듣는 사람들이 "왜 속아 넘어갈까?"라고 듣게 되는 청각적 착각효과 때문에 발생한다. 즉 "소가"를 "속아"로 오해하는 과정에서 재미를 느끼는 것이다. 한국어의 동음효과를 이용한 이 농담은 혜윤의 말마따나 "한국어로 해야 더 재미있는데,"(53) 영어로 표현하자 의미를 알 수 없는 수수께끼가 된다.

혜윤의 농담은 한국어의 맥락을 이해하는 사람에게 은밀한 저항적 즐거움을 선사한다. 가족과 사회로부터 외모에 대한 압박, 영어습득에 대한 압박에 시달리는 혜윤은, 그들의 앞에 놓인 서구 중심적 이데올로기라는 힘겨운 언덕을 올라가다가 언덕 위에서 한가롭게 풀을 뜯는 "소"를 살짝 밀어 언덕 밑으로 굴려버린 후, "소가 다리가 없어서 굴렀다."고 발뺌함으로써 미국의 카우보이들이 "속아 넘어가게" 만드는 재치를 발휘하고 있는 셈이다. 이러한 이중적 언어 장치는 초기 아시아계 미국인의 피진영어 pidgin English처럼 지배 사회를 향해 던지는 저항이자 인종적 정체성의 발현으로 이해할 수 있다.

그러나 혜윤의 농담을 패니는 이해할 수 없다. 이 극은 혜윤과의 언어적, 문화적 거리감을 부각시킴으로써 패니 가족이 처한 고립감을 강조한다. 미국사회에서 패니의 가족은 외모나 기록상으로는 한국계 미국인으로 구분되지만 입양되기 전 한국에서 태어났다는 사실을 제외하곤 한국 사회와의 아무런 연관성을 갖지 않는다. 한국계 미국인이면서도 패니의 가족은 한국어를 모르기 때문에 혜윤의 농담을 전혀 이해할 수 없는 것이다. 그것은 그들에게 한국이 심리적 고향이 아니며 한국사회 역시 미국사회와 마찬가지로 그들을 소외시키는 공간이 될 수 있음을 암시한다. 한국에서 혜윤은 콜라와 미국영화와 영어로 대변되는 미국문화에 둘러싸여 마치 미국인처럼 살고 있는 반면, 정작 미국에 살고 있는 패니는 미국 속의 이방인처럼 산다.

혜윤은 금발의 백인 소녀를 예상하고 편지를 썼지만 정작 답장을 보내온 미국인은 한국에서 미국으로 입양된 여성의 딸이다. 패니의 존재는 미국사회를 백인중심으로만 사고하는 한국사회의 편견을 흔든다. 혜윤을 실망시킨 패니의 아시아적 외모는 한국사회로부터 배척당한 한국계 입양아들의 존재를 상기시키고 한국에서처럼 미국사회에서도 그들의 존재는 언제나 『변두리』에 머물고 있다는 현실을 일깨운다. 그러나 미국사회에서 소외된 삶에 지쳐 실의에 찬 패니에게 혜윤이 위로한답시고 "힘내 친구야, 이걸 기억해 봐, 너는 미국에 살잖니! 어떻게 인생이 힘들 수가 있겠어?"(53)라고 확신에 차서 말할 때, 미국사회를 바라보는 한국인의 오래된 선망과 동경의 역사를 확인할 수 있다.

그러나 혜윤의 신념에 찬 미국 예찬은 패니가 겪는 차별과 배제의 삶과 대비되어 그 허구성이 부각된다. 성형수술을 하고 부작용으로 부풀어 오른 눈을 한 채 눈물을 흘리는 패니의 안타까운 모습은 그녀가 주류사회의 중심으로 진입하지 못한 채 『변두리』에 남을 것임을 암시한다. 패니를 비롯한 이사벨과 레프티가 전화벨이 울려도 받지 않은 채 멍하니 텔레비전을 바라보고 있는 마지막 장면은 미국사회와 한국사회로부터 완벽하게 소외된 푸윙키의 초상을 완성한다. "진실은 당신이 보는 방식으로 결정된다."(50)는 패니의 말처럼, 이 가족의 안타까운 결말을 바라보는 관객들은 자유와 평등의 나라인 미국의 신화 이면에서 한국계 미국인의 소외된 삶을 발견하게 되고, 미국사회의 진실을 보라는 작가의 암묵적인 요청을 듣게 된다.

* * * * *

한국계 미국여성작가인 줄리아 조의 작품 『변두리』는 아시아계 미국여성의 삶에 대한 새로운 관점을 제시하고 있다. 작품의 배경이 아시아계 미국연극의 주요 무대였던 대도시 혹은 아시아계 공동체가 아니라 사막지대라는 점도 이색적이지만 기존의 여성 인물과 뚜렷이 구별되는 새로운 여성인물상의 제시가 두드러진다. 먼저, 이 극에서 한국계 미국여성으로 등장하는 패니와 이사벨은 가족을 중심으로 존재하던 기존의 아시아계 여성과 달리, 전쟁고아로 입양되었거나 아버지가 없는 사생아로서 정체성의 뿌리를 찾을 수 있는 문화적, 심리적 기원이 단절된 상태의 여성들이다. 그러나 이들은 1세대 한국계 여성 작가인 차학경의 『딕테』Dictee에 나오는 여성 인물처럼 한국인으로서의 정체성에 천착하지 않는다. 이러한 그들의 파편적 존재감은 패니가 한국 소녀 혜윤과 정서적 소통이 불가능해지면서 더욱 강화되고 있다. 패니와 혜윤이 주고받는 편지는 서로가 겪는 고통을 보듬어 줄 수도 있었지만 한국 소녀 혜윤과 한국계 미국인 소녀 패니가 처해있는 환경과 인식의 차이가 부각됨으로써 두 사람의 연대가능성은 부정적으로 제시된다. 한국사회와 한국계 미국인 사회의 연대감보다는 거리감을 더 강조하는 듯한 작가의 태도는 2세대 한국계 미국 극작가로서 보여주는 새로운 면모라고 해석할 수도 있겠다.

그러나 다른 한편으로 작가는 패니와 혜윤을 분신적 관계로 설정하고 있다. 이는 여성의 아름다움에 대한 서구 남성 중심적 기준에 비추어 열등하다고 평가되는 아시아 여성의 육체를 자르고 늘리고 붙여야 하는 동병상련의 처지를 보여주는 것이다. 미국문화에 만연한 아시아 여성의 부정적인 이미지가 아시아계 미국여성의 육체에 투영됨으로써, 패니와 같은 아시아계 미국여성들은 자신도 모르게 서구 백인 여성에 비해 열등한 존재로 전락될 위험에 처할 수 있다. 아시아계 여성을 비하하는 서구의 남성중심문화는 한국사회의 혜윤의 예가 잘 보여주듯이, 미국문화에 대한 문화적 종속과 결탁되기도 한다. 한편, 패니와 이사벨이 자신의 외모를 열등하다고 생각하여 성형수술을 결심하게 되는 과정은 아시아계 미국인 여성이 서구의 가부장적 이데올로기를 내면화한 것을 보여준다.

기존의 아시아계 미국연극은 아시아 여성을 악녀/연꽃dragon ladies/lotus blossoms과 같은 지극히 서구 남성적 시각에 기반한 이미지로 재현하는 관행을 비판해왔다. 이에 비해 줄리아 조는 미디어를 비롯한 재현 매체와 일상적 삶에 만연한 이미지의 영향력이 눈에 보이지 않는 미시적인 권력구조가 되어 아시아계 미국여성의 삶을 지배하고 있는 현실을 비극적으로 제시한다. 이 극에서 패니와 이사벨은 주류 문화의 재현에 나타난 전형성으로부터 벗어난 것처럼 보이지만, 인종차별과 성차별의 문제를 인식하고 극복하려는 영웅적인 이전 세대의 여성상과도 거리가 있다. 그런 점에서 패니와 이사벨의 비극적인 결말에도 불구하고 줄리아 조는 그들을 통해서 아시아계 미국여성이 처해 있는 현실을 다양한 관점으로 보여주는데 성공하고 있다.

■ 이 장의 내용은『현대영미드라마』21권 1호(2008)에 수록된 필자의 논문, 「아시아계 미국여성의 젠더화된 몸: *BFE*를 중심으로」를 일부 수정한 것이다.

다이애나 손^{Diana Son}

다이애나 손은 1965년 미국 델라웨어_{Delaware}주 도버_{Dover} 시에서 태어났다. 그녀의 어머니는 한국에서 교환된 간호사였고 아버지는 유학생이었는데, 딸에게 한국어는 물론 한국문화에 대해 전혀 가르쳐주지 않았다고 한다. 다이애나 손이 태어나 자란 도버는 한국계를 비롯한 아시아계 미국인 인구가 적었고, 흑인과 백인 거주자 비율이 동등한 지역이다. 다이애나 손은 그 지역이 인종 갈등이 심각하지 않은 곳이었으므로 아시아계 미국인의 정체성을 심각하게 고민하지 않고 청소년기를 보냈다고 회고한다(Kim 321). 뉴욕 대학에서 극문학을 전공한 다이애나 손은 졸업반 때 〈라 마마 실험 극단〉_{La Mama Experimental Theatre}에서 인턴생활을 했고 그녀의 첫 번째 희곡, 「브레히트에 미친」_{Wrecked On Brecht}을 〈라 마마 실험극단〉의 무대에 올릴 기회를 얻는다. 졸업 이후 그녀가 발표한 작품으로 「소년」*Boy*, 『알.에이.더블유 내가 여자니까』*R.A.W 'Cause I'm a Woman*가 있다. 이 중 '음란한 아시아여성'*Raunchy Asian Women*을 뜻하는 『알.에이.더블유』는 다이애나 손이 처음으로 아시아계 미국인을 주제로 쓴 작품으로서 1993년 〈오하이오 극단〉*Ohio Theater*에 의해 공연되었다.

뉴욕 연극계에서 인턴 작가로 일하던 그녀는 1998년 『멈춰 키스』*Stop Kiss*를 발표하며 유명 작가의 대열에 오른다. 두 이성애 여성의 동성애적 사랑을 다룬 이 작품은 평단과 대중의 호평을 받았고, 세 번이나 공연이 연장되는 대성공을 거두었다. 다이애나 손은 『멈춰 키스』로 글래드 미디어상*GLAAD Media Award*과 버릴라 커*Berilla Kerr*상을 수상했다. 이 작품은 1999년과 2000년 사이에 여섯 극단에 의해 공연되었고 영화로도 제작되었으며, 아직까지도 미국 전역과 세계 곳곳에서 공연되고 있는 명실 공히 다이애나 손의 대표작이다. 『멈춰 키스』의 대성공 이후 그녀는 〈마크 태이퍼 포럼〉*Mark Taper Forum*에서 상근 작가로 일했고, 런던 왕립 국립극장의 부룩스 아트킨슨 연구원*Brooks Atkinson Fellowship*이 되는 영예를 누렸다. 또 뉴욕대학과 예일대학에서 희곡쓰기를 가르쳤고 로스앤젤레스에서 장애인 돌보미를 위한 극작교실을 개최하는 등 여러 방면에서 교육활동을 했다(Kim 322).

하지만 『멈춰 키스』의 대성공 이후 다이애나 손은 주위의 기대에도 불구하고 몇 년이 넘도록 후속작을 쓰지 못했다. 이 기간 동안 그녀는 결혼과 출산을 했고 생계를 위해 간간히 텔레비전 드라마를 집필해야 했다. 이때 그녀의 오랜 친구이자 『멈춰 키스』에서 열연했던 샌드라 오*Sandra Oh*가 그녀를 구원한다. 친구의 충고에 힘입어 다이애나 손은 자신의 경험담을 담은 『위성들』*Satellites*을 발표하며 7년 만에 극작가로서 재기했다(Zinoman). 이 극은 아기를 낳은 지 얼마 되지 않은 신혼부부가 육아와 더불어 이웃과 어울려 사는 법을 배워가는 이야기이다. 다이애나의 분신격인 샌드라 오가 주연을 맡아 2005년 〈대중극장〉에서 초연되었다. 2012년에는 여러 극작가들과 함께 핵무기와 전쟁을 주제로 한, 『폭탄: 역사 다르게 보기』*The Bomb: A Partial History* 프로젝트에 참여하여 『축』*Axis*이라는 개별 작품을 선보였다. 이 단막극은 미국 부시 전 대통령의 '악의 축' 발언이 북한에 미치는 영향을 다룬 것이다. 같은 해 영국에서 공연되었을 때, 김정일에 이어 최고통치권자에 오른 김정은이 언급되어 미국과 유럽의 관객들 사이에서 화제를 모았다.

다이애나 손의 작품은 전형적인 3세대 아시아계 극작가 집단에 속하며 한국성에 대한 흔적을 찾아보기 어렵다. 그녀는 선배 극작가들이 "우리는 여기 있다"고 아시아계 미국인의 존재를 외쳤다면 자신의 세대는 "우리는 괴상하다"고 외친다고 말함으로써 기존 아시아계 미국연극과 다른 세대로서의 정체성을 주장한다(Eng 415). 하지만 주류 연극계는 그녀에게 아시아계 극작가라는 호칭을 붙이며 아시아계 다룬 특성을 기대한다. 다른 한편 몇몇 아시아계 미국 극단들은 다이애나의 작품이 "너무 뉴욕스럽다"(Too New York)며 『멈춰 키스』의 공연을 거부한 경우도 있었다(Eng 425). 이처럼 주류와 아시아계 극단이 생각하는 '아시아계'라는 수식어는 미국 다문화주의의 다양성을 뒷받침하지만 동시에 고정된 정체성을 부여함으로써 다양성에 대한 또 다른 차별과 폭력을 만들어낼 수 있다. 다이애나 손은 자신의 작품이 아시아적이기 때문이 아니라 훌륭하기 때문에 공연되고 사랑 받기를 바란다고 말한다(Eng 439). 이러한 주장은 다문화사회, 다인종사회를 지향하는 동시대 미국사회가 혼종적 관점을 가진 예술작품을 어떻게 이해해야 하는지에 대한 적극적 제안으로 볼 수 있을 것이다. 다음에서는 다이애나 손의 작품 『멈춰 키스』와 『위성들』에 나타난 인종 재현의 차이를 비교해봄으로써 미국 다인종사회에 대한 작가의 해석과 비판적 제안을 살펴볼 것이다.

9

뉴욕의 혼종 가족들과 탈 인종적 재현의 정치성

한국계 미국 극작가 다이애나 손Diana Son은 1998년 『멈춰 키스』Stop Kiss로 그 해 뉴욕 연극계를 흔들어 놓았다. 그 이듬해까지 연장 공연되며 평단과 관객을 사로잡았던 이 극에 대해서, 주류 연극계가 내린 평가는 "지나칠 정도로 뉴욕스럽다"(Eng 425)는 것이었다. 이 '지나치게'라는 수식어는 뉴요커들의 일상을 잘 반영했다는 칭찬과 더불어, 한국계 작가의 작품임에도 인종적 흔적을 느낄 수 없다는 의아함을 담고 있다. 작품 속에서 굳이 한국계 미국인의 특징을 찾아 해석하지 말라는 작가의 당부(Eng 418)는, 이 극의 '지나친 뉴욕스러움'에 놀란 사람들을 한 번 더 갸우뚱하게 만들었다. 인종성이 제거된 한국계 미국 작가의 작품은 그 자체로 인종 정치적 이슈가 되었고, 소수인종 작가와 작품을 감상하는 태도에 대해 다시 생각하도록 만들었다.

다이애나 손은 『멈춰 키스』를 통해서 기존 아시아계의 정치극 공연과 사뭇 다른 관점을 제시하였고 그로인해 주류와 비주류 모두로부터 관심과 더불어 우려의 소리를 들었다. 초연 당시 이 극이 인종 정치 극이 아니라는 사실을 의외로 받아들인 연극 평이 많았다. 이러한 평단의 반응은 아시아계 정치극에 대한 당시 관객들의 관행적 수용방식을 반증하는 것이다. 가령, 이 극이 "성소수자에 대한 폭력gay bashing을 비난하는 정치극"인지 여부를 작가에게 재차 확인하거나, "한국계 배우 샌드라 오Sandra Oh를 주인공으로 캐스팅한 이유"(Tanaka)를 묻는 기자의 태도에서 당시 대중이 소수인종 작가에게 기대하는 바를 확인할 수 있다. 아시아계 미국인을 주 독자층으로 둔 ≪아시안 위크≫Asian Week가 이 극이 인물들의 인종적 배경을 부각시키지 않았다고 비판한 것 역시 같은 맥락이다(Son "Interview").

이러한 반응에 대한 다이애나 손의 답변은 인종적 배경에 입각하여 작품의 정치성을 유추하려는 일련의 시도를 무색하게 만든다. ≪아시안 위크≫와의 인터뷰에서 그녀는 "한국계 출신이란 점이 작품에 영향을 준다고 말하기 어렵고 . . . 이 극의 주제는 인종은 물론 섹슈얼리티와도 관계없다"고 말했다. 백인 여성과 한국계 여성이 연인이 된다는 다분히 성적, 인종적 정치성이 농후한 설정에도 불구하고, 작가는 또 다른 인터뷰에서 이 극은 정치극이 아니라 "사랑에 대한 극"(Tanaka)이라고 정의한다. 그리고 아시아계 미국인이 가진 경험의 차이를 드러내기보다 "우리 모두가 미국문화, 인간문화에 포함된다는 점"(Son "Interview")을 강조했다고 밝힌다. 이러한 답변이 소수인종 연극의 존재를 알리려고 노력했던 기존의 아시아계 미국연극계를 실망시켰으리란 점은 충분히 예상할 수 있다.

이와 관련하여 대표적인 아시아계 2세대 극작가인 채 유Chay Yew는 다이애나 손을 비롯한 3세대 아시아계 극작가의 작품이 과연 아시아계 미국 연극의 범주에 속한다고 볼 수 있을지 조심스럽게 질문을 던진다(xxvi). 그가 던진 문제제기는 인종정체성이 변화되고 있는 미국사회에서 향후 아시아계 미국연극이 어떠한 전망을 가져야하는지에 대한 질문으로 바꿔볼 수 있다. 이에 대한 답은 여러 가지로 제시될 수 있겠지만, 분명한 것은 아시아계 연극의 범주를 기존의 조건, 즉 "범-아시아계 정체성"Pan-Asian identity 이라는 인종 동일성으로 국한시킨다면, 작금의 변화된 현실은 위기일 수밖에 없다는 것이다. 하지만 주지하다시피 아시아계 미국인의 정체성은 인종으로 환원되지 않는 유동적이고 다양한 유형으로 나타나고 있다. 그런 의미에서 다이애나 손의 『멈춰 키스』에 나타난 탈 인종적 경향은 인종 정치성의 상실이 아니라 기존 인종 정치성 영역의 확대로 볼 여지가 있다.

2008년 공연된 다이애나 손의 또 다른 작품, 『위성들』Satellites은 인종 갈등에 대한 중층적 시선을 제시한다는 점에서, 전작 『멈춰 키스』의 탈 인종적 재현과 더불어 아시아계의 다양한 인종정체성을 둘러싼 아시아계 미국연극의 현황을 살펴볼 수 있는 좋은 사례가 된다. 『멈춰 키스』의 대성공 이후 작가가 7여 년의 슬럼프 끝에 발표한 『위성들』은 전작의 성공을 기억하는 이들로부터 플롯상의 허점이 있다거나 아마추어 정치 극 같다는 등 냉담한 평가를 받았다(Sommer). 하지만 이 극은 전작에서 두드러지지 않았던 인종적 주제들, 즉 혼종결혼, 인종 간 차별, 소수인종 내부차별 등을 제시하며 '탈-인종'post racial 사회라는 장밋빛 미래에 도전한다. 『멈춰 키스』가 아시아계의 본질적 정체성을 문제 삼기 위해 탈 인종적 관점의 필요성을 제시했다면, 『위성들』은 작금의 미국사회에서 일어나는 여러 인종들의 중층적 갈등과 탈 인종사회의 연관성을 지적한다.

다이애나 손의 두 작품에 나타난 중층적 인종 재현 양상은 특히 혼종 부부(연인)의 재현 방식에서 잘 드러난다. 『멈춰 키스』에 나타나 한국계 미국여성과 백인 여성의 혼종적 동성애 사랑은 90년대 아시아계 연극을 대표하던 범 아시아계의 이성애적 정체성의 독점을 깬다. 『위성들』에는 한국계 부인과 아프리카계 남편이 등장하는데 이들이 소수인종 공동체에 적응해가는 과정은 '탈 인종시대'를 지향하는 미국사회에 다시금 인종 문제를 환기시킨다. 두 작품에 나타난 혼종 결혼(연애)은 90년대부터 최근까지 인종정체성을 둘러싼 미국사회의 인식 변화를 보여주는 흥미로운 은유로 읽을 수 있다. 다음에서는 두 작품에 나타난 혼종 결혼이 각각 탈 인종적 시선의 필요성과 탈 인종적 인식의 허위라는 상호 대립적 의미를 이끌어내는 것에 주목하여 작가가 상반되는 인종 문제를 제기하게 된 원인을 살펴볼 것이다. 동시대 미국 내 소수인종들을 "위성처럼 유동적이고 상호 충돌하는 존재"(Yew xxii)라고 진단한 작가의 관점에 담긴 문화 정치적 의미를 해석해 보겠다.

[1] 『멈춰 키스』에 나타난 한국계 여성의 (탈)인종성

『멈춰 키스』는 뉴욕 시를 배경으로 백인 여성 칼리Callie와 한국계 여성 사라Sara 사이에 형성되는 동성애적 감정을 코믹하면서도 감동적으로 그려낸다. 대부분의 비평가들은 작가가 등장인물의 심리 변화를 치밀하게 묘사한 덕분에 인종, 성적 정체성 이외의 주제를 생각하게 만든다고 평가하며 이 극의 탈 정치성을 높이 평가했다(Vincent). 주류 관객과 여러 비평가들이 이 극을 탈 인종적이라고 느낀 이유는 다문화, 다인종도시 뉴욕을 배경으로 등장인물의 인종 배경이 다양했기 때문이다.[21] 다이애나 손은 이러한 다인종 캐스팅이 뉴욕시의 현실적 인종구성비율을 반영하기 위한 것일 뿐, 인종 정치적 당위성에서 이루어진 재현 전략은 아니라고 밝힌다(Tanaka).

등장인물들은 다문화적 도시 풍경에 익숙한 뉴요커를 대변한다. 그들의 행위와 동기는 인종적 특징으로 환원되지 않으며, 각각 소심한 여성, 진취적인 여성, 배려 깊은 남성 등 개인의 성격과 취향의 결과물로 이해된다. 이처럼 탈 인종적 인물들 덕분에 관객들은 백인, 아시아계, 아프리카계와 같은 인종적 배경은 물론 이성애와 동성애의 성적 취향마저 일단 괄호치고 이 극의 주제를 사람과 사람 사이의 "사랑이야기"로 해석하게 된다.

이 극의 탈 인종적 인물들 가운데 한국계 인물인 사라는 유일하게 인종, 민족 배경이 강조된다. 즉 그녀의 성격과 행위의 동기는 한국계 가족이라는 특수한 조건에서 기인한다. 가령 사라가 "사이비 종교"(11)에 비유할 만큼 가족의 결속을 중시했던 한국계 부모는 딸이 대학생이 되어도 독립을 허락하지 않았다. 사라는 한국계 미국인 피터Peter와 결혼한 후에야 비로소 부모의 곁을 떠날 수 있었지만, 이혼과 동시에 다시 부모의 집으로 되돌아가야만 했다. 칼리와 사라의 대화를 통해서 관객들은 사라가 가족의 틀에서 벗어나기 위해 고향 세인트루이스의 안정적인 사립학교 교사직을 버리고 뉴욕 빈민지역의 공립학교 임시 교사직을 자원했음을 알게 된다. 사라의 말을 통해 전달되는 부모와 전 남편의 이미지는 마치 여성의 자유를 억압하는 과거 아시아의 가부장적 악습을 대변하는 것처럼 보인다.

사라가 부모와 겪는 세대 간 갈등, 특히 아시아계 이민자 부모와 2세대 자녀 사이의 갈등은 기존 아시아계 연극의 단골 주제였다. 아시아계 연극은 2세대의 방황 원인을 가족 구성원들과의 갈등이 아니라 미국사회의 인

---

21 희곡 텍스트에는 인물의 나이 이외에 특별한 인종적 설명이 제시되지 않지만, "뉴욕 시의 인종적 다양성을 반영하는 캐스팅이 필요하다"(5)고 명시되어 있다. 실제로 초연 공연을 보면 칼리-백인(Jessica Hecht), 조지-아프리카계(Kevin Carrol), 사라-한국계 등 다양한 인종출신 배우가 캐스팅 되었다(5).

푸윙키들의 무대: 한국계 미국 극작가들의 "B"딱한 무대 읽기

종차별에서 비롯된 것으로 제시한다. 2세대들은 아시아의 고유문화와 전통적 가치를 고수하려는 부모세대와 아시아인의 정체성을 버리고 미국시민으로 동화될 것을 요구하는 국가서사의 중간에서 갈등하는, 이른바 "인종적 그림자"(racial shadow, Wong 78)를 경험한다. 기존 아시아계 연극의 플롯에 따르면, 2세대들은 사회 구조적 모순을 인식하고 아시아계 정체성을 스스로 수용함으로써 세대 갈등을 봉합한다. 이에 비해 『멈춰 키스』에서 사라의 자아 형성에 드리운 "인종적 그림자"의 실체는 백인 중심적 사회가 아니라 그녀의 한국가족과 전 남편이다. 따라서 사라를 고민하게 만드는 "인종적 그림자"는 한국적 정체성을 상징하는 가족과 분리됨으로써 사라지게 된다.

사라가 뉴욕으로 온 후 늦은 밤 공원에서 백인 부랑자에게 무자비한 폭행을 당하고 혼수상태로 누워있을 때, 전 남편 피터와 사라의 부모는 사라와 상의도 없이 그녀를 고향집에 데려가기로 결정한다.

피터: . . . 당신 부모님과 상의해 봤는데. 재활치료 끝나면 당신을 부모님 댁으로 데려가기로 했어. 물론 당신이 좋다면, 우리가 살던 예전 집으로 와도 돼. 난 곧 직장을 그만둘 거고─암튼 곧 직장은 그만두게 될 거야. (사이) 당신이 집에 돌아오면 나도 예전처럼 살지는 않으려고. 당신이 상황을 바꾸고 싶어서 뉴욕으로 갔다는 거 나도 알아.(그는 그녀의 얼굴을 만진다.) 집에 돌아가고 싶지─(사라의 눈에서 눈물이 떨어진다.) 그렇지? (칼리는 뒤로 돌아 사라의 간호사가 있는 대기실을 향해 걸어간다.)

Peter. . . . Your parents and I have been talking. I agree that you should stay with them after you get out of rehab. You're welcome to stay at our old place, of course, if you want to, I would take off from work so that I could─I'm going to take off from work anyway. (*Pause*) Just because you're coming back home I'm not going to act like everything is going to be the way it was. I know you went to New York because you wanted to change things. (*He touches her face.*) You do want to go home — (*Water drops from Sara's eyes.*) Don't you? (*Callie turns, walks towards Sara's nurse, who is standing at her station.*) (57)

위 인용문에서 재결합을 원하는 피터의 태도에도 불구하고 사라는 이를 가족의 화합과 소통으로 받아들이지 않는다. 남편의 제안을 듣고 그녀가 흘리는 눈물은 가족의 소중함에 대한 감동적 자각이 아니라, 독립을 향한 자신의 꿈이 사라졌다는 절망을 의미한다. 이러한 사라의 속마음을 헤아린 사람은 한국계 가족이 아니라 백인 친구 칼리이다. 칼리는 사라가 가족들에게 이끌려 억지로 귀향하는 것을 막기 위해 사랑을 고백하기로 마음먹는다. 사실 사라가 입원해 있는 동안, 칼리는 두 사람 사이의 미묘한 감정이 동성애로 규정되고 비난 받을까 두려워 사라의 연인이란 사실을 부정해왔다. 하지만 사라의 눈물을 본 칼리는 세상의 편견에 맞설 용기를 내고 마침내 사라로부터 파트너의 삶을 살겠다는 승낙의 미소를 얻어낸다.

타임 몽타쥬[22]로 구성된 이 극의 마지막 장면은 사라와 칼리가 첫 데이트를 하던 심야의 공원이며 폭력 범죄가 일어나기 직전의 상황이다. 관객들은 두 여성의 키스가 끔찍한 폭력 사건의 빌미가 되리라는 사실을 이미알고 있지만, 그들의 키스 장면에서 커다란 지지와 기쁨의 환호성을 보낸다. 이러한 반응은 결말을 미리 노출시킨 후, 사건의 전개 과정에서 발생하

---

[22] 이 극은 총 23개의 짧은 장들로 이루어진 단막극인데, 과거와 현재 시점의 장면들이 교차되어 제시된다. 마치 영화의 회고장면 혹은 타임몽타주 기법처럼 현재시점의 장면이 제시된 후 과거의 장면들이 번갈아가며 순차적으로 이어지도록 구성된다.

는 의미에 주목하도록 유도하는 타임 몽타쥬 구성에서 기인한다. 즉 관객들은 혐오 폭력 사건 그 자체가 아니라, 폭력의 피해자인 두 여성이 각자의 장애물을 이겨내고 독립적인 주체로 성장하는 과정에 더 집중했던 것이다. 주목할 점은 사라가 칼리와의 사랑을 통해 한국계 가족으로부터 분리됨으로써 자아의 성장을 이룬다는 설정이다. 사라의 성장은 기존 아시아계 미국연극에서처럼 한국계 가족과 재결합하고 민족 정체성을 수용함으로써 완성되는 것이 아니라, 한국계 부모와 전 남편과 분리됨으로써 완성된다. 다시 말해 이 극에서 관객이 사라를 자유로운 독립적 자아로 인정하게 되는 과정은 아시아계라는 인종, 한국계라는 민족적 배경을 소멸시킴으로써 가능해지는 것이다.

사라가 추구하는 독립적 자아 완성은 스스로의 인종성을 버림으로써 가능해진다. 이러한 사라의 태도는 기존 아시아계 비평적 관점에서 볼 때 백인 중심 서사에 동화assimilation된 주체에 가깝다.23 하지만 그녀의 탈 인종성은 아시아 여성의 몸 이미지를 해체한다는 점에서 정치적일 수 있다. 조세핀 리Josephine Lee가 지적하듯이, 백인 관객의 응시에 노출된 아시아계 (여성)의 몸의 인종적 기의는 쉽사리 제거되기 어렵다. 즉 동화된 아시아계 여성이라도 그녀의 육체는 여전히 아시아 여성의 이미지로 응시된다는 것이다. 다이애나 손은 한국계 여성 사라의 몸을 남성 중심적 시선에 의한 성적, 인종적 대상으로 만들지 않기 위해, 관객들이 백인 여성 칼리의 시선

---

23 사회학자들의 연구에 의하면, 아시아계의 문화적 정체성은 아시아 문화와 주류 백인 문화에 대한 태도에 따라서 동화 혹은 적응(acculturation)으로 구분할 수 있다. 동화는 아시아 문화가 주류 문화에 종속되거나 폐기된 상태인데 비해, 적응은 아시아 문화가 주류 문화 속에서 기능하며 유지하는 상태를 뜻한다(*Goldsea*). 이 구분에 따르면 사라의 탈 인종적 주체는 한국성으로부터 벗어나기 때문에 동화된 정체성을 가진 것으로 보인다.

을 통해 사라의 몸을 보도록 유도한다. 극 초반에 사라는 칼리의 집을 찾아오는 손님처럼 소개되며 선배 뉴요커인 칼리는 마치 주인처럼 행세한다. 관객은 이 극의 화자인 칼리의 시선을 통해 뉴욕(으로 대변되는 미국)의 이방인 사라를 관찰하게 된다. 칼리가 사라에게 호감을 갖게 되면서, 관객도 사라의 인종이 아니라 그녀의 개인적 매력에 주목하게 된다.

언급했듯이 관객은 사라가 칼리와 연인이 되기 위해 한국계 부모와 전남편이 상징하는 한국인의 민족성ethnicity으로부터 벗어나야 한다는 설정에 공감한다. 사라가 관객으로부터 획득하는 미국성은 사라와 칼리의 사랑에 대한 지지를 전제로 한다는 점에 주목할 필요가 있다. 사라의 독립적 자아 형성, 그리고 그 자아가 궁극적으로 추구하는 주류사회 구조로의 편입, 즉 미국성의 획득은 백인 연인인 칼리의 도움을 얻어 가능해지는 것이다. 한국계 여성 사라와 백인 여성 칼리의 혼종 결합은 동성애적 관계를 빼면, 아시아여성과 백인 남성의 혼종 결합이라는 서구남성중심의 성적 욕망 구도에 기반하고 있다. 그런 이유로 사라는 '백인 남성과 결혼하여 미국성을 획득하지만 자신의 아시아 문화를 잃어버리는'(Chu 21) 아시아 여성을 연상시킨다. 관객이 사라의 몸에 미국성이란 기의를 부여할 수 있는 배경에는 사실상 기존의 백인 남성과 아시아 여성의 혼종 결합이라는 문화적 학습과정이 있었다.

사라가 쟁취하는 미국성은 기존 아시아계 인종 정치극의 궁극적 목표 중 하나였다. 아시아계 연극은 주류사회가 아시아계 2세대를 미국인이 아닌 아시아인으로 간주하며 '영원한 이방인'의 틀에 가두어버린다고 비판하면서, 관객들의 반성과 자각을 유도하고 인종 정치적 변화를 주장해왔다. 이에 비해서 『멈춰 키스』는 한국계 2세대 사라의 인종적 정체성을 고정된 것이 아니라 유동적인 기호로 제시함으로써, 관객들이 인종성을 벗어난 시선으로 그녀의 미국성을 인정하도록 만든다. 물론 사라의 미국성은 사라의 한국계 가족이 부정적이고 전형적인 아시아계 이미지를 강화할 수 있다는 대가를 치러야 한다. 더불어 백인과 아시아여성의 혼종 결합에 깔려있는 백인 중심적 이성애적 시선을 전제로 획득된 한계를 가진다. 그럼에도 불구하고, 이 극은 아시아계 미국인을 인종적 편견으로부터 벗어난 미국성을 가진 주체로 가시화시켰다는 점, 그리고 아시아계 미국인의 인종정체성에 여성 동성애적 정체성을 포함시킴으로써 그 범위를 확대한 첫 시도였다는 점에서 불안하지만 의미 있는 성공을 거두었다고 평가할 수 있을 것이다.

[2] 『위성들』에 나타난 혼종 부부의 '인종 궤도' 수정 프로젝트

『멈춰 키스』에서 한국계 미국인의 정체성이 '자아를 완성하기 위해 극복해야 할 대상'이었다면, 『위성들』에서는 '인종정체성의 뿌리를 확인하기 위해 회귀해야 할 기억'으로 바뀐다. 이러한 변화는 혼혈 아기의 엄마가 된 작가의 체험에서 비롯된 것으로 추정할 수 있다. 아프리카계 남편을 둔 다이애나 손은 『위성들』이 브룩클린에서 혼혈아들을 길렀던 경험을 바탕으로 쓴 작품이라고 언급한 바 있다. 채 유와의 인터뷰에서 그녀는 아기를 낳은 후 혼혈 아기에게 부모로서 물려줘야할 인종적 뿌리에 대해 진지하게 고민하게 되었다고 고백했다. 다이애나 손이 인종적 정체성을 재고하게 된 데에는 개인적 변화뿐만 아니라 사회구조적 차별에 대한 인식도 영향을 미쳤다. 그녀는 최근 『멈춰 키스』를 재공연하는 연출가와 제작자들이 원작에서 강조한 다인종 캐스팅을 무시하고 백인 배우들로만 구성된 무대를 만든다는 사실에 분노를 표했다. 그로 인해 그녀는 인종적 관점과 주제를 좀 더 부각시켜 집필해야 할 필요성을 느낀 것이다(Yew 396).

이러한 작가의 변화가 반영된 『위성들』은 아프리카계와 한국계 부부라는 혼종 가족의 이야기를 통해 미국사회의 인종 문제를 다시금 환기시키려는 의도를 명확히 보여준다. 특히 이 극에서 제시하는 혼종 부부는 기존 아시아계 문학/문화 텍스트에서 묘사되던 아시아계 여성-백인 남성의 혼종 커플 유형이 아니라는 점에서 눈길을 끈다. 한국계 여성과 아프리카계 남성의 결혼은 기존 아시아계 문학에 잠재해 있던 '이성애-백인-남성' 중심적 시선을 해체한다. 게다가 아프리카계와 한국계 사이에 존재하는 오랜 인종 갈등을 상기해보면, 이 혼종 가족의 등장은 소수인종들 사이의 연대와 화해에 대한 찬사로도 볼 수 있을 것이다(주경정 120). 하지만 이 극은 소수 인종출신 혼종 부부에 대한 긍정적 묘사와 전망 제시로 그치지 않는다. 사실상 이 극의 정치성은 혼종 부부와 혼혈아기를 둘러싼 현실이 결코 호의적이지 않다는 불편한 진실, 즉 그들을 보는 인종 공동체 내부의 편견과 인종 간 갈등을 보여준다는 점에서 나온다.

『위성들』에서 이 혼종 부부는 탈 인종, 다문화를 표방하는 미국사회의 상징처럼 보인다. 하지만 그들이 소수 인종의 정체성을 찾기 위해 인종 공동체의 문을 두드리게 되면서 탈 인종 사회의 허구성이 드러나기 시작한다. 한국계 2세대 여성 니나Nina와 그녀의 아프리카계 남편 마일즈Miles는 아기가 태어나기 전까지 뉴욕 맨해튼 지역에서 고학력, 고소득, 무자식의 여유로운 삶을 즐기는 소위 딩크족DINK; Double Income No Kids이었다. 그들은 혼혈아기 한나Hannah가 태어나자 아프리카계 거주지로 이사하기로 결정하고 브루클린의 재개발 지역에서 낡고 오래된 브라운스톤 저택을 구입한다. 이 집에는 니나 가족과 더불어 최근 고용한 한국계 보모 최 부인, 세입자 월터Walter, 마일즈의 입양 형제인 백인 에릭Eric, 니나의 직장 동료 킷Kit이 함께 머물고, 여기에 동네 터줏대감이자 건달인 아프리카계 미국인 레기Reggie도 드나든다. 브라운스톤을 중심으로 서로의 삶에 얽혀 들어가는 인물들과 그들의 다양한 인종 배경이 이 집을 다문화사회인 뉴욕(나아가서는 미국)의 축소판처럼 보이게 만든다.

때마침 마일즈가 실직했기 때문에 니나의 수입만으로 브라운스톤 저택에서 사는 것이 부담되지만, 그들 부부가 굳이 브루클린에 거주하려는 이유는 분명하다. 한나를 아프리카계와 한국계 공동체의 일원으로 자라게 해주고 싶었기 때문이다. 니나는 그녀를 완벽한 미국 시민으로 키우려는 한국계 이민자 부모에 의해 인종적 뿌리를 제거당한 채 성장했다. 그녀의 어머니는 니나에게 "미국 남자친구가 생기지 않을까봐"(29) 김치를 비롯한 한국음식을 거의 먹이지 않을 정도였다. 남편 마일즈 역시 아프리카계 정체성을 공유하지 못한 채 자랐다. 그는 마약에 중독된 아프리카계 미혼모의 몸에서 태어났지만 백인 가정에 입양되어 백인 문화권 속에서 성장했다. '소수모범인종 모델'model minority의 전형을 보여주는 니나, 백인중산층 가정의 기독교적 실천의 수혜를 받은 마일즈는 높은 학력과 고소득 직업을 가진 주류사회의 모범시민으로 살고 있다.

하지만 그들은 자신들의 미국성이 불완전할 뿐만 아니라 인종적 정체성도 결여되어 있음을 자각하고 있다. 그들은 인종의 경계지역에 존재하며 일종의 '인종적 무소속 상태'를 느낀다. 정체성에 대한 그들의 불안감은 미국 다문화 사회의 토대인 '소수인종우대정책'Affirmative Action 덕분에 그 동안 드러나지 않았지만, 혼혈아기가 태어나자 표면 위로 떠오른다. 어린 시절 "베트남으로 돌아가"라는 놀림을 받았던 니나는 그녀의 혼혈아기 한나도 "중국 놈, 검둥이"(42)라고 놀림 받는 불완전한 미국시민이 될까봐 불안해한다. 그들은 다인종사회의 상징과 같은 뉴욕에서조차도 그들 가족에 대한 권리와 자유를 보장받을 수 없다고 판단한다. 대신 한나를 위한 대안은 '소수 인종 공동체와 문화'에 있다고 판단하고 아프리카계 거주지로 이사하게 된 것이다. 또 "한국 자장가를 불러 줄 수 있고 한국말을 가르쳐 줄 수 있는"(8) 한국계 이민자인 최 부인을 보모로 고용하여 그들의 문화적 결핍을 채우고 싶어 한다.

안타깝게도 브룩클린 재개발지구의 소수인종 공동체는 이 중산층 혼종 부부를 기존 인종 공동체의 질서를 위협하는 불청객으로 받아들인다. 이삿짐 정리를 도와주러 오는 이웃도 없이, 니나와 마일즈는 낡은 브라운스톤이라는 섬에 갇힌 꼴이 된다. 이들의 고립은 기존 인종 공동체가 혼종 가족을 선뜻 받아들이지 못하는 현실에 대한 비유로 읽을 수 있다. 한국계와 아프리카계 부부와 그들의 혼혈아기, 이러한 가족 구성은 한국계에도 아프리카계에도 낯선 경험인 것이다. 이 혼종 가족은 기존 인종 공동체에 없었던 새로운 삶의 궤적을 그리고, 이 과정에서 기존 궤도와의 관계를 재설정해야하는 과제에 봉착한다. 그런 점에서 니나의 직업이 건축 설계 디자이너라는 점은 의미심장하다. 유능한 설계사인 그녀는 한나의 미래를 기존 인종 공동체 속에서 설계하려는 야심찬 청사진을 그린다. 그런데 이사 온 날 밤, 그들 거실 창문을 깨고 날아든 돌멩이는 인종 공동체의 일원이 되려던 니나의 계획에 불길한 경종을 울린다. 깨진 거실 유리창은 막이 내릴 때까지 수리되지 못한 채, 인종 공동체와 이 부부의 삐걱거림을 상징적으로 보여준다.

그들을 찾아오는 이웃은 토박이 주민 레기 뿐인데, 그는 브룩클린 빈민지역의 역사를 살아 온 사람이다. 책임질 대가족이 있지만, 일정한 수입이 없는 레기는 틈만 나면 마일즈를 찾아와 수리비를 빙자해 돈을 뜯어간다. 마일즈는 그를 도둑으로 의심하며 거리를 두는 반면, 니나가 수상쩍어하는 백인 형 에릭의 사업제안은 의심하지 않는다. 그에게 아프리카계의 정체성은 동질감을 형성시켜주는 인종적 뿌리가 아니며, 어린 시절 자신을 동네 악동

들로부터 보호해주었던 백인 형에 대한 고마움이 더 중요하기 때문이다. 레기와 서먹하게 지내는 마일즈와 달리 니나는 최 부인에게 매우 만족한다. 최 부인은 능숙하게 아기를 돌보며 한국어로 한나를 달래고 노래를 불러주는 등 한나에게 "한국인의 자부심을 느끼게 해주려던"(42) 니나의 기대를 충족시킨다. 니나는 최 부인이 미역국을 끓여다주며 위로의 말을 건넬 때, 죽은 친정어머니를 떠올리며 스스로의 정체성을 돌아볼 기회도 갖게 된다.

하지만 최 부인이 마일즈가 입양된 아프리카계란 사실을 알고 은근히 얕보는 태도를 드러내자 니나는 크게 실망한다.

최 부인: 아 그랬군요. (잠시. 니나의 불편한 기색) 마일즈는 입양되었나요?
니나: 예.
최 부인: (한국 억양으로) 아, . . . (쯧쯧쯧) 좋은 부모를 만났구면.
니나: . . . 좋은 부모요, 백인인데 흑인 아기를 입양한 것 때문에요?
　　　　　. . . . . .
니나: 사실 그게, 마일즈 부모님은 (.)[24] 그 분들이 하신 일이란 게 . . . 백인들만 사는 동네에서 기르신 거죠. 백인만 다니는 학교에 흑인인 마일즈 혼자 다니게 하신 거라고요.—
　　　　　. . . . . .
최 부인. 하지만 마일즈는 잘 컸네요. 깨끗하고 똑똑하고 잘생겼고.
니나. 지금 깨끗하다고 —[말씀하셨어요?]

---

[24] 위 인용문에 사용된 (.)는 작가가 만든 대사방식의 표시이다. 작가에 의하면 이 표시가 있는 곳은 "인물이 말하지 않기로 결심하는 잠깐 동안의 멈춤을 의미하며, 거의 눈치를 차리지 못할 정도의 짧은 순간(그럼에도 인식할 수 있는 정도의 순간)을 의미한다"(6). 위 인용문에서 니나는 유색인종 아기를 입양한 백인 부모의 양육방식이 최 부인의 생각처럼 훌륭하지 않을 수 있다는 점을 설명하기 위해 잠시 말을 고르고 있다.

MRS. CHAE. Oh, I see. . . . (*A beat. Nina's uncomfortable.*) Miles is adopted?

NINA. Yes.

MRS. CHAE. (*A Korean Sound.*) Oh . . . (*Tsk tsk tsk.*) Such nice parents.

NINA. . . . They're nice because they white people who adopted a little black baby?

· · · · · ·

NINA. Because actually, I think Miles' parents were (.) they did things that were kind of . . . like raising him in an all-white neighborhood, sending him to schools where he was the only black kid —

· · · · · ·

MRS. CHAE. But Miles grew up so nice. Clean and smart handsome.

NINA. Did you just say [clean] — (35-36)

최 부인이 니나에게 불쌍한 흑인 아기를 거두어 준 백인 부모의 관대함을 칭찬하자, 니나는 매우 언짢아한다. 그녀는 최 부인에게서 백인에게 굴종적인 태도를 보이는 반면, 한국인의 "우월감을 부여해 줄 대상으로 흑인을 골라"(50) 그들을 더럽고 무식하다고 모욕하는 한국계 이주민들의 이중적 인종차별을 보았던 것이다. 그 순간 그녀에게 최 부인으로 상징되는 한국계는 더 이상 정체성의 뿌리이자 소속감의 대상이 아니다. 최 부인은 미국사회에서 부부가 겪었고, 언젠가 자신의 혼혈아기도 겪을 수 있는 인종 편견과 폭력과 동일시된다.

니나가 최 부인에게 갖는 감정은 2세대가 인종적 뿌리에 대해 갖는 이중적 애증의 태도를 상징적으로 보여준다. 최 부인은 2세대가 갖지 못한 고유문화와 정신적 뿌리를 상징하며 관심과 매력의 대상이 된다. 동시에 그녀는 백인 문화에 굴종적 태도를 보이거나 스스로 영원한 이방인이라는 이미지를 구현함으로써 아시아계 2세대의 미국성을 위협하는 불편한 존재이기도 하다. 최 부인에 대한 실망감 때문에 니나는 스스로에게서 발견한 한국성의 의미를 축소시킨다. 지금까지 니나는 자신이 한국에 대한 기억이 전혀 없다고 믿었지만, 최 부인이 불러주는 한국 노래 「고향의 봄」을 이미 알고 있었고, 미역국을 먹고 나서 어린 시절 먹었던 한국음식의 맛을 기억해낸다. 아기를 안고 절망에 지친 니나가 젊은 시절의 "친정엄마처럼 손으로 입을 막고 우는"(42) 장면은 그녀의 무의식에 남겨진 한국의 몸짓을 보여준다. 그럼에도 니나는 엄마와 같은 한국문화를 상징하는 최 부인과 끝내 화해하지 않는다. 퀸즈라는 대도시에 살면서 "인종차별을 한다는 사실이 부끄럽지도 않느냐"(50)며 화를 내고 최 부인을 해고한다.

인종 공동체에 소속되지 못하는 혼종 부부의 모습은 1960년대 이후 소수인종집단이 정치적 목적으로 표방했던 '범 인종성'(pan-ethnicity, Espiritu 52)의 비현실성을 폭로한다. 사실상 상상의 공동체에 가까운 '범 아시아계 공동체'는 아시아계 내부의 세대, 성별, 계급, 민족 등의 차이를 설명하지 못한다(E. Lee A History 9). 이 극에서 인물들 사이의 갈등과 오해를 보면 아시아계뿐만 아니라 미국 다문화사회를 구성하는 인종들의 정체성이 얼마나 다양하며 이질적인 맥락을 가지고 있는가 알 수 있다. 가령 마일즈는 아프리카계 이웃인 레기의 부도덕함을 의심하지만 니나에게 남편의 의심은 근거 없는 인종차별로 보인다. 한편 니나가 최 부인의 태도가 인종차별이라며 분개하자 마일즈는 차별이 아닌 이민자의 실수라고 옹호한다. 또 마일즈는 레기보다 형 에릭의 사업제안을 더 신뢰하지만, 니나는 에릭이 "서구인에 대한 아시아인의 환상을 등쳐먹고"(28) 살아가는 백인이라고 비난한다. 사실상 에릭은 마일즈의 지적, 경제적 능력에 빌붙어 살아야 하는 가난한 백인 청년에 불과하다. 이렇듯 니나, 마일즈, 에릭의 처지와 태도는 전형적인 인종정체성에 대한 정의와는 다소 거리가 있다. 오히려 그들의 다문화적 정체성은 인종으로 설명할 수 없는 다른 요인들에 의해 형성되었음을 알려준다.

기존 인종 공동체에서 혼종 부부가 차지하는 이질감과 그로인한 갈등은 이 극의 제목인 '위성들'의 의미를 생각하게 만든다. 작가 다이애나 손에 의하면, '위성들'은 곧 "자유롭게 부유하는 이 극의 인물들"을 의미한다. 원래 "위성들은 하나의 완전체로서 그 보다 더 큰 완전체의 주변 궤도를 따라 돈다. 그런데 인물들마다 삶의 경계를 규정하지 못하게 되자 [궤도를 잃어버린 위성들처럼] 서로 충돌하게 된 것이다"(Yew xxii 재인용). 이 설명에 따르면 작금의 미국사회는 다문화, 다인종사회를 표방하며 기존의 차별적 인종 서열과 중심/외부의 이분법적 권력 구도를 해체하고 있다. 하지만 아프리카계, 한국계와 같은 각 인종 공동체는 여전히 백인이 중심이 되는 기존 인종 항로 궤도를 전제로 스스로의 정체성을 유지하고 있다. 니나와 마일즈처럼 혼종적 존재들은 기존의 궤도와 다른 운행주기와 행로를 가지게 될 터이므로 위성들 사이의 상호 충돌은 필연적인 셈이다.

니나와 마일즈가 만들고자 하는 새로운 궤도는 작품 곳곳에서 암시되고 있다. 그들이 만들고자 하는 길은 기존 인종 궤도와 잘 조화를 이루지 못한다. 모범 소수인종으로 살아가던 두 사람은 혼혈 아기가 생기면서 기존의 백인 주류사회의 궤도로부터 불편함을 느낀다. 니니와 마일즈가 아기에게 불러줄 자장가를 생각하는 첫 번째 장면은 궤도 수정의 필요성을 암시한다. 그들은 미국의 전통적인 자장가 「쉿, 아가야」Hush, Little Baby를 불러보지만 가사가 너무 잔인하다고 느낀다. 기존의 자장가가 그들의 아기에게 맞지 않다고 생각한 니나는 혼종 부부와 혼혈 아기에게 적합한 인종정체성과 삶의 방식을 찾겠다는 결심으로 이어진다. 그들이 찾으려는 한나를 위한 삶은 곧 혼종 가족의 미래이자 새로운 인종 지형도의 미래에 대한 상징으로 읽을 수 있다. 그들은 혼종 가족의 새로운 삶을 찾기 위해 백인 거주지, 즉 백인 중심적 인종궤도를 벗어나 유색 인종 공동체로 궤도를 수정한다. 하지만 유색 인종 공동체의 기존 궤도로의 진입 역시 녹록치 않다. 니나는 최 부인이 불러주는 정겨운 한국 자장가를 듣고 기뻐했지만, 아프리카계를 차별하는 한국계 미국인들의 편견에 실망한다.

그들의 노력에도 불구하고 "한국인 보모는 아기가 흑인이라고 깔보고, 흑인 이웃들은 창문에 돌을 던져대는 상황"(42)이 벌어진다. 소수 인종 공동체들이 새로운 혼종 가족을 맞을 준비가 되어 있지 않다는 점은 분명해 보인다. 주변 이웃들뿐만 아니라 마일즈 역시 혼종 아기를 어떻게 키워야 할지 준비가 되어 있지 않다. 마일즈는 입양된 자신에게는 아기에게 물려줄 인종정체성이 없다는 자격지심에서 한나를 안아주지 못한다. 게다가 갑작스런 실직과 이사, 초보아빠가 되는 여러 상황들이 동시에 닥치자 심리적으로 위축된 마일즈는 급기야 혼혈아기를 낳고 이사하기로 결정한 것을 후회하기까지 한다.

마일즈: 이 집을 좀 봐, 허물어지고 있다고. 우린 고칠 수 없어, 여기서 살 수 없다고. 이런 식으로 아기를 기를 수 없어. 차라리 낳지 말걸. . . . 우린 아기를 가질 준비가 안 되었나봐.

Miles. . . . Look at this house—it's crumbling down around us. We can't afford to fix it, we can't afford to live in it. This is no way to raise a baby. We never should have . . . we were not ready to have a baby. (51)

남편의 말에 화가 난 니나는 "내가 이런 완벽한, 귀중한 아기를 낳았는데, 당신들 모두 이 아이가 우리 삶을 바꿔놓았다며 내 탓만 하네. 물론 애 때문에 생활이 바뀌었지. 하지만 그 전엔 뭐 그리 대단한 삶이었어?"(51)라고 분통을 터뜨린다. 니나의 발언은 이 극에서 한나가 혼종적 미래를 상징한다는 점을 감안하면, 혼혈아기를 불편해하는 기존 인종 공동체를 향한 분노의 일침으로 해석할 수 있다. 니나의 분투에도 불구하고 새로운 삶의 터전이 되어야 할 브룩클린의 낡은 브라운스톤은 여러 인종적 입장이 대립하고 상호간에 갈등이 고조되면서 붕괴직전의 위기에 처한 듯 보인다. 인물들이 갈등하는 순간마다 터져 나오는 한나의 울음소리는 혼종적 인종성의 위기를 알리는 경고음처럼 들린다.

극의 말미에 이르러 레기는 깨진 유리를 수리하기 위해 일군을 데려오고, 니나에게 창문 수리 가격을 흥정한다. 그런데 그와 함께 온 흑인 일군들이 실수로 엉뚱한 유리창을 깨뜨리자, 마침내 니나의 분노가 폭발해버린다. 그녀는 망치를 빼앗아 들고 이미 깨진 유리창을 마구 부수기 시작한다. 모두들 당황해하는 가운데 마일즈가 아기를 안고 자장가를 부르며 이층에서 내려온다. 노래 소리를 듣고 진정이 된 니나가 한나를 안은 마일즈와 함께 깨진 유리창 옆에 섰을 때, 그들에게 갑자기 이웃들의 소리가 들려오기 시작한다. 대화소리, 농구공 튀는 소리, 자동차에서 들리는 음악소리가 깨진 유리창을 통해 들려온다. 마일즈가 아기를 안게 되고, 니나가 이웃의 소리를 듣게 되는 이 장면은 이 혼혈 가족을 괴롭히던 인종정체성, 인종 공동체와의 문제가 해결될 것이라는 긍정적인 암시를 준다. 그 동안 한나를 안아주지 못했던 마일즈가 아기를 달래기 위해 자장가 가사를 생각해 냈듯이, 니나는 깨진 유리창의 구멍을 막는 대신 외부와 그들의 공간을 차단했던 유리창을 없애버림으로써 집 외부에서 벌어지는 인종 공동체의 일상을 찾아낸 것이다. 이제 그들은 비로소 이 집을 "우리 집"(53)으로 선언할 수 있게 된다.

여러 비평에서 지적되었듯이 이러한 결말 장면은 마치 기계를 탄 신 Deus Ex Machina이라도 강림한 듯이 많은 갈등들을 갑작스럽고 설명 없이 해결해버리기 때문에 설득력이 부족해 보인다. 복잡하게 얽힌 현실을 참아내던 니나가 인내의 한계점에 다다르고 분노에 차서 유리창을 깨는 행위는 다소 충격적이지만 개연성이 전혀 없는 것은 아니다. 그러나 이 행위를 기점으로 느닷없이 이웃과 소통이 가능하게 된다는 암시는 선뜻 이해하기 어렵고 지나치게 선언적이다. 이 극은 다문화적 정체성을 가진 니나와 마일즈가 기존의 인종 공동체 속에 스며들기 위한 고단한 노력을 보여주면서, 다문화, 다인종 사회로 접어든 동시대 미국사회는 여러 혼종 가족들을 위한 새로운 궤도가 필요하다는 점을 주장한다. 하지만 결말 부분에 나타난 작위성은 그들이 어떤 궤도를 마련할 수 있는지에 대한 답이 아직 미완성이라는 사실을 역설적으로 보여주는 듯하다.

* * * * *

다이애나 손의 두 작품, 『멈춰 키스』와 『위성들』은 새천년 시대 아시아계 미국연극을 주도하고 있는 3-4세대 작가들의 문제의식을 잘 보여준다. 비엣 탄 응구엔Viet Thanh Nguyen이 지적하듯이 다문화, 다인종 미국사회에서 아시아계 미국인은 "정치적 방어를 위해 존재하는 인종 단체에서 벗어나, 미국 다원주의에 동화하는 민족 집단으로 변화될" 필요성이 점점 커지고 있다(169). 또한 인종과 민족적 정체성을 유동적인 개념으로 이해해야 한다는 응구엔의 지적은 다이애나 손의 작품이 보여주는 탈 인종적 재현에 대한 적절한 배경 설명이 된다. 다이애나 손의 『멈춰 키스』에 나타난 탈 인종적 재현은 기존 아시아계 연극계가 재현했던 인종성의 본질주의에 대한 비판으로 읽을 수 있다. 탈 인종적 재현은 기존 인종 정치극처럼 정공법적인 메시지를 보여주지 않지만, 아시아계 미국인의 미국성을 인정받는 인종 정치적 목적에 일정한 효과를 발휘했다고 평가할 수 있다.

한편 다이애나 손의 또 다른 작품, 『위성들』은 새천년 미국이 표방하는 다인종, 다문화 사회의 그늘을 보여주면서, 여전히 인종 정치가 유효하다는 메시지를 던진다. 『위성들』에서 작가는 탈 인종시대라는 공식 담론의 이면에서 본질적 인종정체성의 한계를 드러내는 한편, 인종들 사이의 차별 그리고 소수 인종 내부의 차별을 전경화한다. 이를 통해 작가는 미국사회의 인종 문제는 정치, 경제, 제도적 차원의 거시적 개혁뿐만 아니라 인종 공동체 내부에 숨겨져 있는 차별과 갈등을 해결하는 일상의 미시적 변화가 동반될 때 나아질 수 있음을 보여주고자 한다. 이처럼 다이애나 손의 두 작품은 인종적 정체성이 가진 유동성과 임의성을 생각하게 만든다는 점에서 아시아계 미국연극의 인종 정치적 재현에 대한 기존 해석의 폭을 넓힌다.

■ 이 장의 내용은 『영어영문학 연구』 56권 4호(2014)에 수록된 필자의 논문, 「뉴욕의 혼종가족들 −다이애나 손의 『멈춰 키스』와 『위성들』에 나타난 탈 인종 정치성」을 일부 수정한 것이다.

영진 리 Young Jean Lee

한국계 미국 극작가 영진 리는 2003년 자신의 이름을 딴 〈영진 리 극단〉 Young Jean Lee's Theater Company으로 미국연극계에 등장했다. 〈영진 리 극단〉은 2003년부터 2010년까지 『예구』 Yaggoo를 시작으로 『항의』 The Appeal, 『도덕원리의 기초』 Groundwork of the Metaphysic of Morals, 『워싱턴 주 풀먼 시』 Pullman, WA, 『용비어천가』 Songs of the Dragon Flying to Heaven, 『교회』 Church, 『선적』 The Shipment, 『리어』 Lear, 「우린 죽을 거야」 We're gonna Die, 「무제의 여성주의 극」 Untitled Feminist Show(2012) 등 기존 연극계에 새 바람을 일으키는 작품을 선보였다. 말 그대로 혜성처럼 등장한 영진 리에게 미국연극계는 놀라움과 찬사를 보내기에 바쁘다. 《뉴욕 타임스》 New York Times는 그녀를 "동시대 작가 중 가장 모험적인 작가"로, 《타임아웃 뉴욕》 Time Out New York

은 "가장 실험적인 미국 극작가 중 한 사람"(《영진 리 공식사이트》 재인용)으로 부르는 것에서 알 수 있듯이, 영진 리는 사실상 아시아계 미국 작가의 영역을 넘어선 작가로 평가된다.

이러한 관심과 찬사를 반영하듯, 그녀는 미국의 권위 있는 연극상인 오비상Obie Awards을 두 번이나 수상했다.25 2010년에는 수잔 스미스 블랙번상Susan Smith Blackburn의 수상 후보에 올랐고, 구겐하임 창작 후원Guggenheim Fellowship(2011), 도리스 듀크 예술가 상Doris Duke Artist Award(2012) 등 다수의 상을 수상했다. 또 플랜 B/파라마운트 영화사Plan B/Paramount Pictures, 링컨센터극장Lincoln Center Theater, 록펠러Rockfeller MAP재단을 비롯한 여러 재단으로부터 창작기금을 받았다. 그녀는 『용비어천가와 다른 희곡들』Songs of the Dragons Flying to Heaven and Other Plays, 『선적과 리어』The Shipment and Lear, 『희곡 세 편』Three Plays 등 세 권의 작품집을 출판한 유일한 한국계 미국 극작가이다(doollee.com).

영진 리는 우연치 않게 극작가의 길로 들어섰다고 한다. 20대 초반 그녀는 캘리포니아 버클리주립대UC Berkeley에서 6년이 넘도록 박사논문과 씨름하던 차에 이혼까지 하게 되면서 심각한 무기력상태에 빠졌다. 궁여지책으로 찾아간 심리치유사로부터 "지금 하고 싶은 일이 무엇이냐"는 질문을 받고, 자기도 모르게 "극작가가 되고 싶다"고 답한 것이 그녀의 운명을 결정지었다. 영진 리는 예상치 않았던 자신의 대답에 놀랐지만, 곧 진짜 극작가가 되기로 결심하고 뉴욕으로 가게 된다(Lee "Interview"). 브룩클린 대학Brooklyn college에서 맥 웰만 극작수업Mac Wellman's Playwriting을 들으며 뉴욕의

---

25 2007년 오비상, 신인작가부문(OBIE Award, Emerging Playwright), 2011년 오비상, 심사위원특별상(OBIE Award, Special Citation for We're Gonna Die.)

여러 연극 제작 현장에서 경험을 쌓았다. 그 시절에 몸에 익힌 배우들과의 공동 작업과 현장 중심적 제작관행은 그녀의 작품 세계에 큰 영향을 미쳤다. 『선적』을 제작할 때, 영진 리는 자신의 초고를 배우들과 토론하며 완성했고, 매 공연마다 관객의 반응을 참조하여 조금씩 수정했다. 「무제의 여성주의 쇼」의 경우에는 '페이스북'facebook에 제안된 관객의 아이디어를 작품에 적극 반영하기도 했다(Lee "Writing and Performance" 130).

영진 리의 극은 제작과정뿐만 아니라 극의 의미 형성에도 배우와 관객의 역할이 중시된다. 여러 비평가들이 지적하듯이, 영진 리 작품의 특징은 유쾌하지만 때로 불편하다. 작가의 표현을 빌자면 "극의 목표는 불편한 주제에 대한 관객들의 방어를 해제하는 것, 그리고 혼란스럽지만 웃으면서 어려운 질문에 끊임없이 직면하도록 만드는 것"이다. 그녀가 관객들에게 불편을 주는 이유는 "실패와 무능력, 그리고 무지를 직면하면" 이 과정이 주는 "불편함 때문에 진리를 발견할 수 있다"고 믿기 때문이다. 작품을 쓸 때 "내가 가장 만들고 싶지 않은 작품이 무엇일까"를 반문한다는 영진 리는 "편안한 영역에서 벗어나 기존 전제들에 도전하고 기대치 않았던 영역에서 가치를 발견"하고자 한다(공식사이트). 무능력과 실패의 영역으로부터 새로운 가치를 얻으려는 그녀의 태도는 기본 범주의 외부에서 존재 의의를 창조하는 푸윙키적 감수성과 연결된다.

영진 리의 푸윙키적 감수성은 기존 정체성 정치극의 저항과 폭로 공식으로 나타나지 않고 신랄한 패러디, 신성모독 그리고 부조리와 잔혹함의 방식으로 기존의 진리와 관행을 해체하는 과정에서 확인된다. 가령 『용비어천가』는 "제목만 들어도 아시아적으로 느껴지는 극으로서 한국계 미국인의 정체성을 고백하는 뻔한 극"(Newdramatists.org)으로 만들어졌다. 제목부터 거대한 패러디인 이 극은 자신의 고유문화와 인종을 비하하는 정치적 부적

절함을 보여주지만 그런 시도 자체가 인종 정치적 효과임을 여실히 증명한다. 아프리카계 미국인의 정체성 정치극인 『선적』의 경우도 한국계 미국 극작가가 만들었다는 사실부터 인종 정치와 고유문화 유산에 대한 기대를 어그러뜨린다. 미국에서 아프리카계 미국인으로 산다는 것을 부조리와 악취미에 가까운 태도로 재현하는 이 극은 익살맞고 솔직하며 기존의 진부한 기대치를 벗어난다. 그 결과 이 극은 "흑백논리를 벗어나 세계를 올바로 본다는 일이 얼마나 어려운 것인가를 생각하게 만든다."(Newdramatists.org)

기존 사고의 범주들 사이에서 머물며 일체의 소속을 거부하는 푸윙키처럼 영진 리는 인종과 민족문화뿐만 아니라 여성의 몸에 부여된 기존 이미지 역시 새로운 시각으로 볼 수 있는 기회를 만들어낸다. 최근작 「무제의 여성주의 극」의 새로움에 주목한 엘리자베스 빈센텔리Elisabeth Vincentelli는 "이 작품의 장르범주를 찾으려고 하지 마라. 중요한 것은 이 작품의 순수한 매력, 건강함 그리고 동시에 전복적인 성격이다."라고 평했다(Newdramatists.org). 장르적 모호함을 간극적 특징으로 정의한 하인즈 펭클을 연상시키는 이 리뷰의 시각은 이 작품뿐만 아니라 영진 리의 전체 작품을 특징짓는 것이라 볼 수 있다.

다음에서는 『용비어천가』와 『선적』을 중심으로 영진 리가 만들어내는 간극의 정치성을 살펴보겠다.

10

유쾌/불쾌 코미디: 영진 리의 『용비어천가』에 나타난 정치성

2011년 「우린 죽을 거야」*We're gonna die*로 오비*Obie*상을 수상한 한국계 미국 극작가 영진 리*Young Jean Lee*는 평단과 관객을 곤혹스럽게 만드는 문제작들로 유명하다. 2006년에 발표된 그녀의 『용비어천가』*Songs of the Dragons Flying to Heaven* 역시 예외는 아니어서, 이 극이 분명 즐거운 극임을 부정하는 비평가는 거의 없었지만 동시에 불편하고 난해하다는 불평 또한 빠지지 않았다.[26] 실제로 이 극은 관객을 도발하는 장치들을 곳곳에 감추

---

[26] 이 글은 2008년 9월 29일 〈히얼 아트 센터〉(HERE ARTS Center)에서 공연된 무대에 근거하여 분석하였다.

어 두고 있다. 먼저, 이 극은 "사랑에 빠진 백인에 대한 극"*A Show about White People in Love*이란 낭만적 부제를 달고 있지만, 관객들의 관심을 사로잡은 것은 백인의 러브스토리가 아닌, 이 극의 또 다른 플롯으로 등장하는 한국 인들의 기괴한 무대이다. 대사 위주로 진행되는 백인 연인의 밋밋한 무대 보다 몸체 기호에 기반한 한국인들의 생생하고 도발적 무대가 더 강렬한 인상을 남기기 때문이다. 한국 여인들과 한국계 미국인이 관객들을 향해 인종차별적 발언을 하거나 자기비하적 태도를 연기하면 대부분의 관객들 은 정치적 올바름Political Correctness을 거스르는 극 설정에 당황하면서도 웃 음을 터뜨린다. 게다가 한국어와 광둥어로 연기하는 장면이 몇 분 동안 지 속되기 때문에, 두 언어를 모르는 관객들은 정확한 내용을 이해하지 못한 채 관객이 아닌 단순 구경꾼이 되는 경험도 감수해야 한다.

그러므로 대다수 비평가들은 이 극의 주된 특징을 인종문제를 둘러싼 "불편함"이라고 지적하는데 주저하지 않는다. 이 극의 뉴욕 초연을 본 솔로 스키A. Soloski는 영진 리를 두고 "불편함의 여왕이다. 킥킥거리던 사람을 움 찔하게 만든다"고 평했다. 그에 따르면 이러한 불편함은 소수인종의 정치 를 도발적으로 다루기 위한 장치이다. 이와 유사한 맥락에서 이 연극의 불 편함 자체를 패러디로 파악한 게이츠A. Gates는 현실에서 인종차별의 대상 인 한국계 미국인이 극 중에서 인종차별주의자로 설정된 것은 백인 관객들 의 허세를 조장하기 위한 장치라고 지적한다. 즉 백인 관객들은 "백인도 편협하고 아시아인도 편협하고, 즉 모두가 편협한데, 이제는 모두 그 사실 을 드러내며 웃어버릴 수 있다면 멋진 일 아닌가?"라고 착각하게 된다는 것이다. 그러나 그런 이기적인 백인 관객의 태도야말로 이 극의 패러디 대 상이라고 그녀는 주장한다. ≪워싱턴 포스트≫*Washington Post*의 마크P. Mark 역시 이 극이 "교활하고 괴상한 방법으로 관객을 교육 시킨다"고 파악한다.

그는 작가가 관객의 머리 위에서 관객 보호를 해제하고 불편한 이미지를 함부로 밀어 넣는다고 불평함으로써 관객들의 불쾌한 심정을 대변하는 역할을 자처했다.

관객 모독이든 패러디 전략이든, 분명한 것은 비평가들이 지적한 이 불편함이 작가 스스로 의도한 극적 전략이라는 점이다. ≪JPA≫A Journal of Performance and Art와의 인터뷰에서 영진 리는 "나의 미학적 전략은 산만함과 예측불가능을 이용하여 (나 자신을 포함하여) 사람들이 도전적이고 당황스러운 문제를 피하지 못하도록 만드는 것이다"(130)라고 밝혔다. 관객과 비평가들의 반응을 토대로 볼 때,『용비어천가』에서 영진 리가 관객들에게 던진 "도전이나 당황스러운 문제"는 미국사회의 인종문제이며 구체적으로 인종적 스테레오타입에 대한 관객들의 인식임을 미루어 짐작할 수 있다. 소수 인종 출신의 작가가 인종 정치적 문제를 극의 소재로 다룬다는 사실은 놀라운 일이 아니다. 주목할 점은 영진 리가 "도전적이고 당황스런 인종 문제"를 제시하는 방법이다. 리처드 맥스웰Richard Maxwell과의 인터뷰에서 영진 리는 "거친 입을 가진 혐오스런 변태 괴짜"a foul-mouthed, perverted, disgusting weirdo를 통해 정치적 메시지를 전달한다고 답했다. 그녀에 의하면 관객들은 인종비판이나 사회적 불평등에 관한 화제를 싫어하지만, 괴짜가 비판하는 인종 발언은 그러려니 하고 웃고 듣는다는 것이다.

비평가들의 관심은 대부분 이 기괴한 인물이 보여주는 자기 비하적 코미디에 집중되어 있다. 영진 리가 만든 인물의 기괴함에 주목한 카렌 시마카와Karen Shimakawa는, 시앤 응가이Sianne Ngai의 "추한 감정"ugly feelings 개념을 차용하여 인종적 스테레오타입을 과장하고 생동화animateness하는 과정에서 발생하는 저항적 가능성을 타진한 바 있다. "추한 감정"이란 기괴한 인물들이 보여주는 인종주의, 성차별주의처럼 특권적, 비도덕적, 반사회적 감정들을 통해 형성되는 "아이러니한 거리감"을 의미한다. 이 거리감을 바탕으로 생동화 전략, 즉 관객들의 인식 전환이 가능해질 수 있다고 본 것이다(Shimakawa "Ugly Feeling" 93). 그러나 이러한 인종적 자기 비하 농담이나 추한 감정을 통한 재생동화 전략이 현실적으로 공연자의 의도와 부합하는 수용효과를 낼 수 있는가의 문제는 여전히 한계로 남는다. 관객이 스테레오타입을 보며 즐거움을 느낄 경우 생동화 전략은 모호해질 뿐만 아니라 오히려 위험할 수도 있기 때문이다. 시마카와는 뉴욕공연에 대한 비평 대다수가 한국문화의 스테레오타입을 해체하는 장면에 대한 언급은 없이, '불편함을 느꼈지만 즐거웠다'는 식의 편협한 해석에 머물러있다는 점을 지적하며 생동화 전략의 한계를 우려한 바 있다("Ugly Feeling" 96).

이처럼 비평가들은 『용비어천가』의 불편함이 관객의 성찰을 유도하기 위한 연극적 장치라는 점에 대부분 의견의 일치를 보이지만, 이에 대한 관객의 반응이 인종 정치적으로 성공/실패했는가에 대한 판단은 서로 어긋나거나 혹은 보류한다. 이 연극이 불편하다고 지적하면서도 정작 불편함의 원인을 명시하지 않거나 한국계로 등장하는 인물의 인종차별 행위를 단순한 코미디로 치부하는 일부 비평들 역시 이 연극에 대한 이해를 어렵게 만든다. 그런 의미에서 이 작품이 "열정적이고 재미있지만 의미들이 분산되어 이해하기 어렵다"는 쉬프먼Schiffman의 고백은 이러한 비평 동향의 속마음을 압축적으로 보여주는 듯하다. 그럼에도 불구하고 이 극의 정치적으로 부적절한 재현이 극장의 재현과 관극 태도에 도전하기 위한 장치라는 점은 확실해 보인다. 고의적으로 사용한 스테레오타입은 패러디와 역설로 작용하여 (이상적) 관객의 정치적 각성을 끌어내는 전략적 방법이 될 수 있다. 하지만 이 극은 관객의 불쾌함뿐만 아니라 유쾌함도 보장하는 정치성을 발현시킨다는 점에서 기존의 인종 정치극을 위한 분석과 구별되는 새로운 접근법을 필요로 한다.

영진 리는 만약 인종 정치에 대해 작품을 쓰게 된다면 가장 "형편없는 인종 정치극"(horrible ethnic play Grote 27)을 쓰겠노라고 말한 바 있다. 그녀가 '형편없는 인종 정치극'이란 자조적 표현을 쓴 이유는 앞서 말한 여러 비평가들의 우려, 즉 이 극의 인물 재현 양상이 인종 정치적 메시지를 강화하지 못하고 오히려 인종차별을 고착화할 수 있다는 지적에 대한 작가의 대답인 셈이다. 하지만 한스 티즈 레만Hans Thies Lehmann이 지적하듯이, "정치적으로 억압받는 사람들을 무대에 세운다고 해서 연극의 정치성이 만들어지는 것은 아니다."(178) 오히려 연극의 정치성은 "재현양식이 가진 내재적 본질과 비판적 가치를 통해서"(Lehmann 178) 드러난다. 레만에 의하면 이러한 재현이 기존에 존재하는 정치적 담론 범주를 교란시키고 방해할 때 연극의 정치성을 읽을 수 있다(179). 이런 견지에서 보면 영진 리의 『용비어천가』는 정치적으로 올바른 인물과 대사가 없는 '형편없는 인종 정치극'임에도 불구하고, 텍스트를 구성하는 연극 기호들의 구조와 메타 연극 형식, 즉 재현과정을 통해 기존 인종 담론에 도전하는 정치성을 발현한다고 볼 수 있다.

이 극의 정치성이 드러나는 방식을 세 가지로 요약해보면, 첫째 극중극의 반조적 성격을 통해 정치적 의미를 도출하는 것이다. 극중극을 보는 관객은 내부 극과 테두리 극 사이의 상호 지시적 관계를 통해 텍스트 외적인 서술적 의미를 완성하게 된다. 이 극에서 한국무대와 백인무대는 각각 극중극과 테두리 극으로 설정되어 두 무대에 부여된 차별적 서열을 통해 현실 속의 인종차별을 상기하도록 만든다. 둘째, 이 극은 연극기호의 재의미화를 시도하여 관습적 해석 방식에 이의를 제기하는 한편, 대안적 혹은 저항적 기호해독을 제안한다. 이러한 시도는 구체적으로 연극 기호들의 이분법적 대조를 통한 서열구조화, 인종 스테레오타입의 강조 및 과장, 한국문화 기호의 키치화, 브레히트 서사극에 바탕을 둔 배우의 연기방식 등에서 확인될 수 있다. 셋째, 이 극에는 이미지 기호들이 넘쳐나고 극중극, 제 4벽 허물기, 에피소드식 구성과 같은 반리얼리즘 형식이 두드러진다. 리얼리즘 극 미학으로부터 벗어난 공연은 언제나 관객을 지향한다는 문바이 Munby의 말처럼(5), 이 극은 관객에게 텍스트 의미의 결정권을 부여함으로써 정치적 함의를 이끌어낸다.

영진 리의『용비어천가』는 연극 기호의 재의미화 과정과 메타 드라마적 극 구성을 통해 정치성을 갖게 되는데 특히 관객이 경험하는 유쾌하고도 불쾌한 모순적 관극과정은 이 극의 정치성 발현과 밀접하게 연결되어 있다. 다음에서는『용비어천가』의 인종 정치(저항)성을 현실 정치적 언어 논리가 아니라 연극 미학적 논리로써 설명하여 기존의 인종 정치극과의 구별되는 인종 정치성을 살펴보겠다.

[1] 극중극 형식을 통해 본『용비어천가』의 정치성

연극의 정치성을 "인지의 정치학"a politics of perception이라 정의한 레만에 따르면 정치적 극이란 "이미지의 연극적 생산 과정에서 배우와 관객의 상호적 의미를 중심적으로 제기하고, 개인적 경험과 인지 사이의 끊어진 관계를 가시화"(185-86)하는 것이다. 다시 말하면 관객이 배우를 비롯한 무대위의 기호를 인지하고 자신의 경험에 근거하여 연극 기호를 창조적이고 해체적으로 재의미화 할 때, 정치성이 구현될 수 있다는 것이다. 연극을 보는 관객들은 "일상을 살아가며 실재를 구성할 때 쓰는 코드들, 명명할 때 쓰는 단어가 갖는 이데올로기적 함축, 이러한 단어들과 코드를 결합하여 하나의 완결된 서술화 작업에 필수적으로 개입되는 플롯 만들기를 수행"하기 때문이다(황훈성 「메타 드라마의 정치성」 522). 관객들에게 허락된 이 의미화 과정은 특히 메타 드라마의 자기 반조성self-reflexivity과 만날 때 더욱 두드러진다. 반조적 연극은 독자에게 의미생성과정에 적극 참여하게 만들고 "텍스트의 허구성, 일시성, 구성성, 인조성을 직접 체험"시키며, 현실의 "모든 구성물들은 하나의 신화에 지나지 않는다는 깨달음"을 바탕으로 "기존 신화들을 전복시킬 수 있는 잠재력을 갖도록 만든다."(522) 즉 관객이 연극 텍스트에 적극 참여하여 기호의 의미를 확정하는 과정 혹은 극적 체험 행위야말로 곧 예술의 정치성이 발현되는 방식인 셈이다.

메타 드라마의 자기 반조성은 세 가지 방식을 통해 구현되는데, 첫째, 헤테로코즘heterocosm[27] 속에 헤테로코즘을 무한삽입mise-en-abyme 기법으로 집어넣는 방식, 둘째 헤테로코즘을 만드는 과정mise-en-scene을 노출시켜 보여주는 방식, 셋째 제 4벽을 깨고 실재의 세계에 거주하는 관객과의 소통을 시도하는 방식이다(황훈성 「메타 드라마의 정치성」 521). 『용비어천가』에는 이 세 가지 메타 드라마적 특징, 즉 극중극, 무대 올리기, 제 4벽 허물기 기법이 모두 나타난다. 표면적으로 볼 때 이 극은 인과적 관계가 없는 스케치 코미디들이 에피소드 식으로 구성된 것처럼 보인다. 그러나 장면들 상호간에 기호 의미적 연관성이 드러나고, 관객과의 직접 소통을 통한 자기반조성이 부각될 때 이 극의 메타 드라마적 구성을 확인할 수 있다. 가령, 한국계 소녀와 한국 여인 2가 각각 명빈과 할머니로 역할을 바꾸는 에피소드는 일종의 극중극이자, 연극 혹은 놀이임을 명백히 드러내는 자의식적인 무대

---

[27] 헤테로코즘이란 실재와 다른 차원에 존재하는 일종의 재창조된 허구세계이며 자신의 규칙, 코드를 갖고 있는 자족적인 세계를 말한다. 그러나 메타 드라마에서 헤테로코즘은 단순한 자족적, 허구적 기능세계가 아니라 외부지시체(실재)가 인위적 구성물임을 드러내는 기능을 한다(황훈성 「메타 드라마의 정치성」 522).

올리기 과정이다. 그 외에 한국계 소녀가 관객에게 추어탕이야기를 들려주는 장면은 '이야기 속의 이야기'인 극중극이며, 관객을 향해 연설하는 장면은 제 4벽을 허무는 전형적인 메타 드라마적 기법에 해당한다.

여러 메타 드라마적 요소들 가운데 극중극은 특히 이 극의 인종 정치적 의미를 부각시키는 중요한 역할을 한다. 이 극의 극중극은 모두 세 개로서, 첫째 뺨 맞는 장면을 찍은 오디오/비디오 장면(이하 동영상), 둘째 한국계 소녀와 한국 여인들 무대(이하 한국무대), 셋째 백인 남녀의 무대(이하 백인무대)이다. 극중극을 정의하는 고전적 기준은 "무대 위의 제 2의 관객의 유무"이지만, 무대 위에 관객이 존재하지 않더라도 등장인물들의 연극놀이로 인해 극 행동이 구분되는 경우나, 이중적 구조로 인해 시간, 공간, 인물, 주제적인 측면의 이중 구조가 형성되는 경우도 극중극의 범주로 포함된다(이용복 200–01). 이러한 극중극 정의에 따르면 동영상과 한국무대는 백인무대를 테두리 극으로 갖는 극중극으로 간주할 수 있다. 극 초반에 한국무대와 백인무대는 "병렬식 구조", 즉 극중극과 테두리 극이 독립적으로 교차하며 전개되는(이용복 203) 형태로 나타나기 때문에 에피소드의 병렬로 오인될 수 있다. 그러나 극 후반부에 한국무대 인물들이 백인무대에 개입하거나 행위를 일시 중단시키는 장면에서 "해체된 삽입구조"(이용복 204)의 형태를 가진 극중극임이 분명하게 드러난다.

극 초반에 프롤로그처럼 보이는 동영상이 끝나면 한국무대와 백인무대가 번갈아 제시되는데, "백인 남녀의 사랑이야기"라는 부제가 붙은 백인무대가 이 극의 중심적 무대로 나타난다. 백인무대의 중심성은 이 극의 주요한 메시지로서, 작가는 지문에서 특별한 조명을 사용하여 백인무대와 한국무대를 차별화할 것을 요구한다. 극 초반에 상호 독립적으로 보이던 두 무대는 극 중반부에 한국 여인들이 백인 남녀를 한국 교회 예배에 초대한 사건을 계기로 상호 연관성을 갖게 된다. 이 장면 이후 백인들은 무대 뒤에서 한국무대를 구경하기도 하고, 한국 여인들을 퇴장시키는 등 연극의 주도권을 쥔다. 극 후반부에는 한국 여인들이 백인무대에 뛰어들어 그들의 연극을 중단시키고 관객들에게 인종차별적 현실을 항변하는 사건이 벌어진다. 하지만 이 난동을 끝으로 한국 여인들은 무대에서 사라지고 백인들은 연극의 주도권을 회복하며 대미를 장식한다. 이처럼 공간 장악을 둘러싼 소동은 한국무대와 백인무대를 극중극과 테두리 극으로 구분하기 위한 설정과 연결될 뿐만 아니라, 각각의 무대에 주변성과 중심성이란 대조적 의미를 부여하여 두 무대의 차이를 현실 속 인종 서열 관계로 확대 해석할 수 있도록 만든다.

이를 연극 기호적으로 다시 설명하면 두 무대는 이사챠로프Issacharoff가 구분한 서술적 공간과 모방적 공간 개념에 해당된다(215). 즉, 대사 위주로 진행되는 백인무대가 '로고스 중심의 신학적' 서술공간이라면, 춤, 화려한 의상기호(한복) 등 비언어적 기호가 넘쳐나는 한국무대는 모방공간이 된다. 두 공간이 보여주는 언어(서술)/비언어(모방)적 대조는 로고스 중심의 서열구조에 따라 지배/피지배, 우/열의 위상을 갖는다. 한국무대의 기호는 인종, 성, 민족적 스테레오타입 이미지로 왜곡되거나 희화화되는 듯 보이기 때문에 백인무대에 비해 열등한 지위로 간주된다. 이 때문에 실제 공연에서 한국무대는 백인무대가 공연되기 전, 혹은 공연 중간에 삽입되는 미국 텔레비전 광고처럼 보이기도 한다. 가령, 한국 여인 1이 한국항공사 광고 속의 승무원 같은 태도로 한국을 소개하는 장면이라든지, 백인들에게 무대를 양보하고 머리를 조아리며 무대 커튼처럼 혹은 궁녀들처럼 좌우로 물러나는 장면은 미국 미디어 광고와 대중문화에 만연된 아시아인의 스테레오타입 이미지를 연상시키고 아시아인의 주변성을 부각시킨다.

모방 공간 혹은 극중극으로서 한국무대는 스스로의 비현실성을 부각시켜 상대적으로 테두리 극인 백인무대에 현실성을 부여하는 "부인否認 기능"(이용복 226)을 수행한다. 한국무대는 비언어적, 비논리적 이미지 기호들로 넘쳐나며 과장, 왜곡된 인물과 이미지 재현이 부각되기 때문에 백인무대의 로고스 중심적인 사실주의와 극단적으로 대조된다. 이러한 비현실적 재현 양상은 한국계 소녀와 한국 여인들이 관객을 향해 던지는 인종 정치적 발언을 과소평가하게 만드는 요인이 된다. 가령 동영상이 끝난 후 귀여운 외모를 가진 한국계 소녀가 등장하여 다음과 같이 첫 대사를 말한다.

한국계 미국인: 아시아출신 부모들이 기른 아시아계 미국인들은 대부분 살짝 뇌손상이 있다는 거 아세요? 그건 원숭이들 손에 길러지는 것과 똑같은 거예요.

· · · · · ·

한국계 미국인: 내가 약속하나 하지. 우린 당신들 부숴버릴 거야. 지금이야 웃겠지. 그러나 내 말 기억해 둬. 당신은 물론 자식 놈들도 다 우리 밑에서 울게 될 테니.

KOREAN AMERICAN. Have you ever noticed how most Asian-Americans are slightly brain-damaged from having grown up with Asian parents? It's like being raised by monkeys.

· · · · · ·

KOREAN AMERICAN. You may laugh now, but remember my words when you and your offsprings are writhing under our yoke. (39-41)

위에서 인용한 한국계 소녀의 대사는 인종 정치적으로 민감한 발언이지만 관객은 이를 단순한 농담으로 받아들인다. 그 이유는 한국무대의 비현실적 재현 방식이 발언의 진위와 심각성을 약화시키기 때문이다. 실제로 공연을 본 관객들은 대부분 한국계 소녀의 인종차별적 발언과 한국 여인들의 기괴한 몸짓을 보며 웃음을 터트렸는데, 이는 그들의 행동을 단순한 유희거리로 받아들였을 가능성을 암시한다. 이처럼 시마카와가 우려했던 부작용과 오독, 즉 "생동화의 실패"가 일어난 것은 백인무대를 테두리 극으로, 즉 현실처럼 제시하는 이 극의 구조적 특성 때문이다. 한국무대는 현실이 아닌 극중극, 즉 환상의 영역으로 제한되기 때문에, 백인 관객들에게 불편함을 줄지언정 현실적인 위협으로 인식되지 않는다. 유쾌함과 불쾌함이 공존하는 관극이 가능한 원인은 바로 이러한 테두리극과 극중극의 종속적 구조로부터 나오는 것이다.

하지만 이와 동시에 한국무대가 극중극으로서 갖는 '부인 기능'은 테두리 극인 백인무대를 통해 인종차별의 현실을 드러내는 장치가 될 수 있다. 비현실적 극중극 세계가 현실적 테두리 극의 모순, 나아가 연극 밖의 현실적 모순을 지시할 때, 메타 드라마 특유의 정치성이 드러나기 때문이다. 가령 백인무대에서 백인 여인과 백인남성의 대화 장면은 한국무대가 제기한 인종차별이 농담이 아니라 현실임을 확인해준다. "백인이어서 행복해?"(71)라는 질문을 받은 백인여성은 정치적 올바름이란 자기 검열에 걸려 머뭇거린다. 하지만 곧 "그런 것 같아."(71)라고 답함으로써 백인의 특권이 존재한다는 사실을 인정할 뿐만 아니라 이를 포기하고 싶지 않다는 속내를 고백한다. 극중극에서 한국계 소녀가 언급한 백인 권력은 비현실적인 농담으로 간주되지만, 테두리극의 위상을 가진 백인무대에서 백인이 이를 언급하면 두 무대 사이의 상호지시성이 드러나면서 현실성이 부각되는 것이다.

백인무대에서 백인남성이 백인 정체성에 대한 만족과 자긍심을 노골적으로 드러내는데 비해, 백인여성은 스스로의 인종정체성을 표현하는 데 조심스럽다. 하지만 백인이라는 점이 미국사회에서 사실상 특권에 가깝다는 사실을 부정하지 않으며, 백인의 특권을 포기하지도 않는다. 이런 점에서 그녀는 한국계 소녀가 언급한 백인중산층 여성주의자의 구체적 현현처럼 보인다. 한국계 소녀에 따르면, 소수자가 인종차별과 관련하여 백인여성들에게 비판적 태도를 보이면, 그들은 "내가 여성인데도?"(66)라고 말하며 스스로를 소수자로 간주하고 기득권자의 지위를 감추려 한다. 즉 인종차별에 대한 백인의 역사적 책임은 외면한 채, 소수자의 권리에 무임승차하려는 듯 보인다. 이에 대해 한국계 소녀는 백인여성들에게 소수자의 권리 혹은 정치적 올바름이란 문제는 사실상 절박한 생존 투쟁이 아니며 "스스로 자부하는 여성주의란 슈크림 위에 얹어 놓은 체리 같은 장식품"(66)에 불과하다고 일침을 놓는다.

기득권을 가졌지만 피해자의 위치에 서려는 백인여성의 우아한 위선은 백인의 특권을 욕망하는 한국계 소녀의 절박한 태도와 비교된다. 한국계 소녀는 백인 권력을 갈망한 나머지 인종의 위계질서마저 사랑한다고 주장한다(66). 두 사람의 대조적 태도가 흥미로운 것은 백인여성이 백인의 특권과 지위를 자연스럽고 본질적인 질서라고 믿는 반면, 한국계 소녀는 백인의 지위란 차별에 근거한 인종 권력임을 명확히 인식하고 있다는 점이다. 그녀는 자신의 정체성을 "성차별주의자, 인종차별주의자"이거나 여성을 배제하는 "백인남성 동성애자들"(66)로 설명한다. 그녀가 언급한 정체성들은 성, 인종, 젠더의 측면에서 타자에 대한 차별과 증오를 통해 권력을 획득하고 유지한다는 공통점을 가지고 있다. 따라서 한국계 소녀가 스스로의 정체성을 부정하고 증오하는 태도는 미국사회의 인종, 성별, 성 계층 사이에 명확한 위계와 권력이 존재한다는 역설적 주장으로 읽을 수 있다.

극 초반의 동영상 역시 백인무대의 또 다른 극중극이 될 수 있다. 작가의 인터뷰에 의하면 이 동영상은 아시아인의 자기혐오를, 뺨을 맞는 지극히 개인적이고 모욕적인 일에 빗대어 표현한 것으로서 60년대 인종 정치극에서 정치 메시지를 전달하던 방식을 흉내 낸 것이라고 한다(Jones 74). 영상이 나오기 전, 관객들은 동영상을 제작하는 상황으로 짐작되는 녹음 내용을 듣는다. 영진 리와 친구들이 장난처럼 뺨을 때리고, 맞는 과정을 듣던 관객들은 눈앞에 갑자기 나타난 영진 리의 얼굴을 보고 놀라게 된다. 그녀의 얼굴은 연달아 뺨을 맞아 벌겋게 부어 오른 상태이고, 눈물로 얼룩져 있다. 전후 맥락 없이 제시된 동영상은 관객들에게 잠시 불편함을 안기지만 그 의미를 되새겨볼 여유를 주지 않은 채 다음 무대로 넘어간다. 관객들은 한국무대와 백인무대와의 지시 관계가 드러날 때 동영상의 의미를 소급하여 확인할 수 있게 된다. 즉 한국무대의 주변성이 인종권력의 서열을 암시하는 것처럼, 뺨을 맞는 영진 리 영상은 한국무대에서 인종, 성적으로 모욕당한 한국계 소녀의 심리적 위축을 암시하는 도상적 기호로 해석될 수 있다.

동영상에는 영진 리가 직접 출연하고 있는데 한국무대에 등장하는 한국계 소녀 명빈도 유사한 내용의 동영상을 만들었다고 밝히기 때문에 명빈을 작가의 분신으로 추측해 볼 수 있다. 앞서 밝혔듯이 영진 리가 뺨을 맞으며 울먹이는 동영상은 그녀에게 가해지는 알 수 없는 폭력을 고발하는 듯 보인다. 이와 유사하게 작가의 분신격인 명빈 역시 한국계 미국인으로서 체험한 비가시적 차별과 그로 인한 좌절감을 토로한다.

> 한국계 미국인: 내가 뭘 하는지도 모른 채 모든 걸 다 망치고 있다고 느끼면서 종일 헤매고 다녔죠. . . . 날 괴롭힌 건 다른 사람들이 내가 멍청이란 사실을 알 수 있고 그 때문에 날 미워할 수 있다는 생각이었어요.

> KOREAN AMERICAN. I walk around all day feeling like I have no idea

what I'm doing and am messing everything up, and I'm constantly tortured by the thought that other people can see what an idiot I am and hate me for it. (56)

두 장면의 유사성은 영진 리에게 가해지는 비가시적 폭력과 아시아계 미국인이 느끼는 심리적 차별에서 발견된다. 동영상의 여인(영진 리) 얼굴 기호와 한국무대의 한국계 소녀가 느끼는 분노와 좌절감은 인종차별에 대한 폭로와 비판이라는 주제를 직접적으로 전달하는 인종 정치적 메시지로 볼 수 있다. 동영상과 한국무대에 나타난 인종 분노만 본다면 이 극은 인종차별에 대한 분노와 고발을 다루는 기존 인종 정치극의 관행을 차용하고 있는 듯 보인다. 동영상은 도상기호의 일차적 재현을 통해 인종적 분노를 생생하게 전달하고 있고, 한국무대는 한국인 인물의 대사를 통해 인종차별을 고발하고 있기 때문이다.

하지만 시각적, 언어적 기호가 재현하는 분노와 고발로부터 이 극의 인종 정치성이 발현되는 것은 아니다. 동영상이 주는 불편함이 채 사라지기도 전에 관객들은 한국무대의 스테레오타입화 된 인종 연기에 웃음을 터뜨렸으며 한국계 소녀의 분노에도 야유를 보냈기 때문이다. 이처럼 극중극에서 드러난 직접적인 정치 메시지는 관객들의 각성을 이끌어내는데 실패한다. 그 대신 백인무대와 극중극들의 관계가 인종차별의 현실을 상기시키는 계기를 제공한다. 극중극과 테두리 극의 종속적 위상을 강조함으로써 연극의 주도권을 둘러싼 권력 투쟁 양상으로 확대 해석할 수 있는 여지가 마련되기 때문이다. 동영상과 한국무대의 인종 정치적 메시지를 과소평가하는 관객들의 태도는 극중극에 대한 테두리 극의 구조적 우위라는 연극 관행에 기초한 것이다. 그런데 이 극은 극중극보다 테두리 극을 더 신뢰하는 관객의 반응을 미리 예상한 듯, 한국인들의 비가시적 상태와 비교되는 백인들의 가시성 및 주도적 위치를 유독 부각시킨다. 그 결과 인종차별과 권력의 문제를 구조적으로 웅변하는 효과를 얻게 되는 것이다.

극 후반기에 한국계 소녀와 한국 여인들은 관객의 심기를 불편하게 했던 연극의 내용과 형식을 사과하며 스스로 무대에서 물러난다. 소음처럼 시끄럽던 에어컨마저 잠잠해져 전통적인 소극장의 진지한 분위기가 회복된 후, 무대에는 백인 남녀만 남아 그들만의 사랑 이야기를 진행한다. 그러나 이 평온한 무대 속에서 관객들은 백인 인물들에 공감하는 자신의 모습을 통해 인종 문제를 대하는 스스로의 이중적 잣대와 위선을 발견하게 된다. 한국무대의 자학과 그로테스크한 이미지를 조롱하듯 즐기고 상대적 우월감을 맛보던 관객들은 테두리 극인 백인무대를 통해 극중극의 비판적 메아리를 확인하면서, 정작 자신들이야말로 인종 권력의 수혜자이자 인종차별적 현실을 지속시키는 괴물임을 깨닫는 것이다.

[2] 연극기호학적 관점으로 본 『용비어천가』의 정치성

연극 공간의 기호들은 역동적인 서열체계 속에서 의미를 갖게 된다. 무카로프스키Mukarovsky는 배우 찰리 채플린에 대한 연구논문에서 "구조는 복잡한 서열 체계 안에서 미적으로 실현된, 집합된 요소들의 체계이다. 그 체계에서는 한 요소가 다른 요소들에 비해 우세함을 보인다."고 설명한다 (Elam 16 재인용). 구조주의 연극기호학자로서 그는 기호의 의미가 이항대립 및 서열관계를 통해 발생한다고 보았는데, 전통적인 서양 연극의 공연구조에서는 배우가 다른 공연 요소를 종속적으로 조정할 수 있는 서열의 최상위층에 존재한다고 설명한다. 만약 다른 공연 요소들이 전면에 나오게 되면, 러시아 형식주의자들이 말하는 "낯설게 하기"Ostranenie, 혹은 브레히트의 게스투스gestus가 발생하게 되는 것이다(Elam 16-18). 이처럼 연극 공연에서 기호들이 기존 서열을 붕괴시키며 자유롭게 유동하는 특징은 연극 고유의 미학적 본질에 해당한다. 다시 말해서 연극 기호의 유동성에 집중하는 극작품은 관객의 기호 의미화 과정을 의도적으로 교란시킴으로써 새로운 기호 의미 구조를 만들 수 있게 되는 것이다.

연극 기호학적 관점에서 볼 때, 『용비어천가』는 연극 기호의 유동성에 입각하여 인종 정치 기호에 대한 관객의 재의미화를 유도하는 극이다. 구체적으로 한국 여인의 몸, 한국 전통 문화 기호, 배우의 연기 등의 비언어적 기호들은 이항대립을 통한 기호 의미화과정을 보여주는 한편, 전통적인 서구 연극 기호체계의 서열을 낯설게 만드는 전략적 장치들로 기능한다. 가령 한국 여인의 몸 기호는 미국문화에 만연한 아시아인에 대한 스테레오타입 이미지 기호로 제시되는 한편, 시마카와가 말한 비천한 몸을 통한 스테레오타입의 전복 가능성, 즉 "굴종적인 역할이 의도적이고 저항적인 흉내를 통해 . . . 건설적인 전략"(120)을 보여주는 기호로 변모한다. 또 게스투스적 연기 방식에 기반한 배우의 태도는 관객의 관습적 관극 태도에 균열을 내는 효과적인 연극 전략이 된다. 마지막으로 이 극에서 조악한 "동양적 키치"orientalica kitsch로 제시되는 한국 전통문화 기호는 서구사회가 아시아 문화 기호를 제국주의적으로 소비하는 태도를 지적하는 장치로 제시된다.

(1) 공간기호의 이분법적 대조

이 극은 한국무대와 백인무대와 같은 공간 기호로부터 한국인과 백인 인물의 대조에 이르기까지 의도적으로 기호의 이분법적 서열구조를 강조하여 보여준다. 먼저 공간 기호의 대립을 보면, 이 극의 공간은 앞서 언급했듯이, 모방공간과 서술공간으로 대립되어 있다. 모방공간이 관객에게 직접 보여지는 시각적 공간을 의미한다면 서술공간은 극중 인물에 의해 언어적으로 묘사되고 중개되는 공간이다. 담론으로 지시영역이 국한된 서술공간에 비해서, 장식, 소도구, 의상, 배우의 몸 등을 포함하는 모방공간의 지시영역은 훨씬 다양하고 복잡하다(Issacharoff 215–16). 별다른 행위 없이 대사 위주로 된 백인의 무대는 서술공간이 두드러지고, 춤과 마임을 비롯한 비언어적 기호들로 구성된 한국인들의 무대는 모방공간이 압도적이다. 중요한 것은 이 연극에서 서술/모방 공간의 확연한 구분이 단순히 재현 방식의 차이를 드러내는 데 그치지 않고, 인종차별이라는 현실적 조건을 상기시키는 전략으로 사용된다는 사실이다.

한국인들의 모방 중심적 무대와 백인들의 서술 중심적 무대는 극단적 대립의 양상을 보인다. 이 대립은 배우의 몸체 기호와 같은 이 시각적 차이로부터 비언어적 재현(모방)/언어적 재현(서술)이란 재현방식의 차이로까지 확대된다. 공간 기호의 이분법적 대립을 통한 의미와 가치의 서열구조가 제시되는 양상을 구체적으로 살펴보면, 첫 번째 비언어적/언어적 대립구도를 볼 수 있다. 한국인들의 무대는 언어보다 비언어적 연극기호가 압도적으로 우세한 모방공간에 해당한다. 한국 여인들의 춤과 마임, 그리고 마치 게걸음을 걷는 듯한 기괴한 몸짓 등이 그들의 화려한 의상기호(한복)와 함께 무대를 지배한다. 또 극 중반 이후부터 그들이 사용하는 서툰 영어는 의미를 전달하는 소통적 기능보다는, 이국성과 이방인의 느낌을 강하게 부각시키는 이미지 기능으로 활용된다. 언어가 재현 기능을 상실하고 이미지화되는 장면은 한국 여인들이 한국어와 광동어로 대사를 말하는 장면에서 더욱 고조된다. 두 언어를 알아듣지 못하는 관객들에게 그들의 언어는 의미전달수단이 아니라 비언어적 분절음에 가까운 음향 기호에 불과하다.

이에 반해 백인의 무대는 언어 재현에 바탕을 두고 있어서 자끄 데리다Jacques Derrida가 "신학주의 무대"theological stage라고 언급한 로고스 중심적 무대를 보여준다. 신학주의 무대란 작가의 신적인 권리, 독자의 역할과 더불어 언급된 언어중심적 재현무대에 대한 설명으로서, "연극 현장에 기반하지 않고 언어 논리에 의해 조정되면서, 본래 언어 구조에 의해서 지배되는 무대를 말한다"(235). 크리신스키Krysinsky에 의하면 신학주의 무대는 인간주체의 언어 재현을 신뢰하는 모더니즘적 주체관을 전제로 한 무대로서, 이때 배우의 몸을 비롯한 무대 위의 모든 비언어적 기호들은 "담론 로고스의 육체적 보조"에 불과한 것으로 본다(황훈성 「연극기호학」 재인용 113). 데리다의 지적처럼 신학주의 무대에 내포된 언어기호/비언어기호의 대립구도, 그리고 후자에 대한 전자의 우월함을 인정하는 가치의 서열구도는 서양 연극의 전통으로 이어져 왔다. 따라서 관행에 따라 언어 중심적 백인무대는 비언어적 기호가 지배적인 한국무대에 비해 우월한 위치를 차지한다.

두 번째, 한국무대와 백인무대는 폭력/비폭력적 혹은 사물/인간 이미지의 대립구도를 이룬다. 한국 여인들은 한국계소녀와 머리채를 잡고 싸움을 벌이거나, 자신의 눈을 찌르고 유방을 도려내는 등 끔찍하고 자학적인 마임을 보여주는 폭력의 주체이자 대상으로 나타난다. 이에 반해 백인들은 말싸움을 통한 갈등을 보여주지만 기본적으로 화해와 사랑을 추구하는 순진한 인물들로 제시되기 때문에 한국인들의 폭력성은 그들과 대비되어 더욱 부각된다. 또 춤, 노래, 마임, 비언어적 기호를 재현하는 한국인들은 종종 인형(사물) 혹은 괴물처럼 보이기도 한다. 그들의 이름이 학종 - 형몽 - 묵종이었다가 아무런 설명 없이 딩종 - 윙봉 - 묵종으로 변한 후, 다시 소소 - 추추 - 동동으로 바뀜으로써 이름이 부여하는 주체로서의 정체성을 얻지 못하고, 익명에 가까운 존재로 제시된다. 즉 주체에 대한 인식을 확인시켜 주는 이름 대신, 의성어처럼 들리는 학종 - 딩종 - 소소 등 의미 없는 기호로써 한국 여인들을 지시하게 되면, 그들은 사물에 가까운 존재처럼 인식되어 버린다. 이처럼 한국무대와 백인무대는 모방/서술, 아시아인/서구백인, 비언어/언어, 폭력/비폭력, 사물/인간 등의 가치를 각각 대변하는 것처럼 설정된다. 이 극의 공간 기호의 이분법적 대립과 서열구도는 한국여성과 한국문화에 대한 스테레오타입을 이끌어내는 기본 배경을 이룬다.

(2) 한국여성의 이중적 몸 기호

이 극에서 한국 여성의 몸 기호는 서구 문화가 만든 인종적 스테레오타입의 이미지를 재현하는 장소이다. 동시에 그들의 몸은 위에서 언급했듯이 폭력적이거나 사물에 가깝거나 기괴하게 제기되는 방법을 통해 스테레오타입이 가진 허구성을 부각시키기도 한다. 이러한 이중적 재현 양상은 스테레오타입 기호를 해체시키기 위한 의도적 전략으로 보인다. 스테레오타입을 이중적으로 재현함으로써 저항적 메시지를 읽어낸다는 전략은 최근 아시아계 미국연극계의 화두이기도 하다. 조세핀 리Josephine Lee는 스테레오타입을 전복하기 위해 스테레오타입을 반드시 재기입해야 하는가라는 의문에 스테레오타입은 '일종의 기호'라는 답을 제시한다(93). 이는 기호의 의미가 기표와 기의의 자의적 결합에 의해 만들어지는 것이라는 언어기호학적 이해에 근거한 것으로서 인종적 스테레오타입 기호의 기표에 저항적 기의를 결합할 수 있다는 주장으로 해석할 수 있다. 시마카와 역시 아시아인에 대한 스테레오타입을 재현하는 것은 비천한 몸을 확정적으로 보여줄 수 있음을 부인하지 않지만, 극장이란 공간의 특수성을 통해 비천함이 만들어지는 과정을 객관적으로 볼 수 있는 계기를 마련한다고 지적한 바 있다(National Abjection 19). 이러한 맥락에서 볼 때 이 극에서 한국 여인들은 일제시대의 위안부, 한국전쟁 전후의 기지촌 성 매매 여성을 암시하는 비천한 몸 기호가 되지만, 쾌락과 응시의 대상으로 보이는 것이 아니라 고통을

호소하는 피해자의 몸으로 기의를 바꿈으로써 그들 몸에 각인된 제국주의
와 가부장적 역사의 폭력을 상기시키는 역사, 정치적 기호로 변모할 가능
성을 갖는다.

　먼저 한국여성의 몸을 의도적으로 추하게 제시한 장면을 살펴보자. 세
명의 한국 여성은 초푸산의 여인처럼 순종적인 동양 여인을 재현하는 한
편, 폭력적이고 성적인 드래곤 레이디의 이미지도 보여준다. 한국계 소녀
와 몸싸움을 벌이는 장면에서는 그들의 폭력성이, 관객들의 눈치를 살피거
나 아첨을 떠는 모습에서는 음흉한 아시아인의 모습이 드러나며, 치마 속
팬티를 관객들에게 노출하는 장면에서는 음탕한 창녀가 연상된다. 또 한국
어와 광둥어로 이어지는 그들의 대화 가운데 유독 섹스라는 영어 단어만
강조되어 전달되기 때문에 관객들은 그들을 성적대상 기호로 인식하기 쉽
다. 이때 "우리 '손님과 창녀놀이' 할까?"(44)라고 영어로 묻는 남자의 목소
리를 들리고, 한국 여인 3은 공포에 질린 채 노래를 부른다. 그녀는 한국
동요 「산토끼」에 영어가사를 붙여 부르는데 단조로 바꿔 느리게 부르기 때
문에 동요 본래의 명랑함이 사라지고 을씨년스러운 분위기가 조성된다.

　　한국인 3: 그녀를 죽이려면/칼로 베지 마세요/
　　도끼로 자르지 마세요/톱으로 썰지 마세요.
　　(천천히 일어서며.)
　　하나 둘 하나 둘/이제 어떻게 할 지 알겠죠/
　　칼로 베지 마세요/그녀를 죽이는 법은 이거예요

　　낚시 바늘을 그녀 손에 놓아요/그러면 끝나죠/
　　그녀는 음부 속에 그걸 넣고/피 흘리며 죽겠죠.

　　KOREAN 3. When you cur her/do not cut her with a knife./

Do not chop her with an ax./do not saw her with a saw.

(Slowly rising.)

One, two, one, two./now you know what you must do./

Do not cut her with a knife./this is how you take her life.

Put some fishhooks in her hand./That is all you need./

She will put them in her cunt/and they will make her bleed. (45)

이 가사의 내용은 여인을 죽일 때 칼을 쓰는 등의 물리적 폭력을 쓰지 말
고 스스로 자해하고 자살하도록 만들라는 충고이다. 외견상 자학적 폭력으
로 보이는 가사 내용이지만 다시 보면 성폭력을 겪은 피해 여성의 트라우
마를 암시하고 있음을 느낄 수 있다. 한국 여인 3이 겪은 것으로 짐작되는
성 폭력은 칼에 베이는 등, 물리적 폭력의 형태로 기억되지 않고, 자학의
형태로 내면화된 심리적 상처로 남아 지속된다. 한국 여인 3은 이 노래를
할머니로부터 배웠다고 말하기 때문에 그녀의 고통은 근, 현대 시기에 국
가적 폭력에 시달렸던 한국 여인들, 즉 일제 식민지 치하에서 종군 위안부
로 끌려갔던 여인들, 한국전쟁 시기에 기지촌 창녀로 일했던 여인들의 삶
으로 확대 해석된다. 한국 여인의 몸은 처음엔 창녀와 같은 성적 대상처럼
제시되지만, 이 노래를 통해 그들의 몸에 가해진 성적 폭력의 역사적 맥락
이 부각된다. 그리하여 아시아 여성에게 부여된 스테레오타입은 한국 여성
들이 겪은 폭력적 현실을 왜곡할 뿐만 아니라, 나아가 그들에 대한 폭력을
조장할 수 있다는 사실을 전달한다. 관객들은 한국 여인 3의 노래와 마임
연기를 통해서 성폭력이 남긴 트라우마를 짐작하게 되며 그녀의 몸을 성적
대상이 아니라, 물리적 정신적으로 상처받은 몸으로 인지하게 된다.

이어지는 장면에서는 한국 여인 3의 다리 사이에서 동동이란 인물이 튀

어나온다. 한국 전통 남성용 모자인 갓을 쓰고 등장한 동동은 한국 여인 3이 사생아를 낳았다는 이유로 손찌검을 하는가 하면, 다른 한국 여인들에게도 시장에 팔아버리겠다며 을러댄다. 백인 관객들은 그에게서 7-80년대 미국 전역에 방송되었던 텔레비전 드라마, 「매쉬」MASH의 한국 뚜쟁이 소년을 연상할 수 있다. 이 드라마에서 미군 기지에 찾아 온 한국인 소년은 죄책감도 없이 자신의 누이를 놓고 미군들과 성 매매를 흥정한다. 드라마에서 학습된 소년 뚜쟁이의 이미지를 동동의 반인륜적 태도와 연결하면서 관객들은 한국 여인 3이 두려워했던 폭력의 실체를 파렴치한 한국 남성들이라고 짐작한다. 이러한 판단의 이면에 '힘없는 동양여성을 괴롭히는 사악한 동양남성'이라는 오래된 서구의 스테레오타입이 작동했음은 물론이다. 그러나 "손님과 창녀놀이"를 제안하여 한국 여인 3을 경악시켰던 서구 남성의 음산한 목소리를 기억하는 관객이라면 한국 소년과 성매매 거래를 했을 서구 남성의 존재를 떠올리지 않을 수 없을 것이다. 가부장적인 한국 남성의 스테레오타입은 서구 남성의 우월감을 확인시키지만 동시에 점령지마다 기지촌을 세워 식민지 여성을 성적으로 착취했던 제국주의의 역사 또한 상기시킨다. 서구 관객들은 동동의 위압적 모습을 한국의 남성적 민족주의의 위선에 대한 패러디로 읽지만, 한국의 전근대적 가부장적 역사는 서구 제국주의의 성 폭력과 공모, 공존했다는 역사적 진실 또한 읽게 된다.

한국 여인들이 마임으로 표현하는 신체 자해 동작 또한 추하게 재현되는 인종 기호들이다. 한국 여인들은 차례로 앞 무대로 나와 자기 눈을 찌르고, 혀와 손가락을 자르고, 할복하고, 목을 매고, 약에 취하고, 가스 오븐에 머리를 집어넣고, 유방을 도려내는 등 끔찍한 이미지들을 마임으로 보여준다. 아르토의 잔혹극을 연상시키는 이 동작들은 할리우드 영화를 포함한 미 대중문화 속 아시아인들의 이미지들과 관련이 있다. 아시아인에 대한 스테레오타입을 바탕으로 만들어진 「킬 빌」Kill Bill이나 「닌자 어쌔신」Ninja Assassin 등의 영화에서 아시아인들은 비현실적이며 비인간적인 폭력과 연루되어 재현된다. 한국 여인들의 과장된 마임은 스테레오타입을 보는 서구인들의 이중적 심리를 겨냥하고 있다. 피비린내를 풍기며 살인을 즐기는 등 잔혹함의 상징이 된 아시아인의 이미지는 그들에 대한 서구의 혐오와 차별을 정당화시켜주지만, 다른 한편으로 잔혹한 이미지에 담긴 비현실적 과도함이 오히려 이미지의 진정성을 의심하게 만들어 스테레오타입의 허구성을 부각시키는 효과를 가져 온다. 이 마임을 본 관객들은 한편으로는 이미지의 잔혹함에 비명을 지르지만, 다른 한편으론 경쾌한 배경 음악과 대조적인 끔찍한 몸짓으로 재현되는 이미지가 비현실적으로 보여 폭소를 터뜨리기도 한다. 혐오와 웃음이라는 상반된 일련의 반응을 보이는 동안 관객들은 스테레오타입에 담긴 허구성을 스스로 증언하는 목격자가 되는 셈이다.

한국 여인들의 몸은 비인간적이고 사물에 가까운 기호로 제시되기도 한다. 극 후반부에서 그들은 백인무대에 난입하여 연극을 중단시킨 채 한국인들의 인종적 연대를 촉구하고 백인 타도를 외친다. 아시아인의 침공이라 할 이 상황은 마치 19세기 서구사회가 위협적으로 느꼈던 아시아인의 이미지, 즉 미국사회의 황색공포yellow peril 심리가 만들어낸 침입자로서의 아시아인 이미지를 흉내 낸 것이다. 한국 여인들이 한국계 소녀와 한 목소리로 관객을 향해 연설하는 부분에서 배우들은 비인간적 기호 이미지를 극대화하여 연기한다. 네 명은 모두 무표정한 표정으로 어조와 동작을 일치시켜 말하기 때문에 흡사 인형들처럼 보인다. 따라서 그들이 갑자기 공격적인 태도를 거두고 온순한 아시아 여성들로 돌아와 백인들을 욕하는 장면이 불편하다면 모두 삭제하겠다며 머리를 조아려도 관객들은 그들에게서 진정성을 느낄 수 없다. 오히려 한국 여인들과 한국계 소녀의 굴종적 태도는 의심스럽고 혐오스러운 이방인, 이중첩자의 이미지를 더욱 강렬하게 상기시킨다. "조국에 불명예를 끼쳤다면 사과하겠다."(66)는 그들의 대사 역시 미국이 전쟁을 벌일 때마다 국가에 대한 충성을 의심받았던 일본계, 중국계, 아랍계 미국인 등의 이미지와 중첩되면서 "조국"에 대한 관객의 의구심과 경계심을 높인다.

하지만 배우들이 연기하는 기괴하고 추한 아시아인이 관객들에게 한국인을 비롯한 아시아계 미국인에 대한 차별과 의심을 선동할 수 있다고 믿기 어렵다. 오히려 이러한 연기 방식은 관객들에게 연극적 의미를 유추하도록 자극한다. 그런 점에서 이들의 연기는 티나 첸Tina Chen이 "연기"impersonation라고 말하는 기호의 재의미화 과정을 보여주는 것이라고 할 수 있다. 첸은 배우가 스스로의 몸을 사물처럼 연기하면 연기하는 배우 주체와 연기되는 이미지를 분리되고, 이미지만 무대 위에 남게 만든다고 주장한다(67-70). 다시 말해 한국 여인들이 스테레오타입 이미지를 연기함으로써 그녀들의 몸이 사물처럼 보이면, 스테레오타입 이미지는 그녀들의 몸체로부터 분리되어outposing stereotype 무대 위에 빈 기표로 남아버리게deposing stereotype된다 (Chen 80-85). 빈 기표로 존재하는 스테레오타입 이미지는 기의의 인의적 생성과정을 부각시킴으로써, 기존 스테레오타입에 부여된 기의가 미국사회의 인종차별이란 현실을 정당화한 신화였음을 드러낸다. 이처럼 한국 여인들의 몸 기호가 가진 비인간성/물질성은 미국사회가 아시아계 미국인에게 부여한 왜곡된 이미지를 비판하기 위한 장치로 해석할 수 있다. 관객들로 하여금 그들을 첩자, 이방인으로 느끼게 하는 동시에 그들을 의심하는 스스로의 모습을 인지하도록 만듦으로써 스테레오타입의 허구적 신화를 발견하도록 유도한다.

[3] 게스투스적 연기를 통한 스테레오타입의 해체

챈은 무대 위의 아시아계 미국인의 몸이 "연기의 정치학"a politics of impersonation을 가능하게 한다고 주장한다. 스테레오타입을 연기하는 아시아계 배우를 부정적으로 평가하는 대신, 연기의 진위성authentic, 비진위성inauthentic을 판단함으로써 스테레오타입의 저항적 재현 가능성이 가능하다고 보는 것이다(6). 연기 행위 자체의 본질적 이중성을 스테레오타입의 이중적 성격과 연결한 챈의 주장은 배우와 인물을 분리하여 연기한다는 점에서 브레히트의 계급적 소외연기론에 인종적 색채를 입혔다고 할 수 있다. 가령 이 극의 서두에 등장하는 한국계 미국 소녀의 독백 장면은 스테레오타입을 연기하는 배우의 이중적 태도를 잘 보여주는 예이다. 귀여운 미소를 띠고 관객을 응시하던 한국계 소녀는 자신의 부모를 조롱하는 대사를 시작한다. 아시아인을 원숭이라고 모욕하던 그녀는 느닷없이 "이 나라-미국의 인종차별은 정말 지긋지긋하다."(40)(A-필자)며 화를 내어 관객들을 당황하게 만든다. 이어서 그녀는 아시아 여성이 "백인 여자라면 거들떠도 안 볼 너절한 백인 놈들과 데이트 한다."(40)고 조롱한다. 그리고는 느닷없이 "한국인이 되려면 뿌리를 알아야한다."(40)며 또 화제를 전환한다. 한국 명절 음식으로 추어탕을 소개하던 그녀는 다시금 태도를 돌변하여 "지금은 웃겠지, 하지만 기억해둬, 당신과 당신 자식 놈은 우리 지배를 받을 테니"(41)(A-필자)라며 백인에 대한 증오심을 표출한다.

한국계 소녀의 혼란스러운 태도는 연기하는 배우의 목소리와 인물의 목소리가 동시에 혹은 구별되어 표출된 것으로 해석할 수 있다. 위에서 언급한 한국계 소녀의 대사에서 (A-필자)로 표시된 부분은 배우의 목소리이며 그 외의 부분은 스테레오타입의 이미지로 재현된 인물의 목소리이다. 배우와 인물로 분열된 한국계 소녀 독백 장면은 아시아계 소녀에 대한 전형적인 재현을 낯설게 보여주려는 일종의 충격 요법으로서, 브레히트적 소외효과와 같은 원리를 가지고 있다. 주지하다시피 베르톨트 브레히트Bertolt Brecht는 기존의 친숙함을 낯설게 하여 새로운 시각으로 세계를 보게 만드는 소외효과는 궁극적으로 관객의 수용방식에 대한 문제라고 지적한다(송동준, 11 재인용). 이 극에서 관객들은 한국계 미국인의 몸(시각 기호)을 아시아인의 특성을 드러내는 기호 혹은 스테레오타입으로 보는데, 한국계 소녀의 대사(서술기호)는 전형적인 인종적 정체성을 배반하는 내용을 가지기 때문에 그녀에 대한 관습적인 기호 해석이 어려워진다. 다시 말해서 무대 위에서 한국계 소녀란 기호는 외모와 말의 분리 그리고 인물과 배우의 분리를 통해 기존에 부여 받은 안정된 기의를 잃어버린 것이다. 관객들의 불편함은 바로 이 인종 기호가 모호해지는 장면으로부터 발생하는데, 비어버린 기표 속으로 새로운 기의를 대입해야 하는 도전에 부딪치기 때문이다.

한국계 소녀가 권위적인 한국 남성, 동동의 역할을 연기하는 장면에서도 이러한 인물과 배우의 분리가 나타난다. 한국계 소녀/동동은 한국 여인들을 원숭이라 부르며 모욕하고 협박한다. 갑자기 그녀는 관객을 향해 돌아서며 "내 안에는 소수인종의 분노가 불타고 있다."(50)고 외친다. 그녀의 돌변하는 태도는 위에서 언급했듯이 인물과 배우가 분리된 상황이다. 그런데 스테레오타입을 벗어버린 이 배우의 태도는 옆에서 이 광경을 두렵게 바라보는 한국 여인들의 스테레오타입을 부각시킨다. 한국계 소녀가 "나는 백인을 증오한다. 소수인종들도 실은 모두 백인을 증오한다."(50)고 외치자 한국 여인들은 놀란 얼굴로 관객들을 향해 자신들은 그렇지 않다는 의미로 변명하듯 손을 내젓는다. 이 장면은 관객들의 웃음을 이끌어내는데, 객석에서 터진 웃음이 우연적인 것이 아니라 작가의 계산된 반응이라는 점에 주목할 필요가 있다. 이는 흔히 극적 긴장감 뒤에 코믹한 요소를 제시하여 객석에 희극적 위안comic relief을 제공하는 전통 연출기법 이상의 의미를 가지고 있다. 백인 관객들은 한국계 소녀의 과격한 비판에 불편함을 느끼지만 한국 여인의 비굴한 반응을 보고 웃음을 터뜨리며 위안을 받는다. 이 과정에서 관객은 스스로가 느끼는 유쾌/불쾌한 감정이 인종차별적 무의식으로부터 비롯되었음을 깨닫게 되는, 이른바 인종 정치적 각성에 직면하게 되는 것이다.

[4] 한국 전통문화의 키치화를 통한 스테레오타입 해체

이 극에 등장하는 한국 전통 문화 기호들 역시 아시아 문화 기호를 수용하는 서구의 제국주의적 태도를 지적하기 위한 장치로 탈바꿈한다. 이 극에 사용된 한국문화 기호를 살펴보면, 이 극의 제목은 조선 왕실의 역사와 문화를 상징적으로 보여준 책, 『용비어천가』를 영어로 풀어 표기한 것이고, 한국 춤, 한국 음악(범패, 판소리, 상여소리), 한국 옷(한복, 갓) 한국음식(추어탕, 편육, 떡볶이)이 사용되고, 한국 전통 사찰을 흉내 낸 건물이 배경으로 설치되어 있다. 연극이 시작되기 전 관객들은 아시아식 지붕과 마룻바닥이 설치된 한국식 사찰 건물 뒤에 모여 오랫동안 기다려야한다. 피리소리와 물 돈는 소리가 스피커로 흘러나오는 좁은 공간에서 대기실 벽화 속의 용트림을 감상해야하는 관객들은 공연 시간이 임박해서야 비로소 무대 양쪽으로 설치된 하얀 자갈길을 밟으며 객석으로 갈 수 있다. 작가는 지문을 통해 "관객들이 압박감을 느낄 정도로 충분히 '아시아적' 배경에 둘러싸여야 한다."(35)고 요구한다.

이처럼 동양식 무대 배경을 반 강압적으로 체험해야 하기 때문에 관객들은 자연스럽게 이 연극이 한국, 한국계 미국인의 인종정체성과 관련된 극이 될 것이라고 예상한다. 그러나 주목할 점은 이 기호들이 문화 기호

본래의 의미로 사용되지 않는다는 것이다. 전통 사찰 건물이나 음악에서부터 한국 여인들이 입은 한복에 이르기까지 모든 극적 장치들은 예술적으로 평가 받을 수준이 아닐 뿐더러, 한국문화의 형태나 내용을 정확하게 구현한 것도 아니다. 다시 말해서 이 기호들은 진정성을 가진 한국의 문화 기호라기보다는 오히려 서구인에게 익숙한 스테레오타입을 흉내 낸 것에 더 가까운, 시마카와의 표현을 빌자면 잘해야 "동양적 키치"에 불과하다("Ugly Feeling" 90). 이 극의 한국문화 기호는 원본의 진정성이 결여되었다는 점에서, 그리고 서구인의 제국주의적 아시아 문화 소비를 겨냥한 저렴한 문화 상품이란 뜻에서 키치화[28]된 기호이다.

한국문화가 키치적으로 사용된 사례들을 더 살펴보면, 세 여인이 관객에게 한국의 문화 기호로 소개하는 장면을 들 수 있다. 하지만 이들이 언급한 만두, 차, 용무늬 옷은 미국 대중문화에 널리 퍼진 아시아 문화의 스테레오타입 이미지에 가깝다. 영진 리가 뺨을 맞는 동영상에 삽입된 한국 판소리도 또 다른 키치의 예로 볼 수 있다. 관객들이 첫 장면부터 뺨을 맞는 아시아계 여성의 눈물을 보게 된다. 구슬픈 한국 판소리 가락의 삽입은 여인의 고통을 뒷받침하는 배경음악처럼 들린다. 그러나 공연에서 실제 사용된 판소리 가락은 춘향가의 「사랑가」 중 일부분으로서, 이몽룡이 춘향과 초야를 치르며 부르는 노래이다. 판소리의 음탕한 내용은 동영상의 심각성

---

[28] 키치란 원본을 흉내 내지만 열등한 상태의 모방물을 일컫는 용어로서, 현대 소비 사회에서 대량생산되는 상품의 비고유성을 비하하는 의미를 갖고 있기 때문에 종종 "대행 경험이자 거짓된 감각"으로 비판받았다(Greenberg 10). 하지만 키치는 예술가의 관점에 따라 달라질 수 있으며 전략적, 의도적으로 선택되기도 한다. 가령 척 클레인한즈(Chuck Kleinhans)는 "텍스트에서 작가 스스로 '나쁜 취향'을 인식하고 있다는 증거를 보여줄 경우" 키치는 유용한 예술 전략이 될 수 있다고 주장한다(183). 영진 리가 한국문화를 동양적 키치로 제시하는 것은 키치를 자의식적으로 사용한 경우라고 볼 수 있다.

이 암시하는 인종 정치, 현실 폭로 등의 메시지와는 다소 거리가 있다. 즉 극적 맥락에 맞지 않는 내용의 판소리를 사용한 것이다.

하지만 이를 한국 전통문화에 서툰 2세대 한국계 미국인 작가의 실수로 보기 어렵다. 그 이유는 이 극에서 한국문화 기호를 인종정체성의 상징으로 사용하지 않는 작가의 일관된 태도 때문이다. 이 극에 사용된 한국문화 기호는 한국인의 경험에 근거한 보충 설명이나 해석을 필요로 하지 않는다. 오히려 그런 시도는 시마카와가 지적하듯이 "조악한 마룻바닥과 천장의 형광등을 아시아식 무대 배경이라고 인식하는"("Ugly Feeling" 96) 일부 서구 비평가들의 오해와 부작용을 낳을 뿐이다. 이 극에서 한국문화 기호들은 키치 문화를 소비하듯이 동양의 스테레오타입을 무의식적으로 소비하는 서구사회의 오리엔탈리즘을 비판하기 위한 도구로 사용되었다. 그러므로 한국문화 기호가 왜곡되고 그로테스크하게 보일수록 스테레오타입을 소비하는 서구사회에 대한 비판과 조롱의 강도는 더욱 높아지는 셈이다.

* * * * *

영진 리는 인종 정치적 주제를 제시하는 데 있어서 차별 현실에 대한 폭로와 분노를 사용하지 않는다. 오히려 동시대 미국 관객들이 인종문제와 관련된 분노와 비판을 식상하게 받아들이거나, 일종의 사회적 유행으로 받아들이는데 익숙하다는 사실을 잘 알고 있는 듯 보인다. 실제로 공연장에서 관객들은 백인에 대한 분노를 표하는 한국계 소녀의 대사에 커다란 웃음으로 화답했다. 마치 인종차별이란 현실이 지금은 존재하지 않는 과거의 추억이라도 된 것처럼 말이다. 이러한 백인 지식인 중산층 관객들의 인식은 이 극이 궁극적으로 다루려고 하는 중심 주제가 된다. 이를 위해 극중극을 이용한 자의식적 극 구조의 활용과 연극 기호에 대한 해체를 통해 관객들에게 미국사회의 아시아인에 대한 인종차별적 문화를 끊임없이 상기시키며 불편한 웃음을 유도한다.

관객의 경험하는 불쾌/유쾌한 감정은 미국사회의 정치적 금기사항(인종차별)과 스테레오타입이 주는 관행적 즐거움 사이에서 위태롭게 오고간다. 하지만 이러한 불쾌/유쾌의 줄타기를 두고 백인관객을 겨냥한 소수 인종 작가의 상업적 노림수라거나 미학적 실패라고 단정하기 어렵다. 도전적이고 불쾌감을 유발하는 무대는 객석과의 심미적 거리를 줄이게 되고, 관객에게 비도적적, 비사회적, 냉소적 느낌을 통해 자신의 존재를 만나게 될 가능성을 제공하기 때문이다(Lehmann 187). 이 과정에서 관객들은 "극장에서만 얻게 되는 인식의 웃음도 충격도 잃지 않으며, 고통도 즐거움도 잃지 않는"(Lehmann 187) 일석이조의 관극 경험을 누리게 된다.

이 극은 유쾌한 웃음 뒤에 백인 권력을 유지하려는 욕망과 위선을 확인하는 불쾌한 경험을 숨겨 놓았다. 유쾌/불쾌한 무대는 관객들의 성찰적 태도를 이끌어내지만, 이는 인종 정치적 메시지에 대한 직접적 전달을 통해서가 아니라 연극 기호를 활용한 이중적 의미의 도출, 그리고 메타 드라마 기법 등과 같은 시적인 개입을 통해서 이루어진다. 그런 점에서 이 극은 레만이 명명한 "어포먼스 연극"afformance theatre, 즉 재현 양식의 암시적 내용에 의해 정치성이 발현되는 미학적 정치성을 잘 보여주고 있다(179). 이 극은 동시대 소수 인종 연극의 화두로 떠오른 인종 재현 방식에 흥미로운 사례를 제시했으며 단순한 코미디도, 계몽적 인종 정치극도 아닌 새로운 인종 정치극의 영역을 개척했다고 평가할 만하다.

■ 이 장의 내용은 『현대영미드라마』 26권 3호(2013)에 수록된 필자의 논문, 「유쾌/불쾌 코미디: 영진 리의 *Songs of the Dragons Flying to Heaven*에 나타난 정치성」을 일부 수정한 것이다.

11

탈 인종시대의 민스트럴 쇼: 『선적』의 연극적 정치성 읽기

2009년 발표된 작품 『선적』*The Shipment* 은 한국계 미국 작가 영진 리 Young Jean Lee 스스로의 표현에 따르면 "아프리카계 미국인의 정체성 정치극"(Coyle)이다. 하지만 영진 리는 일찍이 정치극이란 틀에 박히고 진부한 장르이며 백인 미국문화에 동화된 것이므로, 정체성 정치극을 만드는 것은 백인 지배 권력 구조에 일부가 되는 것에 다름 아니라고 밝힌 바 있다 (Hilton). 이처럼 정체성 정치 연극에 회의적인 그녀가 소위 '탈 인종시대'post racial era라 불리는 오바마Obama 재임 기간에 새삼 인종 정치극을 쓰게 된 연유는 무엇인가? 영진 리는 ≪뉴욕 타임스≫와의 인터뷰에서 오바마 정부 등장 이후 미국사회는 탈 인종시대에 들어섰음을 기정사실화하고 있지만, 지금이 오히려 인종 문제에 대한 정확한 통찰과 문제제기가 필요한 시기라는 견해를 피력한다(Healy). 영진 리는 그 동안 아시아계 미국 작가에게 기대되던 인종 정치성을 보여주지 않았지만, 아프리카계 미국인이 미국 역사상 최초로 미국 대통령이 된 후, 탈 인종 사회를 찬양하는 미국사회의 실질적 체감온도를 확인하기 위해 본격 정체성 정치 연극,『선적』을 쓰게 된 것이다.

영진 리의 우려와 달리, 미국의 미디어는 대부분 오바마 시대의 인종 상황을 긍정적으로 평가하는 분위기였다. 가령, 2010년 라디오 프로그램에서 실시한 여론조사 결과, 이전보다 인종차별이 완화되었다고 느낀다는 아프리카계 미국인의 비율은 39퍼센트로 나타났다. 오바마 취임 직후의 조사 결과인 19퍼센트보다 20퍼센트나 상승한 것이다(Block). 그러나 아프리카계 대통령의 등장이라는 시대적 사건이 곧 인종 평등의 시대를 의미하는 것은 아니며 오히려 허구적 신화를 조장할 수 있다는 반론도 만만치 않다. 마이클 테스러Michael Tesler에 의하면 오바마의 당선 원인은 아프리카계 공동체와 거리를 둔 중립적 선거 전략과, 인종 자유주의를 지지하는 백인층의 지지를 이끌어낸 데 있다(6-7). 다시 말해 오바마의 당선은 인종적 진보를 의미하는 것이 아니라, 오히려 인종적 분리가 강화된 결과일 뿐, 탈 인종시대의 징후로 볼 수 없다는 것이다. 오바마의 당선 직후, 백인 경찰이 아프리카계 미국인 대학 교수에게 '인종 편견적 체포'racially biased arrest를 강행했던 사건 등은 이러한 주장을 뒷받침한다.[29] 인종 간 경제적 불평등도 여전

---

[29] 이 글을 쓰고 있을 때 미국사회는 세인트루이스 주의 퍼거슨 시에서 시작된 소요사태로 또 다시 인종갈등의 몸살을 앓고 있었다. '퍼거슨 사태'라 불리는 이 사건은 2014년 8월 9일 퍼거슨 시의 백인 경찰이 비무장 상태인 십대 아프리카계 용의자를 향해 총격을 가했고, 결국 소년이 사망하게 되면서 시작되었다. 백인 경찰의 인종 편견적 과잉 대응이었다는 거센 비난에도 불구하고 같은 해 11월 4일 주법원이 이 경찰에게 불기소 판결을 내렸다. 이를 계기로 퍼거슨 시에서는 이 결정에 항의하는 시위가 일어나기 시작했다(2014년 11월 5일자 ≪뉴욕 타임스≫

해서, 아프리카계의 실업률은 백인보다 1.5-2배 높고, 주택 소유율 역시 74 퍼센트의 백인에 비해 49퍼센트라는 낮은 수치에 머문다(Levingston). 이 객관적 정황과 수치들은 인종차별적 문화와 제도가 변화하지 않는다면, 아프리카계 대통령의 당선을 탈 인종사회의 확정적 지표로 보기 어렵다는 사실을 의미한다.

이러한 사회적 맥락 위에서, 영진 리는 『선적』을 통해 탈 인종사회를 찬양하고 강조하려는 시도가 오히려 인종차별 현실을 은폐한다는 주장을 제기한다. 영진 리의 장난스런 설명을 옮겨보면, "흑인 대통령이 등장한 지금, 어떤 사람들은 속으로 이런 생각을 할 겁니다. '어? 흑인 녀석이 매일 텔레비전에 나오는데, 왜 춤추고 노래하지 않지?'라고요."(Healy) 그녀의 뼈 있는 농담이 겨냥하고 있는 것은, 오바마 당선을 계기로 인종차별이 사라진 듯이 자축하면서도 속으로는 아프리카계 미국인을 여전히 노예로 인식하는 백인의 이중적 태도이다. 즉 인종차별의 현실을 외면한 채 아프리카계 혼혈 대통령을 당선시킨 것으로써 역사적 책임에서 벗어나고픈 백인들의 심리가 사실상 탈 인종사회라는 유토피아적 신화를 뒷받침하고 있다는 비판인 것이다.

그런 의미에서 영진 리가 이 작품의 형식을 민스트럴 쇼minstrelsy에서 차용했다는 사실은 단순한 우연으로 보이지 않는다. 19세기 민스트럴 쇼는 미국 대중문화 역사상 가장 미국적이고 대중적인 극이었지만, 동시에 가장 인종차별적 공연이었기 때문이다. 민스트럴 쇼는 남북전쟁 전후로 등장한

인터넷 기사). 한 달 뒤 뉴욕시에서 또 다시 백인 경찰의 과잉 진압에 의해 아프리카계 청년이 질식사하는 사건이 터지고 인종차별에 항의하는 미국 시민들의 시위는 미 전역으로 확산되고 있다. 재선에 성공한 오바마 정부 하에서 벌어지고 있는 흑백 갈등의 재연은 2009년 탈 인종사회에 대한 영진 리의 비판적 전망이 기우가 아니었음을 증명하고 있다.

쇼로서, 흑인 분장을 한 백인 배우들이 흑인 노예의 춤, 노래와 농담을 연기하여 대중적 인기를 얻었다. 하지만 흑인들에 대한 부정적 이미지를 유포시킨 주요 원인으로 비판 받는 등 인종 정치적 논쟁의 중심에 있었다. 동시대 미국인에게 민스트럴 쇼는 인종차별에 대한 이중적 태도와 한계를 상징적으로 보여주는 문화 기호로 인식된다. 그러므로『선적』이 민스트럴 쇼의 형식을 차용한 것은 21세기 탈 인종사회를 주장하는 백인들의 인종의식을 진단하기 위한, 다소 발칙하지만 시기적절한 시도라고 할 수 있다

민스트럴 쇼처럼 찬반이 엇갈리는 미국 대중문화 양식을 통해서 연극적 정치성을 드러내는 시도는 작가 특유의 '정치적 재현 방식'을 잘 보여준다. 전작『용비어천가』Songs of the Dragons Flying to Heaven에서 잘 보여주었듯이, 영진 리의 정치극은 구체적인 이미지나 언어를 통해서가 아니라 텍스트를 구성하는 연극 기호들의 구조와 형식 등 연극적 재현 과정을 통해 기존 담론에 도전하는 정치성을 드러낸다(정미경 165).『선적』역시 배우를 중심으로 구조화되는 극 기호들의 의미가 관객에게 수용되고 인식되는 과정을 통해 정치성을 획득한다. 이 극이 말하기tell보다 보여주기show가 중심인 공연performance으로서의 성격이 두드러지는 이유이기도 하다. 배우들의 연기가 대본에 적힌 대화 이상의 감정을 전달한다고 극찬한 윌리엄 코일 William Coyle 역시, 텍스트를 "읽기보다 보아야한다"는 말로서 이 극의 연극성을 강조한다. 배우들의 연기뿐만 아니라, 춤, 무반주 합창 등 비언어적극 요소들 역시 희곡 텍스트만으로는 감지될 수 없는 공연성, 혹은 현장에서의 극적 의미를 만들어낸다. 그 중에서도 관객들은 이 극의 인종기호를해석하며 이 극의 연극적 정치성을 결정짓는 중요한 요소이다.[30]

---

[30] 영진 리는 자신의 주요 관객층을 "대학 교육을 받은, 도시에 사는, 진보적 사고방식을 가진,

이 극이 19세기 민스트럴 쇼의 형식을 의도적으로 차용했음을 전제로 민스트럴 쇼를 둘러싼 문화 정치적 쟁점과 탈 인종사회를 둘러싼 인종 담론 사이의 연관성을 살펴보겠다. 또 이 극을 본 관객들의 반응과 미적 실천이 어떠한 인종 정치학을 발현시키는가를 설명함으로써, 21세기 미국의 인종 정치 지형도에 대한 연극적 좌표로서 이 극의 의의를 확인해 보겠다.

[1] 민스트럴 쇼와 인종차별적 재현을 보는 '죄스런 즐거움'

초연 당시 이 극을 인종문제를 다룬 흥미로운 코미디 쇼로 평가하는 비평들이 많았지만, 민스트럴 쇼와의 문화적 연관성을 지적하는 견해는 많지 않았다. 그 후 2013년까지 전미 순회공연을 하는 동안 『선적』의 연출은 점점 더 민스트럴 쇼와의 연관성을 부각시키는 방향으로 바뀐다. 2011년 댈러스 공연에서 선보인 스탄 호제위스키Stan Wojewidski의 연출이 특히 그러했는데, 배우들의 몸을 기하학적으로 배치하여 마치 배에 선적된 상품들 혹은 채색 창문 같은 건축물처럼 보이도록 만들었다. 이러한 시도는 미국에 끌려 온 아프리카 노예의 비인간적이고 상품화된 이미지를 시각적으로

아마도 복음주의 기독교인은 아닌" 백인으로 간주한다("Interview"). 그들은 비싼 연극 티켓을 기꺼이 지불하는 중 상류층 관객으로서, 영진 리와 같은 소수인종출신 작가의 극을 보는 지식인이다. 문제는 그들이 심각한 인종차별적 주제를 단순한 코미디로 받아들이며 오히려 이를 즐기는 반응을 보인다는 점이다(Smallwood 33). 영진 리는 백인관객이 주를 이루는 객석의 반응을 관찰하고, 관객이 인종 정치적 메시지를 오인하는 부분은 좀 더 분명하게 전달되도록 수정하여 다음 공연을 준비했다고 한다(Healy). 이러한 작가의 노력은 관객의 즐거움을 위한 배려라기보다 인종 정치적 이슈가 진지하게 받아들여지기를 바라는 마음에서 비롯된 것이다. 이 글은 작가가 예상한 주 관객층을 염두에 두고, 실제 공연을 보러 온 관객의 반응을 중심으로 분석하였다. 『선적』의 희곡 텍스트와 더불어 2009년 〈더 키친 극단〉(The Kitchen)의 뉴욕 공연 비디오를 2차 텍스트로 사용했고, 2011년 〈언더메인 극단〉(Undermain Theatre)의 댈러스 공연을 부분 참조했다.

부각시키는 효과를 발생시킨다(Novinski). 짐짝처럼 웅크리고 있던 배우들은 이어서 중절모와 흰 장갑을 끼고 전형적인 19세기 민스트럴 쇼의 등장인물들로 변신한다. 이 장면은 아프리카계 미국인의 전형적 이미지를 역사적 맥락에서 재구성함으로써 새로운 의미를 만들어내는 것, 즉 '역사화' 작업으로 보인다. 이 극은 노예상인에 의해 상품으로 끌려온 아프리카인들이 미국에서 노예가 되고, 다시 19세기 민스트럴 쇼의 배우가 되고, 스탠드 업 코미디언이 되며, 20세기의 힙합가수, 비디오 캐릭터 호Ho,[31] 마약 중개인으로 이어지다가, 마지막 무대에 이르면 뉴욕 여피족의 모습으로까지 변화되는 과정을 보여준다. 아프리카계 배우의 육체를 미국의 역사적 기호물로 재구성한 호제위스키의 연출은 미국문화 속 아프리카계 미국인의 이미지가 민스트럴 쇼의 흑인 노예 이미지로부터 시작되었음을 암시하고 현재와의 관련성을 상기시킨다.

　19세기 민스트럴 쇼 형식을 차용한 것과 마찬가지로 이 극의 주제 역시 민스트럴 쇼를 둘러싼 양날의 논쟁을 이어간다. 즉 민스트럴 쇼에 대한 미국문화의 양가적 심리, '죄스런 즐거움'guilty pleasures을 제시하는 것이다. 민스트럴 쇼를 보는 미국인의 '죄스런 즐거움'은 인종 유머를 즐기는 '즐거움'과 인종차별을 인정하는 '죄스러움'이 공존하는 양상이다. 존 스트라우스바우John Strausbaugh에 의하면 민스트럴 쇼가 인종차별적임에도 백인, 흑인 모두로부터 인기를 얻었다는 점을 이해하려면, 쇼를 둘러싼 백인과 흑인의 미묘한 양가적 관계—사랑/미움, 두려움/죄의식, 매혹/혐오, 조롱/흥

---

[31] 호(Ho)로 불리는 인물은 힙합 뮤직비디오에 등장하는 매력적인 외모를 가진 혹은 과도하게 성적으로 재현되는 여성 댄서 혹은 배우를 지칭하는데, 주로 아프리카계 여성이 등장한다 (wiktionary).

내一를 알아야 한다고 지적한다(25). 독립전쟁 이후, 민스트럴 쇼는 캘리포니아 금광 오지로부터 백악관에 이르기까지, 나룻배 위 가설무대부터 대규모 극장 무대에 이르기까지 1840년대 전 국민적 오락거리이자 미국인의 문화적 정체성을 담은 대중적 무대로 등극했다(Toll v). 초기 민스트럴 쇼는 뉴욕에서 활동하던 백인 배우들이 '흑인 분장을 하고 흑인 노예들의 노래와 춤, 농담을 흉내 내는 공연'blackfaced minstrelsy이었지만, 남북전쟁 이후부터는 노예 출신 흑인 배우들이 민스트럴 쇼black minstrelsy를 독점하며 전 국민적 사랑을 받았다.

민스트럴 쇼 배우들이 연기한 흑인 인물은 광대 이미지의 짐 크로우Jim Crow, 순종적인 흑인 노예 톰 아저씨uncle Tom와 리머스 할아범uncle Remus, 허풍 센 사기꾼 짐dandy Jim과 집 쿤zip coon 등 아프리카계 미국인을 과장하고 희화화한 이미지였지만 대중들의 사랑을 받은 인기 캐릭터였다(Toll 65-69). 하지만 6-70년대 아프리카계 미국인을 선두로 민권 운동이 활발해지면서 NAACP와 같은 인종 단체는 민스트럴 쇼가 아프리카계에 대한 부정적 이미지를 유포하고 강화한다고 비판했다. 그리고 20세기 중반에 이르러 백인 배우의 '흑인 분장'은 '나치 문장'swastika, '검둥이'n-word와 더불어 미국사회의 3대 금기어가 된다(Strausbaugh 14). 그럼에도 불구하고 민스트럴 쇼가 사실상 미국 대중문화의 뿌리이며 미국적 무의식의 일부를 반영해왔다는 점은 부정하기 어렵다. 민스트럴 쇼의 흑인 성가jubilee와 춤이 현재의 힙합댄스(Lhamon 218)로 이어지고, 스케치 코미디, 가두연설stump speech 등은 스탠드 업 코미디의 형태로 발전되었다는 사실은(Mintz 72) 동시대 미국문화에 미치는 민스트럴 쇼의 문화사적 의미를 반영하는 것이다. 『선적』이 미국 대중문화의 뿌리와 같은 민스트럴 쇼 형식을 차용했을 때, 스트라우스바우가 말한 흑백 인종 사이의 모순적 심리, 즉 '죄스런 즐거움'은 이 극의 핵심 주제로 되살아난다.

『선적』은 인종차별적 재현을 즐기는 미국인의 문화적 관행과 모순적 심리를 문제 삼음으로써 이를 21세기 탈 인종사회라는 신화와 연관 지어 탐구하고자 한다. 이러한 주제 의식은 민스트럴 쇼 형식을 문제적으로 차용함으로써, 다시 말해서 민스트럴 쇼를 재현하는 배우들의 몸을 낯설게 만듦으로써 충실하게 구현된다. 앞서 언급했듯이 『선적』은 대사보다는 몸짓, 특히 배우의 연기방식에서 극적 의미가 발생하며, 춤과 노래가 형성하는 생생한 현장감liveness은 텍스트 위주의 대사로는 전달하지 못할 연극성을 완성한다. 영진 리는 아프리카계 배우들의 연기가 가진 중요성을 별도의 노트와 지문을 통해 여러 차례 강조한다. 그녀는 배우들이 과장된 몸짓으로 연기할 것을 요구한다. 즉, 배우의 연기는 "종이 인형에 덧대어 입히는 종이옷처럼 잘 맞지 않는," 스테레오타입에 가까워야 한다. 그녀는 인형과 옷이 분리되는 연기 방식을 인물과 배우를 분리시키는 브레히트식 연기라고 지칭한다. 이러한 연기는 감정이입의 대상을 잃어버린 관객들로 하여금 어떻게 반응해야 할 지 어렵게 만들 뿐만 아니라, "불편하고 분열된 응시"를 경험하도록 유도한다(Author's note). 작가가 요구하는 브레히트식 연기는 사실상 민스트럴 쇼의 '흑인분장'이 갖는 모순, 즉 외양과 본질의 어긋남을 가장 명확히 드러낼 수 있는 연기법이다.

『선적』의 구조를 살펴보면 모든 출연진이 아프리카계 미국인 배우들로만 구성되어 있고, 극의 전반부는 춤, 코미디skits, 음악으로, 후반부는 자연주의극 형식의 스케치 코미디가 제시된다. 첫 무대를 여는 두 명의 댄서는 20세기 록밴드, 세미소닉Semisonic의 「에프엔티」F.N.T에 맞추어 춤을 추는데, 작가는 그들의 동작이 민스트럴 쇼의 전형적 몸짓을 연상시켜야 한다고 텍스트에 명시하고 있다(7). 이어서 등장한 스탠드 업 코미디언은 걸쭉한 음담패설과 욕설이 난무하는 전형적인 스탠드 업 코미디를 선보인다. 그는 민스트럴 쇼의 유명한 익살 콤비, 사회자interlocuter와 엔드맨endman을 합쳐 놓은 듯 보이는 인물로서 도전적인 인종 농담으로 좌중을 쥐락펴락한다. 그가 퇴장한 뒤 이어지는 무대는 도덕극moral play으로서, 힙합가수로 성공한 아프리카계 소년이 타락한 삶을 반성하고 회개한다는 교훈을 담고 있다. 이 극은 민스트럴 쇼의 성가jubilee를 연상시키는 무반주 합창으로 마무리된다. 이어 막간 휴식처럼 느껴지는 무대 세트 배치과정이 끝나면 뉴욕 여피족의 주말 파티가 열리는 고급 아파트를 배경으로 한 알비 풍의 코미디극이 대미를 장식한다.

이러한 극 구성은 확실히 민스트럴 쇼를 연상시키면서, 19세기 관객들에 대한 인종 문화사적 논쟁을 탈 인종사회로 공언되는 '지금, 여기'의 문제로 연결시킨다. 특히 『선적』은 민스트럴 쇼가 대중문화로서 가졌던 사회적 이해관계와 의미작용의 정치성을 부각시키는데, 대표적인 문화사적 논쟁 중 하나인 '민스트럴 쇼의 민중적 저항성'을 동시대의 인종적 저항성으로 계승한다. 초기 민스트럴 쇼는 백인 배우들이 흑인 분장을 하고 흑인을 비하하는 공연을 했지만, 남북전쟁 이후엔 흑인노예출신 배우들이 민스트럴 쇼를 이어갔다. 대중들과의 교류를 중시했던 쇼의 특성상, 그들도 백인이 만든 흑인의 전형적 인물을 예전처럼 연기하며 유지해야 했다. 여러 인종의 이민자들과 중산층 이하의 노동계급으로 구성된 당시 관객들은 무식한 흑인 광대의 실수와 허세를 비웃는 과정에서 우월감과 대리만족을 느끼고자 했기 때문이다(Toll 52). 이런 이유로 프레더릭 더글러스Frederic Douglass는 민스트럴 쇼를 백인 관객들의 환상을 충족시키기 위한, "백인사회의 지저분한 쓰레기"(이동환 143 재인용)에 불과하다고 일갈했다.

이에 비해 민스트럴 연구의 선구자인 로버트 톨Robert Toll은 민스트럴의 진정성을 의심하기는 했지만, 다른 한편 흑인들이 생존을 위해 가면을 써야 했고 백인들의 인종적 환상을 충족시켜야 했던, 당시 사회적 맥락을 감안해야 한다는 중립적 관점을 제시한다(262). 윌리엄 라몬William Lhamon 역시 민스트럴 쇼를 본 관객의 반응을 단순히 인종적 기준이 아닌, 계급과 젠더를 아우르는 복합적인 문화 요인으로 볼 필요가 있으며, 나아가 지배층에 대한 하층민의 저항으로 해석할 여지가 있다고 주장했다(7-8). 하층민들이 민스트럴 쇼에서 유럽의 고급문화에 대한 중/상류층의 욕망과 동경을 비틀고 조롱할 수 있는 감정의 분출구를 찾았다고 본 것이다(이동환 143-44). 다시 말해 초기 민스트럴 쇼는 표면상 흑인 분장을 한 백인 배우의 인종적 우월감이 두드러졌지만, 남북전쟁 이후 점차 하층민과 사회적 약자들이 흑인 인물에 대한 조롱 형식에 빗대어 상류층의 위선을 비웃는 대중문화로 수용된 것이다.

톨과 라몬의 문화 연구적 입장을 견지하면, 『선적』에서 희화화한 대중문화 속 아프리카계 이미지는 조롱과 웃음을 유발하는 동시에 고급문화 혹은 지배층의 위선을 비판하는 저항성을 갖는다. 이 극의 아프리카계 배우들은 자기 비하와 코미디를 보여주는 한편 위선자들에 대한 조롱을 놓치지 않는 등 민스트럴 쇼에 내재된 인종적 긴장감을 살려낸다는 점에서 전통적인 풍자의 성격을 계승한다. 특히 마지막 코미디극 무대에서 드러나는 아프리카계 배우들의 연기는 민스트럴 쇼에서 흑인분장을 했던 백인 배우들을 상기시키면서 동시대 탈 인종 사회에 대한 의미심장한 메시지를 전달한다. 다음 장에서는 각 무대가 보여주는 민스트럴 쇼의 특징을 분석하고 그러한 극적 장치를 통해 발현되는 21세기 민스트럴 쇼의 정치성을 살펴볼 것이다.

[2] 21세기 민스트럴 쇼의 정치성

(1) 춤

전통적인 민스트럴 쇼의 시작이 흑인 배우의 흥겨운 춤으로 시작하듯이, 『선적』의 첫 장면도 경쾌한 록 음악에 맞추어 춤을 추는 두 명의 배우로 시작한다. 탭 댄스를 추거나 회전하며 점프하는 동작들, 그리고 두 명의 댄서가 서로 장난스럽게 몸을 부딪치는 동작들은 전통적인 민스트럴 쇼의 흔적들로 보인다. 그들의 춤 동작은 힙합 댄스와도 유사하게 보이기 때문에 민스트럴 쇼가 과거의 박제된 유물이 아니라 현재 진행형의 감수성으로 계승되고 있음을 느끼게 한다. 1980-90년대 미국 대중문화를 장악한 힙합 댄스는 민스트럴의 전통적 동작과 20세기 아프리카계 미국인의 거리문화를 뒤섞어 반영한 것이다(Lhamon 218). 특히 90년대 유명한 힙합 뮤지션, 엠씨 해머MC Hammer가 유행시킨 춤동작들―문 워크로 알려져 있는 런 스텝run step과 휠 스텝wheel step, 힐투토우heel-to-toe(그림 2)―는 민스트럴 쇼의 춤을 현대화한 것으로 유명하다(Lhamon 221-2). 이 중 힐투토우 동작은 1820년대 민스트럴 쇼의 동작(그림 1)을 거의 그대로 재현한 힙합 동작으로서 이 극에서도 사용되었다(그림 3, 그림 4).

따라서 두 댄서의 춤은 과거의 민스트럴 쇼를 연상시키는 데 그치지 않고 동시대 힙합 문화가 민스트럴 전통을 계승하고 있다는 사실도 암시하고 있음을 알 수 있다. 그들이 퇴장한 후 스탠드 업 코미디언이 힙합 음악에 맞추어 등장하고 있는 것 역시 우연이 아니며, 춤과 배경 음악을 통해서 현대 미국문화 속 민스트럴 쇼의 영향을 시각적으로 보여주는 연출의 단면이다.

(2) 스탠드 업 코미디

19세기 민스트럴 쇼에서는 코믹한 춤과 노래가 끝나면 사회자가 등장하여 각종 격언과 재치 넘치는 농담으로 관객들의 호응을 불러 모았다. 종종 사회상황과 관련된 연설을 했지만 그는 관객들의 기분을 상하지 않을 정도로 수위를 조절하며 유쾌한 풍자 무대를 만들었다고 한다(Toll 161). 미국의 독특한 코미디 쇼인 스탠드 업 코미디는 바로 이 민스트럴의 사회자로부터 자신의 계보를 찾는다. 두 명의 배우가 춤으로 연극의 막을 연 후, 스탠드 업 코미디언이 힙합 가수 릴 존Lil Jon의 랩 송 「아 돈 기브 어 뻑」 I don't Give a Fuck에 춤을 추며 등장하여, 춤 - 곡예무대 - 사회자 순으로 진행되는 민스트럴 쇼의 기본 형태를 충실하게 이행한다. 성행위를 연상시키는 춤을 질펀하게 추던 그는 관객들을 향해 "안녕, 미친년들아!"(10)라고 욕설을 던지면서 코미디를 시작한다. 그는 소아도착증이 의심되는 불편한 농담들, 소녀들의 레즈비언 행위, 수음, 근친상간과 같은 B급 농담거리를 거리낌 없이 구사하여 관객의 야유를 받는다. 그러다가 그는 느닷없이 흑인과 백인을 비교하는 인종 문제로 화제를 바꾼다.

"흑인 코미디언이 왜 아직도 백인은 이렇고, 흑인은 저렇고 식의 농담을 하는 거야라고 당신들이 생각하는 거 알고 있다."(11)고 운을 떼고는,

"기분 나쁘게 할 생각은 아니지만—백인은 사악한 놈들이니까."(11)라는 모욕적 발언을 던진다. 이 발언을 듣고 관객들이 살짝 긴장하자, 그는 천연덕스럽게 다시 화제를 분비물 관련 농담으로 바꾼다. 그의 익살스런 표정과 재치에 관객들이 다시 웃음을 터뜨리는 순간, 그는 또 정색을 하고 인종문제로 돌아간다.

> 그리고 당신들은 "우리에겐 그건 인종문제가 아니고, 국적이나 종교와 같은 문제라고요" 말하겠지만, 사실인즉, 검둥이들하고 잘 어울리지 못하는 걸 보면, 당신은 인종차별주의자가 아닌 게 아냐, 그보다 더 나쁜 사기꾼이지. 젠장. 난 (국가이름)의 대도시에 갈 때마다 검둥이라고 불렸어. 날 그렇게 부르면 친해진다고 생각하나 봐!
> 그리고 당신들 모두 자기가 "인종을 구분하지 않는" 사람이라고 생각하나? 당신들 젤로 재수 없는 범죄자들이야. 뭔 개소리야? 인종을 구분하지 않는다니.

> And y'all be like, "For us it is not about race, it is about nationality and religion." But the fact that y'all don't SOCIALIZE with YOUR darkies don't mean you ain't racist, it just mean you even MORE fucked-up! Shee-it, I been called a nigger in every major city in (name of Country!) And some a y'all think you bein' FRIENDLY by callin' me that!
> And all a you people who consider yourselves to be "color blind"? Y'all are the WORST mothafuckin' offenders. What is that shit? Color-blind. (12)

미국사회에서 금기어로 인식되고 있는 '검둥이'란 표현이 튀어나오고, 인종문제를 단지 국적과 종교의 문제처럼 개인적 선택의 문제로 치부하는 백인, 즉 "인종을 구분하지 않는" 척하는 백인들을 사기꾼으로 몰아세우면,

객석은 웃음 반, 비난 반으로 뒤섞인다. 아프리카계 코미디언이 농담인지 진담인지 헷갈리게 던져대는 인종관련 발언들 때문에 관객들은 어안이 벙벙해진다. 이때마다 코미디언은 관객들을 다시금 배설 농담 속으로 끌고 가며 코미디와 정치극 사이에서 아슬아슬한 줄타기를 한다. 흥미로운 점은 그가 백인들의 태도를 위선적이라고 조롱해도 관객들은 이를 인종차별에 대한 비판으로 받아들이지 않는다는 점이다. 오히려 관객들은 코미디언의 도발을 민감한 인종 문제조차도 쇼의 소재가 될 수 있는 탈 인종사회의 지표로 받아들이는 듯하다. 이 극의 노골적 정치적 언급이 불편하기는 해도 이를 비판이 아니라 보편적 인간애와 코미디로 받아들일 수 있다는 연극평 Coyle은 이러한 분위기를 대변한다. 마치 민스트럴 쇼의 인종차별적 무대를 볼 때, 죄스럽지만 웃으며 즐겼던 것처럼, 관객들은 스탠드 업 코미디언의 인종차별 발언이나 비판을 정치적 올바름과 한 발 떨어질 수 있는 미국식 코미디의 특성이라고 간주하는 것이다.

그러나 바로 이 부분에서 코미디언의 반격이 시작된다. 그는 아프리카계와 백인을 모두 조롱하며 인종 유머의 균형 감각을 유지하는 척 하지만, 실상은 백인들의 특권 의식과 피해의식에 날카로운 비판의 날을 세우기 때문에 객석 대부분을 차지한 백인들은 마냥 편하게 웃지 못한다. 코미디언은 미국사회의 백인이 인종차별에 대한 역사적 부채의식 때문에 종종 억울해한다는 것을 잘 안다고 운을 뗀다. 그리고 그는 "당신에게 노예제도에 대한 죄책감을 가지라는 거 아냐. 당신이 한 일도 아니잖아! 이 나라에 깔려있는 구조적 인종주의를 좀 보라는 것뿐이야."(14)라고 달래듯 충고한다. 그에 의하면 대부분의 미국인은 인종 평등의 당위성을 부정하지 않지만 특히 백인의 경우, 이를 개인의 도덕적 선택으로 치부할 뿐 사회 문화적으로 차별을 조장하는 제도 개선에는 무관심하다. 코미디언은 마치 미국사회에서 인종차별이 없어진 듯 행동하며 개인적 도덕문제로 환원시키는 백인들의 태도가 오히려 인종 불평등을 유지, 심화시킬 수 있음을 경고한다. 비도덕적 사회에서 도덕적 개인의 존재는 자칫 자기만족적 위안에 머물러 본인의 의도와 달리 비도덕적 사회의 공범이 될 수 있기 때문이다.

그가 비판하려는 대상은 친절한 백인의 예절이나 친절이 아니라, 마치 인종차별이 존재하지 않는 것인 양 착각하게 만들어 오히려 차별적 현실을 은폐하는 위선이다. 관객들에게 "자기답게 굴라"(14)고 경고하면서 무대를 마무리하던 그는 여전히 웃고 있는 백인관객들을 향해 마지막 카운트펀치를 날린다.

> 아, 깜박할 뻔 했네. 내가 더 심하게 조져주지 않아서 실망하고 스스로 비하하는 흰둥이 양반에게 한 마디해주지—내 마누란 백인이야. 금발에 파란 눈이고, 젖꼭지도 아주 크지. 그녀는 최고야. 난 이 세상에서 그녀와 내 혼혈 자식들을 가장 사랑한다고. 잘 있으시오. (도시이름!)

> Oh, I almost forgot. For all you self-hating crackas who feel disappointed that I didn't sodomize you worse than I did—I got a white wife. She got blond hair, blue eyes, and BIG titties. She also the most wonderful person I've ever known, and I love her and my mixed tan babies more than anything in the world. Good night, (name of city!) (15-6)

이 장면은 퇴장했던 코미디언이 굳이 재등장하여 백인 아내와 혼혈 자녀들을 언급하는 대목이다. 그 의도가 무척 의미심장하다. 스탠드 업 코미디다운 B급 농담은 물론, 백인을 겨냥한 수위 높은 인종적 비난에도 웃음을 그치지 않던 관객들은 혼종 커플을 언급할 때는 대부분 웃지 않는다.

혼종 커플은 백인 관객의 무의식에 잠재된 흑색 공포를 상기시키는 도전적 기호이기 때문이다. 아프리카계 미국 남성과 백인 여성이란 혼종 커플은 미국사회의 오래된 금기이자 범죄였다. 17세기 식민지 시절 재정된 인종 간 결혼 금지법anti-miscegenation law이 1967년 위헌으로 판결되기 전까지 약 270여 년 동안 미국은 혼종 결혼을 법적으로 금지했다. 대중문화에서도 혼종 커플은 좀처럼 보기 어려웠고, 오히려 백인 여성을 위협하는 아프리카 미국 남성의 폭력적 이미지가 널리 퍼져 있었다. 가령 영화 「국가의 탄생」 The Birth of a Nation에서 백인처녀를 강탈했던 흑인의 이미지는 흑인 남성의 성적 위협을 상징하는 대표적인 스테레오타입이다.[32] 실제로 5-60년대 백인들은 아프리카계 남성에게 린치를 가하는 이유로 순결한 백인 여성을 보호하기 위한 것이란 황당한 주장을 펴기도 했다.

흑백의 결혼금지법을 폐기하기까지 오랜 세월이 필요했던 것은 미국문화에 깊이 흐르는 인종분리정서 때문이다. 아프리카계 미국 코미디언이 굳이 마지막에 아름다운 백인 아내를 언급한 이유는 백인들의 속마음, 즉 법과 제도적으로는 인종차별을 금지하지만, 인종분리의 당위성을 거부하지 못하는 무의식을 자극하려는 의도로 보인다. 관객들은 도덕적으로 의심스럽고 정치적으로도 비난 받을 만한 스탠드 업 코미디언의 언행을 코미디 무대라는 특수성으로 이해하고 너그럽게 수용했지만 혼종 커플의 언급에는 정색한다. 그리고 인종 문제에 대한 스스로의 이중적 태도 역시 코미디언의 비상식적인 태도만큼이나 조롱의 대상이 될 수 있다는 불쾌한 자각에

---

[32] 이러한 이미지의 근원은 민스트럴 쇼에서 불법자의 이미지로 등장했던 인물, 스태고리 (Stagolee)로부터 찾아볼 수 있는데, 20세기 갱스터 랩의 뮤직비디오를 통해 폭력적이고 비인간적인 흑인 남성의 이미지로 이어지고 있다.

당황한다. 〈더 키친 극단〉The Kitchen Theatre의 뉴욕 공연 비디오에는 혼종커플이 언급될 때 웃음기가 사라진 관객들이 인색한 박수로 코미디언을 퇴장시키는 장면이 생생하게 기록되어 있다. 그들의 심각한 태도는 탈 인종적 태도를 과시했던 자신의 내면에서 혼종결혼에 대한 거부감이라는 모순적 태도를 발견했기 때문이다. 스탠드 업 코미디언의 마지막 펀치라인은 백인 관객들의 웃음을 얻는 데는 실패했지만 탈 인종사회를 공언하는 미국사회를 향해 제대로 결정타를 날린 셈이다.

(3) 도덕극

스탠드 업 코미디언이 던진 충격이 객석을 지배하는 것도 잠시, 이어지는 도덕극에서는 아프리카계 인물들이 코믹한 연기로 다시 관객을 즐겁게 만든다. 이 도덕극에는 19세기 민스트럴 쇼의 전형적인 흑인 인물들─엉클톰을 변형한 흑인 노인, 뚱뚱한 흑인 엄마, 성적으로 도발적인 혼혈 소녀 등이 등장한다. 이와 동시에 최근 갱스터 뮤직비디오나 알피지게임Role Playing Game에 등장하는 마약 중개인, 힙합 가수지망생, 비디오 호 등도 나온다. 인물들의 전형적 이미지는 브레히트식 연기와 마임동작을 보여주는 배우들에 의해서 만화경처럼 빠르게 재현됨으로써 더욱 극대화된다.

도덕극의 주인공 오마르Omar는 힙합가수를 꿈꾸는 아프리카계 소년이다. 그의 엄마는 여섯 명의 자녀들과 열 명의 손자들을 뒷바라지하기 위해 무려 세 개의 직장에서 일하는 싱글 맘이다. 그녀의 유일한 희망은 아들이 의사로 성공하는 것이지만 정작 오마르 본인은 힙합에 빠져있다. 오마르의 아프리카계 친구들은 농구공을 손에서 놓지 않거나, 자동차를 훔치거나, 총기사고로 목숨을 잃는 불운하고 희망 없는 삶을 사는 인물들로 그려진다. 오마르는 돈을 벌기 위해 마약을 거래하는 친구를 돕게 되는데, 친구가 총격전을 벌이다가 죽자 범인으로 오인되어 감옥에 갇힌다. 그 곳에서 그는 백인을 저주하는 랩 음악을 시작하게 되고 우연히 기획자의 눈에 들어 가수로 성공한다. 그의 주변에는 게이 미용사와 육감적인 몸매의 여인들이 머물고, 오마르는 마약과 섹스를 탐닉하며 삶의 의미를 잃어간다. 실의에 찬 그의 앞에 죽은 할머니의 영혼이 나타나 우화를 들려주며 재생의 가능성을 암시하는 가운데 무대가 끝난다.

이 도덕극은 마치 갱스터 힙합 뮤직 비디오를 보는 것처럼 마약, 총기, 섹스, 범죄와 관련된 전형적 이미지로 넘쳐나지만, 그 과도함 때문에 오히려 아프리카계 미국인의 전형적 이미지를 희화화하는 효과를 발생시킨다. 작가는 지문을 통해서 배우들에게 인종성이 드러나지 않도록 발성하고, 무미건조하게flatly 연기할 것을 요구한다(16). 가난, 꿈, 마약, 총기사고, 죽음, 투옥과 같은 비극적 사건이 연달아 일어나도 관객들이 인물에 대한 공감을 지연시키고 웃는 이유는 바로 이 때문이다. 배우들의 모든 동작은 자연스럽지 않고 인위적이거나 기계적이다. 오마르는 줄곧 서툴게 비트박스를 하고, 친구 마이클은 농구공을 기계적으로 드리블하는 마임을 하며, 마약 중개인은 비디오 게임 GTAGrand Theft Auto의 캐릭터를 연상시키는 기계적 동작을 반복한다. 배우들의 검은 정장 차림과 우아한 동작 역시 전형적 이미지를 가진 인물의 경박함과 상치되어 관객의 몰입을 방해한다.

민스트럴 쇼를 보는 19세기의 관객들은 흑인 노예들의 어리석고 부정적인 이미지를 보며 우월감에 차서 웃음을 터뜨렸다. 이에 비해,『선적』의 관객들은 전형적 이미지를 브레히트식으로 연기하는 배우들을 보고 아프리카계 미국인의 부정적 이미지를 부자연스럽고 인위적인 가공물로 인식하며 그 허구성에 웃게 된다. 이 도덕극에서 재현되는 전형적 이미지는 인종 정치적 분노나 죄책감을 유발시키지 않는다. 오히려 이미지의 인위성이 발생시키는 객관적 거리감이 백인관객에게 '인종조차도 코미디가 되는 탈 인종사회'라는 알리바이를 제공한다. 하지만 이러한 관객의 즐거움은 무반주 합창이 시작되면서 곧 사라진다.

(4) 무반주 합창(a capella)

도덕극을 마감하는 무반주 합창은 전통적인 민스트럴 쇼의 레퍼토리인 흑인 성가 전통을 차용한 것이다. 이 극의 무반주합창은 대부분의 평론가 들이 인상적인 부분으로 언급할 정도로 매우 아름다운 화음을 들려주지만, 합창이 갖는 의미는 "평등을 위한 순수한 찬가"(Coyle)에 머물지 않는다. 19 세기 초 민스트럴 쇼의 음악은 흑인 성가를 사용하는 외에도 유럽의 전통 오페라를 개사하여 패러디한 감상 음악으로 바꾸는 등, 고급문화에 대한 패러디적 성격을 가지고 있었다(이동환 126). 『선적』의 배우들이 부르는 무반 주 합창은 인디 록밴드 마디스트 마우스Modest Mouse의 「다크 센터 어브 더 유니버스」Dark Center of the Universe를 편곡한 것이다. 그들은 원곡의 가사를 그대로 부르지만, 가사를 전달하는 방식에 변화를 주었다. 그러자 창법의 전환은 원곡에 전복적 의미를 부여하게 되어 민스트럴 쇼에 잠재되었던 패 러디적 효과를 발생시킨다. 노래를 부르는 배우들의 행동이 원곡의 가사가 가진 의미를 아프리카계 미국인에 대한 정치적 메시지로 변화시키기 때문 이다. 무반주 합창의 가사 내용을 살펴보자.

가수 1: 원한다면 난 허공 속으로 사라져 버릴 수도 있어
네가 생각하는 것처럼 난 그렇게 우주의 어두운 중심이 아니야
가수 1, 2 그리고 3(다함께):
원한다면 난 허공 속으로 사라져 버릴 수도 있어

네가 생각하는 것처럼 난 그렇게 우주의 어두운 중심이 아니야

(삼중창으로)

글쎄, 난 여러 노력을 했지만 결국 바보가 되었지.

누구라도, 똑같이, 손쉽게 널 속여 넘길 수 있다고 확신해

죽은 자들은 뭔가를 말했지만 그건 진심이 아니었지

모두의 삶은 끝이 있고, 누구도 완성하지 못해

드라이든 얼음이든 결국 둘 다 녹고, 너도 결국 속아버리지

· · · · · ·

넌 내게 할 말 없다고 하겠지만

우리 목소리는 예전엔 악수를 했었지

그 미지의 영역을 볼 수 없는데, 네가 뭘 어쩌겠어?

Singer 1. I might disintegrate into the thin air if you'd like

I'm not the dark center of the universe like you thought

Singer 1, 2 and 3 (In Unison).

I might disintegrate into the thin air if you'd like

I'm not the dark center of the universe like you thought

(In Three Part harmony)

Well, it took a lot of work to be the ass that I am

And I'm real damn sure that anyone can, equally easily fuck you over

Well, died sayin' something, but didn't mean it

Everyone's life ends, but no one ever completes it

Dry or wet ice, they both melt and you're equally cheated

· · · · · ·

I'm sure you'll tell me you got nothin' to say

But our voices shook hands the other day

If you can't see the thin air then what the hells in your way? (29-30)

얼핏 듣기에 이 노래의 화자는 가상 청자에게 현실을 정확히 보라고 충고 하는 것처럼 보인다. "네가 생각하는 것처럼 난 우주의 어두운 중심이 아니야."라고 변명하거나, "이런저런 노력을 했지만 결국 바보가 되었다."고 한탄한 뒤, 너 역시 결국은 누군가의 말에 속아 "똑같이 쉽사리 바보처럼 속아 넘어갈 것"이라고 경고한다. 가사 내용이 명료하지 않지만, 오히려 그 모호함과 추상성이 여러 가지 해석의 여지를 제공한다. 그보다 주목할 점은 배우들의 태도이다. 도덕극이 끝나고 합창을 시작하기 전까지 배우들은 독특한 행동을 보여주는데, 이것이 노래 가사 해석에 대한 구체적 맥락을 부여한다. 배우들은 노래를 시작하기 전, 일 분 여 동안을 아무 말 없이 관객들을 빤히 쳐다본다. 배우들의 침묵과 응시는 도덕극과 합창 사이의 경계를 만들어주는 동시에 관객의 기대와 집중을 유도한다. 하지만 이들의 행동이 연극 진행을 위한 형식적 몸짓이 아니라는 점이 명확하게 드러난다. 그들의 의도적 침묵과 오만하고 도전적인 시선이 관객을 불편하게 만들기 때문이다.

꽤 오랫동안 정적을 유지한 후, 배우들은 아름다운 화음으로 노래를 시작한다. 그들의 목소리는 점점 분노와 항변의 어조로 변해가고, 이러한 창법은 "나를 바보로 만든 누군가가 당신들을 속일 것"이라는 가사에 구체적 의미를 부여하게 된다. 그들이 분노에 차서 노래할 때, 가사 속의 거짓과 속임수란 기표는 합창 공연 전 그들이 연기한 아프리카계 미국인의 부정적이고 전형적인 이미지라는 기의와 결합한다. 그 결과 합창의 메시지는 다음과 같이 드러나게 된다. "아프리카계 미국인은 네가 생각하는 것처럼 그렇게 우주의 검은 중심과 같은 사람들이 아니야. 오랜 시간에 걸쳐 나는 바보 같은 이미지를 가지게 되었지, 너도 똑같이 쉽게 속아 넘어간 거야 . . . 넌 할 말 없다고 하겠지만, 우린 모두 같은 사람이었지. 미지의 영역을 알 수 없다니, 네가 뭘 어쩌겠어?"

　이 노래의 정치성은 반복되는 후렴구 부분의 "누구라도, 똑같이, 손쉽게 널 속여 넘길 수 있다고 확신해"와 "미지의 세계를 알 수 없다니, 네가 뭘 어쩌겠어?"에서 발생한다. 가사 속 화자는 미디어의 이미지, 고전 속의 진리, 상식적인 충고 등 스스로의 내면을 결정하고 속이는 외부 요인들이 너를 속인다는 경고를 던진다. 하지만 화자는 사실 이러한 경고가 너를 설득할 수 없음을 미리 간파하고 있는 듯 보인다. 죽음 이후에 대해서 아무도 알 수 없다는 논리에 기대어 무엇이 올바른가에 대한 판단을 보류하는 너를 향해서 비난하듯 배우들은 격렬하게 이 후렴구를 반복한다. 도덕극과 스케치 코미디 사이에 공연되는 이들의 합창은 웃음기 없이 진지한 태도로 공연된다. 동시대 인디밴드의 노래는 민스트럴 쇼에 담긴 인종 비하적 요소와 아프리카계에 대한 전형적 이미지들과 함께 의미 구조의 일부가 되면서 관객들에게 또 한 번 불편한 각성을 요구한다.

(5) 스케치 코미디

　합창이 끝나고 배우들이 흩어지면, 희미한 조명 속에서 두 명의 백인이 등장하여 무대를 전형적인 여피족의 거실로 바꾼다. 이전 무대에 등장했던 배우들이 모두 이 스케치 코미디의 새로운 인물로 재등장한다. 막이 시작되면 토마스Thomas는 자신의 생일파티에 첫 손님으로 도착한 오마르와 대화를 나누고 있다. 오마르는 까다롭게 유기농 식단을 고집하고 알코올, 카페인 함유 음식을 멀리하지만 토마스는 그와 정반대의 취향을 가지고 있어서, 두 사람의 삐걱거리는 대화가 웃음을 자아낸다. 곧 이어 토마스의 직장 동료 데스몬드Desmond, 오랜 친구인 토마시나Thomasina와 마이클Michael이 도착하며 파티가 시작된다. 다소 괴짜스러운 오마르와 데스몬드의 행동을 제외하면 어느 모로 보나 평범했을 그들의 파티는, 토마스의 악동 같은 기행이 시작되면서 비정상적으로 흘러간다(40). 토마스는 토마시나의 성적 비밀을 들춰내며 모욕을 주는가 하면, 느닷없이 토마시나를 향한 데스몬드의 숨겨진 연심을 폭로하여 분위기를 어색하게 만든다. 또한 오마르를 동정이라 놀리고 데스몬드를 거짓말쟁이로 몰아가자 파티분위기는 엉망이 된다. 화가 난 손님들이 떠나려 할 때 토마스가 그들의 술에 독-요오드-를 넣었다고 자백하면서 일동은 공황상태에 빠진다.

그러나 토마스의 말이 사실이 아닌 거짓으로 드러나자 분노한 일행은 그를 비난하고 다시 떠나려 하지만, 제정신처럼 보이지 않는 토마스가 걱정되어 그를 병원에 데려갈 구급차를 부르고 도착하기를 기다린다. 어색한 분위기 속에서 일행은 토마스의 부탁에 따라 일명 '도서관게임'을 시작한다. 이 게임의 규칙은 책 한 권을 골라 그 책에 쓰여 있을 법한 문장을 만들어내는 것이다. 토마스는 아프리카인들의 미신을 다룬 책, 『검은 마술』 Black Magic 을 선택하고, 손님들은 "검둥이의 미신"negro superstitions에 해당하는 내용을 상상하여 적어낸다. 토마스가 익명으로 적은 쪽지 내용을 읽기 시작하자 모두들 웃음을 참느라 바쁘다. 그들은 쪽지 내용의 허무맹랑함이 인종차별로 보일까봐 마음 놓고 웃지는 못하지만, 은근히 이 상황을 즐기고 있음에 틀림없어 보인다. 그러나 "검둥이는 그들의 손과 발이 하얀 이유를 아프리카에서 달을 만졌기 때문이라고 믿는다."(53)라고 쓰인 쪽지에, 그들은 더 이상 참지 못하고 박장대소한다. 그 때 오마르가 외친다. "정말 유감이에요. 난 이런 일들이 정말이지 불편해요. 이 자리에 흑인이 함께 있었다면 이런 놀이는 안 했을 겁니다."(53) 그러자 데스몬드가 그의 말을 받는다. "어떤 흑인이 이 자리에 있는가에 달렸겠죠."(53) 이 대사를 마지막으로 무대는 암전되고 객석은 무거운 침묵에 휩싸인다.

대부분의 연극 평에서 이 마지막 장면을 충격적 반전이라고 표현할 만큼 오마르와 데스몬드의 대사는 극 전체적인 분위기를 일시에 바꿔버린다. 알비 풍의 희극처럼 보이던 스케치 코미디는 사실상 마지막 장면의 반전을 위해 마련된 속임수였던 것이다(Novinski). 이 장면의 반전은 아프리카계 배우들이 마치 원래 백인의 입장을 대변한다는 듯 혹은 "백인의 여흥을 돋우기 위한 조수처럼"(Hallett) 행동한다는 점에 있다. 스케치 코미디가 시작할 때, 관객들은 아프리카계 배우들이 연기하는 까다로운 취향의 별스런 인물들을 보면서 전형적인 중산층 백인 여피족에 대한 조롱으로 생각했을 것이다. 마치 민스트럴 쇼에서 백인 상류층 위선자들을 조롱하기 위해 흑인 배우들이 사악하거나 바보처럼 그려졌듯이, 관객들은 아프리카계 배우들이 백인 상류층을 흉내 내고 조롱한다고 본다. 그래서 그들이 아프리카인의 미신을 비아냥거리며 킥킥거릴 때도, 관객들은 인종차별을 잊고 인물들과 함께 웃고 즐겼던 것이다. 하지만 오마르가 "흑인이 함께 있었다면 이런 놀이를 안 했을 것"이라며 마치 흑인 분장을 한 백인처럼 말하자, 무대는 갑자기 백인들의 인종차별적 놀이가 벌어지던 파티장소로 변해버린다. 지금껏 배우들을 비추던 조명은 관객들의 인종적 무의식과 욕망을 향하고, 어두운 객석에서 그 유희에 동참하던 관객들은 인종 정치라는 공적 영역으로 내몰리게 된다.

앞서 언급했듯이 민스트럴 쇼에 대한 동시대 미국인의 감정은 '죄스런 즐거움'이다. 19세기 민스트럴 쇼는 흑인을 조롱하고 비하하지만 이러한 재현이 궁극적으로 위선적인 상류층을 비판했다는 점에서 민스트럴 쇼를 즐겼던 당시 미국 하층민들의 즐거움은 변명의 여지가 생긴다. 이에 비해서 동시대인들에게 민스트럴 쇼의 흑인 비하적 재현은 인종차별의 역사적 맥락에서 비롯된 도덕적 죄책감으로 환원된다. 민스트럴 쇼가 가진 저항성에도 불구하고 쇼의 즐거움은 늘 흑인들에 대한 인종차별적 현실에 기반하고 있었기 때문이다. 하지만 오바마 정부의 탄생을 계기로 모든 미국인들이 '인종에 무관한 태도'를 가질 수 있는 탈 인종사회가 되었으니, 이제 민스트럴 쇼에 대한 죄책감을 운운하는 것은 철지난 정치적 선동에 불과한 것일까?『선적』의 마지막 장면을 본 관객은 이 질문에 대한 답을 재고하게 될 것이다. 이 장면은 백인들이 인종차별에 근거한 허구적 아프리카계 이미지를 코미디의 대상으로 즐긴다면, 탈 인종 사회는 여전히 현실에는 존재하지 않는, 유토피아에 불과하다는 사실을 명백하게 전달한다.

* * * * *

2010년 〈미국 문학예술아카데미〉American Academy of Arts and Letters Literature Awards의 수상자로 영진 리를 선정하면서, 심사 위원이었던 로물러스 리니Romulus Linney는 강렬, 도전, 뻔뻔, 신랄, 유쾌한 등 형용사로 영진 리의 작품세계를 표현한다(영진 리 공식사이트 재인용). 리니의 지적대로 영진 리의 여러 작품들, 가령『용비어천가』,『교회』Church,『리어』Lear에 나타난 미학적 특징은 한 마디로 '불편함의 정치학'이라 할 만하다. 그녀의 작품들은 마치 손톱 밑의 가시나 신발 속의 작은 돌처럼 일상의 편안함을 방해한다.『선적』역시 민스트럴 쇼라는 미국 대중문화의 뜨거운 감자를 건드린다는 점에서 불편한 인종 정치극 목록에 추가될 만하다.

하지만 이 극이 인종 정치성을 발현시키는 방식은 결코 정공법이라고 할 수 없다.『선적』은 탈 인종사회를 산다고 믿고 있는 동시대 관객에게 민스트럴 쇼가 가진 이중적 재현 효과, 즉 '죄스런 즐거움'을 미학적으로 체험시키는 방식을 취한다. 즉 이 극의 정치성 발현은 전적으로 관객들이

해독하고 경험하는 과정에 의존하고 있는 것이다. 코미디를 보며 인종문제에 대한 스스로의 이중적 잣대를 확인하게 된 백인 관객들은, 오바마의 시대에도 인종문제 해결은 여전히 지난한 과제이며 탈 인종 사회라는 신화를 만들고 지지한 책임이 자신에게 있다는 정치적 각성을 하지 않을 수 없게 된다. 이로써, 영진 리의 『선적』은 백인 관객들에게 저녁 여흥을 책임질 코미디극임에 틀림없지만, "웃음이란 공동체를 향한 인간의 절규"(Laughter is a human cry for community. Novinski)에 다름 아니라는 사실 또한 확실하게 알려주는 정치극이 된다.

■ 이 장의 내용은 『현대영미드라마』 27권 3호(2014)에 수록된 필자의 논문, 「탈 인종시대의 민스트럴 쇼: 『선적』의 연극적 정치성 읽기」를 일부 수정한 것이다.

마가렛 조^{Margaret Cho}

마가렛 조는 최근 미국에서 활동하고 있는 스탠드 업 코미디언 가운데 가장 "뜨거운" 코미디언 중 한 명일 것이다.[33] 그녀는 코미디 공연뿐만 아니라, 영화와 텔레비전 드라마, 쇼 프로그램에도 출연하는 등 미국사회에

---

[33] 최근 2015년 골든 글로브 시상식에서 북한을 조롱했던 마가렛 조의 코미디 영상이 국내 미디어를 통해 소개되면서 많은 한국인들이 그녀의 존재를 알게 되었다. 최근 북한은 김정은을 조롱하는 영화, 「인터뷰」(*Interview*)를 제작한 소니영화사에 보복성 해킹을 했다고 의심받고 있다. 마가렛 조는 서툰 영어를 구사하는 가상의 북한 장교, 조영자로 분장하여 할리우드의 (주로 백인) 배우들 사이를 돌아다니면서 놀림감이 되는 자학성 개그를 구사했다. 그녀의 코미디가 아시아인에 대한 차별인가를 두고 벌어지는 미국 내의 논쟁과 별도로, 한국인들은 마가렛 조를 통해 한국계 미국인이라는 푸웡키적 존재가 북한을 바라보는 시선을 접할 기회를 얻었다.

서 가장 성공한 한국계 출신 예술인이다. 마가렛 조에 대한 미국인들의 인식은 그녀가 "지적이고 아름답다"는 것이다. 사실 그녀는 과체중에 가까운 살찐 몸매로 유명하며, 전 과목에서 낙제하고 고등학교를 중퇴한, 소위 문제아로서 학력 역시 보잘것없다. 그럼에도 대중들이 마가렛 조를 향해 애정의 시선을 보내는 이유는 그녀가 소수자로서 순탄치 않았던 삶을 극복했을 뿐 아니라, 나아가 소외 받는 이들의 권익을 공적인 영역에서 논의하도록 이끌었기 때문이다. 그녀는 자신의 코미디에서 미국사회의 인종, 성 차별 등을 풍자하여 팬들의 사랑을 받았고, 2013년 대법원의 합법화판결이 나오기 전부터 동성애자 결혼을 공개적으로 지지해왔다. 최근에는 미국의 TV 쇼, 「스타와 춤을」*Dancing with the Stars*에 출연하여 청소년의 성적 자유에 대한 사회적 논쟁을 촉발시켰다. 당시 그녀는 게이 문화의 상징인 무지개 색깔 옷을 입고 나와 학교에서 소외 받는 10대 게이 청소년들을 응원했다.

소외된 자들을 향한 마가렛 조의 관심은 불행한 학창시절을 보낸 한국계 2세대 소녀의 경험에서 우러나온 것이다. 10대 시절 내내 소위 왕따로 살았던 마가렛 조는 스무 살이 되기 전 학교를 떠나 스탠드 업 코미디 배우의 길을 택했다. 무명 코미디언으로 클럽 무대를 전전하던 그녀는 1991년 서부지역 대학 코미디경연대회에서 우승하면서 유명한 코미디언 제리 쉬엔필드Jerry Seinfeld와 함께 공연하는 행운을 얻는다. 그 이후 그녀는 전국에서 초청받는 코미디언이 되었고, 특히 대학가 일대에서는 섭외 선호 일 순위로 꼽히는 인기를 누렸다. 25살 되던 1994년 그녀는 마침내 최우수 여성 스탠드 업 코미디언으로 선정되는 영예를 안는다. 이듬 해 ABC 방송사는 미국 방송 사상 최초로 한국계 미국가족을 다룬 시트콤, 「완전한 미국 소녀」*All American Girl*의 여주인공으로 마가렛 조를 선정했다. 그러나 제작진은 마가렛 조의 뚱뚱한 외모에 불만을 제기했고, 그녀는 섹시한 아시아 여성처럼 보이기 위해 거식증과 신장병을 얻어가면서까지 다이어트를 해야 했다. 그녀의 노력에도 불구하고 시트콤은 아시아계 공동체로부터 인종차별적 재현이라는 거센 비난을 받았고 결국 조기 종영된다. 20대 초반에 큰 명성과 부를 얻었던 그녀는 인종 재현이라는 예상치 않았던 장벽에 부딪쳐 좌절을 맛보게 된 것이다.

하지만 마가렛 조는 이 실패를 통해서 인종, 성별, 성, 계급, 민족, 종교 등 미국사회의 여러 구조적 문제에 눈을 뜨게 된다. 그녀는 이 시기의 경험을 바탕으로 1999년 코미디 쇼, 「내가 되고 싶은 사람은 바로 나」*I'm the One That I Want*를 만들었고, 대중과 평단의 찬사를 받으며 재기한다. 이 작품에서 그녀는 미국사회의 일상적 인종차별을 묘사하는 한편, 성적 소수자들을 향한 유쾌하고 확실한 응원, 그리고 모든 차별적 행동에 대한 일상적 저항방식을 전달한다. 그녀의 또 다른 쇼들, 「악명 높은 조」*Notorious C. H. O.* (2001), 「혁명」*Revolution* (2003), 「암살자」*Assassin* (2005), 「아름다워」*Beautiful* (2008), 「조 디펜던트」*Cho Dependent* (2010) 역시 신랄한 사회 비판과 아웃사이더들의 대변인다운 주장들을 펼쳐 보임으로써 팬들의 열렬한 호응을 받았다. 이 작품들은 상업적으로도 큰 성공을 거두었지만, 예술적으로도 높이 평가받아 「혁명」과 「조 디펜던트」 공연은 각각 2003년, 2010년 그래미상 코미디 앨범 부분에 후보작에 올랐고, ≪뉴욕타임스≫를 비롯한 여러 비평지로부터 찬사를 받았다.

마가렛 조의 코미디 쇼에는 1970년대 샌프란시스코에서 한국계 이주민으로 살았던 그녀와 가족의 삶이 녹아있다. 마가렛 조의 부모님은 1960년대 샌프란시스코로 이민을 왔고 동성애문화로 유명한 거리에서 서점을 경영하며 마가렛 조와 남동생을 키웠다고 한다. 그녀의 코미디에 단골 소재로 등장하는 부모님은 미국에서 고군분투하는 한국계 이민자의 모습을 보여주는 한편, 이민 2세대 자녀와 문화적 차이로 갈등을 겪는 1세대의 전형적 이미지를 잘 보여준다. 마가렛 조는 종종 1960-70년대 미국 반문화의 상징인 샌프란시스코에서 자랐음을 자랑스럽게 밝히곤 한다. 그녀는 히피와 동성애자들의 문화가 남아 있는 샌프란시스코의 헤이트 애시베리Haight-Ashbury와 폴크Polk 거리에서 청소년 시절을 보냈고 이 시기에 동성애와 히피적 삶의 방식을 자연스럽게 받아들인 듯하다. 그녀의 자서전『내가 원하는 것은 바로 나』에는 외모에 대한 열등감과 뚱뚱한 몸에 대한 수치심 때문에 괴로워하던 어린 시절의 이야기가 나온다. 왕따와 퇴학을 거듭하던 당시 그녀의 유일한 친구는 거리에서 만난 동성애자들과 예술가들이었다. 이때부터 마가렛 조는 게이 공동체를 지지하는 여성, 즉 패그 헤그Fag Hag를 자청하며 게이 문화에 대한 강력한 지원과 연대의식을 표현해왔다.

그녀는 2010년 「아름다워」 공연에서 자신의 성 정체성을 퀴어queer라고 밝혔다. '한국계 미국인 여성 양성애자 코미디언'이라는 다소 복잡하고 소수 중의 소수에 속하는 정체성은 마가렛에게 인종과 성적 차별에 대한 민감하고 독특한 감수성을 만들어주었다. 이러한 감수성은 그녀의 스탠드 업 코미디에서 아시아인에 대한 인종차별, 여성 및 동성애자에 대한 편견과 억압적 관행을 아이러니하게 비판하는 유머로 변형된다. 소수인종, 성소수자임을 드러냄으로써 마가렛 조는 기존의 인종, 성적 범주에 포섭되지 않는 공간에서 푸윙키적 존재로 살아간다. 한국계 미국여성이 이러한 정체성을 가진다는 것은 매 순간 버겁고 가혹한 삶을 살아야한다는 것을 의미한다. 대담하고 유쾌하게 푸윙키의 무대를 마련하는 마가렛 조 역시 이러한 현실을 모르지 않는다. 하지만 그녀는 소수자의 억압적 현실은 저항하는 것으로 극복할 수 있다고 주장한다.

모든 것이 좋은 척 받아들이면 우리 이야기는 묻혀버리고 진실은 거짓이

됩니다. 나는 그것이 싫기 때문에 진실을 말하고자 합니다. 나는 아름다움을 보여주기 위해 추함을 말합니다. 아직도 말해야 할 추함이 많이 남아 있습니다. (『바로 나』166)

다음에서는 초기 대표 공연작에 속하는 「내가 원하는 것은 바로 나」와 「혁명」, 그리고 「악명 높은 조」를 중심으로 미국문화의 차별적인 이미지를 흉내 내기 전략을 통해 저항적 혹은 대안적 의미로 바꾸어버리는 마가렛 조의 재현 방식에 대해 살펴보겠다.

12

한국계 스탠드 업 코미디언 마가렛 조의 비판적 흉내 내기

한국계 스탠드 업 코미디언 마가렛 조Margaret Cho는 1999년 미국 TV 역사상 최초로 아시아계 미국인을 다룬 시트콤, 「완벽한 미국 소녀」*All American Girl*의 주연으로 발탁된 이후, 미국 대중문화에서 줄곧 아시아계를 대표하는 코미디언이었다. 그녀는 자신의 코미디 무대에서 아시아계에 대한 차별을 비롯하여 성적 소수자, 반전anti-war운동 등 미국사회의 민감한 이슈들을 소재로 삼아 소수집단의 목소리를 대변해왔다. 무대 밖에서도 마가렛 조는 동성애 결혼 합법화를 주장하고 부시 정권의 전쟁을 반대하는 등 현실 정치에 개입하는 실천가의 면모를 보였다. 민주주의와 소수자인권에 미친 그녀의 행적을 기려 마가렛 조의 고향인 샌프란시스코 시는 2008년 4월 30일을 "마가렛 조의 날"Margaret Cho Day로 지정하였다. 또 2011년에는 성소수자 단체인 〈LGBT〉Lesbian Gay Bisexual Transgender가 그녀에게 공로상을 수여하기도 했다. 이처럼 마가렛 조가 자타 공인 소수자들의 대모라는 사실에 이의를 제기할 사람은 없지만, 일부 관객들은 그녀의 코미디 쇼에서 인종차별의 의혹을 발견하기도 한다. 그들은 마가렛 조가 무대에서 전형적인 인종 이미지racial stereotype를 연기하는 것을 이해할 수 없다고 주장한다. 인종차별적 이미지를 연기하는 배우로서의 마가렛 조와 차별을 반대하는 실천가로서의 마가렛 조 사이의 괴리를 어떻게 설명할 수 있을까?

주지하다시피 아시아계를 비롯한 소수 인종 공동체는 주류 문화의 인종차별적 재현 관행을 비판해왔다. 그런데 최근 몇몇 아시아계 미국 극작가들은 주류 문화가 유포한 인종차별적 이미지를 역이용하려는 정치적 재현을 시도하고 있다. 그들의 목적은 전형적 이미지의 익숙함을 이용하여 인종 정치적 논쟁을 끌어내는 것이다. 제임스 모이James Moy는 이러한 시도를 회의적으로 보는 비평가들을 대표한다. 그는 아시아계에 대한 전형적 이미지를 문제시한 작품들, 『엠. 나비』M. Butterfly, 『양키 놈 너 죽어』Yankee Dawg You Die가 본래의 정치적 의도를 부각시키지 못한 채 백인 관객을 위한 디너쇼에 그쳤다며 못마땅해 한다(115). 모이의 평가는 두 작가의 작품에 국한된 것이지만, 마가렛 조를 포함한 아시아계 미국 극작가들이 재현하는 전형적 이미지가 인종 정치적 전략인지, 혹은 주류 관객을 위한 상업적 기교에 불과한 것인지에 답해야 할 필요성을 제기한다.

기존 아시아계 미국연극계는 전형적 이미지를 유포하고 강화하는 주류 담론에 대항하는 담론을 만들고자 했다. 아시아계의 분노와 저항이 중시되었던 만큼 아시아계 미국 문학에 대한 평가는 종종 '저항하는 주체'의 유무로 결정지기도 했다(Nguyen 23). 이에 비해, 1990년대 이후 아시아계 미국 연구자들은 인종차별적 재현에 저항해야 할 당위가 아니라, 저항의 맥락과 방식에 주목한다. 가령 카렌 시마카와Karen Shimakawa는 인종차별적 재현을 진짜와 가짜로 구분하는 이분법적 재현 구도를 벗어나야 한다고 지적한다. 그녀는 호미 바바Homi Bharbha의 흉내 내기mimicry와 줄리아 크리스테바Julia Kristeva, 루이스 이리가레이Luce Irigaray, 주디스 버틀러Judith Burtler 등 여성주의 미학 개념에 근거하여, '비판적 흉내 내기'critical mimicry를 제안한다 (101-04). 티나 첸Tina Chen 역시 소수 인종 작가의 인종차별적 재현을 옹호한다. 첸은 인종차별적 재현을 배우가 선택하는 "일종의 대중적인 정체성"(a public identity, 14)으로 간주한다. 특히 배우의 연기에 주목하여 "전형성 연기를 통해 전형성을 해체하는 연기impersonation 전략"(4)이 저항적 의미를 도출할 수 있다고 주장한다.

　　이들의 주장은 마가렛 조의 스탠드 업 코미디 쇼에 나타난 전형적 이미지 재현에 대해서도 효과적인 설명을 제공한다. 마가렛 조가 일인다역으로 표현하는 여러 인물들은 기존의 주류 문화가 소수 집단에 부여한 전형적 이미지-비하, 열등, 괴짜, 이방인, 심지어 괴물-를 되풀이한 듯 보인다. 하지만 마가렛 조 특유의 스탠드 업 코미디 유머는 전형적 이미지를 낯설게 하며 새로운 해석의 여지를 열어둔다. 시마카와와 첸의 관점에 따르면 마가렛 조의 코미디 쇼에 나타난 전형적 재현은 '반항적 유희성을 연기하는'(Shimakawa 6) 정치적 의도, 즉 연극적 정치성을 발현한다. 본 글은 시마카와의 '비판적 흉내 내기', 첸의 '연기' 개념에 근거하여, 마가렛 조의 스탠드 업 코미디 공연들, 「내가 원하는 것은 바로 나」I'm the one that I want, 「혁명」Revolution, 「악명 높은 조」Notorious C. H. O.[34]에서 그녀가 전형적 이미지를

---

[34] 본 논문은 마가렛 조의 공연 녹화자료(DVD)를 1차 텍스트로 분석하였다. 이하에서는 각 공연 텍스트의 한글 번역 제목을 다음과 같이 줄여서 표기한다. 즉, I'm the one that I want는 「바로

연기하는 방식을 분석할 것이다.

[1] '진정한' 정체성의 재현 혹은 '전형적' 이미지와의 타협

조세핀 리Josephine Lee의 정의에 의하면, 타자에 대한 차별적 재현은 "몸의 일부를 절단하여 강조하거나 신체적 특징을 부각시킨다. 이 재현은 전형성을 만들어내는 억압자들에게 스스로의 자아가 통합된 것이란 환상을 부여한다"(89). 이러한 재현이 문제인 이유는 타자에 대한 전형적 이미지가 일반적인 상식에도 영향을 미쳐 비중립적이고 헤게모니적인 인종 지식을 만들어내기 때문이다. 그러므로 아시아계 미국연극이 미국 주류 문화가 재현하는 아시아인 이미지를 허구로 비판하며, 타자의 위치를 강요받는 억압적 현실에 저항하는 것은 정당한 반응이다. 그러나 리는 타자의 이미지에 매혹 당하는 아시아 주체들의 문제에 주목한다. 즉, "아시아인의 스테레오타입은 더 이상 백인 관객들의 소비를 위한 오리엔탈의 이미지에 머물지 않고, 아시아계 미국인이 정체성, 공동체, 성별에 대해 갖는 복잡한 환상과 연결"(J. Lee 90-91)된다는 것이다. 전형적 이미지와 아시아계 미국인의 정체성이 상호 구축하는 관계라고 본 리의 통찰은 최근 아시아계 극작가들의 인식과 일치한다. 극작가들은 "진정으로 전형적 재현의 해체를 바라는지 회의하기 시작한"(Chen 60) 것이다.

최근 아시아계 작가들은 전형적 재현의 정치성을 재고하기 시작했다. 그들은 "이미지가 긍정적인가 부정적인가로 볼 것이 아니라, 전형적 재현

나」, *Revolution*은 「혁명」, *Notorious C. H. O.*는 「악명」으로 쓴다. 이들 중 공연, *I'm the one that I want*는 마가렛 조가 2001년 출판한 자서전과 제목이 같기 때문에, 본문에서 인용 출처를 표기할 때, 공연의 경우 「바로 나」로, 자서전의 경우 *I'm the one*으로 구별하여 표기한다.

담론을 통해 의미화가 가능해진다."(Bhabha 67)는 데 공감한다. 바바의 설명에 따르면 식민담론은 타자를 비정상, 괴물로 고착화하는 과정에서 스스로의 자아를 타자의 대립적 위치에 놓는다. 즉 전형적 재현은 서구 주체와 타자라는 모순적인 두 개의 쌍으로 이루어지는 것이다. 식민담론은 전자에게 긍정적인 의미를 부여하고 후자에게 부정적인 의미를 부여하고 이를 고착화시킨다. 그런데 바바는 타자의 이미지가 매우 불안정하다고 파악한다. 타자 이미지는 복종, 굴종을 의미할 뿐만 아니라 서구 주체를 향한 끊임없는 위협으로 변할 수 있다는 것이다. 따라서 타자가 서구 주체를 어설프게 흉내 낼 때, 타자의 "모방이 가진 불완전함 때문에 . . . 물신화fetish된 식민문화는 전략적으로 전복적인 반론이 될 가능성을 갖는다."(Shimakawa 102 재인용). 전형적 이미지를 부정적으로만 규정할 경우 이미지에 내포된 타자의 모순성을 보지 못하고 기존 차별 담론의 정치적 상상력을 강화하는 셈이 된다. 즉 부정적 "이미지를 대체하는 것이 아니라 [이미지 속의 전복 가능성]을 아예 제거해버리는 오류를 범할 수 있다."(Shimakawa 101 재인용)

같은 맥락에서 시마카와는 전형적 재현에 대한 대안은 전적인 거부나 부정이 아닌 '협상'이라고 주장한다. 그녀에 의하면 기존 아시아계 연극은 전형적 재현을 비판하고 억압적 현실을 폭로하는 데 주력하지만, 이는 실질적인 변화를 이끌어내는데 한계가 있다. 전형적 재현을 거부하는 연극은 전형화된 아시아계 미국인 이미지와, 이에 반대되는 진짜 아시아계 미국인의 개인화된 이미지를 '병치'시켜 놓는다. 이 진짜/가짜의 병치구도는 아시아계 미국인의 몸과 삶을 대안으로 제시하며 인종차별적 이미지에 저항하는 효과가 있을 수 있다. 하지만 "재현의 진위를 판단할 수 있는 주체가 모호하며" 진짜라고 주장되는 "단일한 아시아계 미국인 이미지가 다양한 아시아계 미국인의 경험을 대표할 수 있을지 확인할 수 없다."(Shimakawa 100)

시마카와는 전형적 재현을 완전히 극복할 수 있는 "아르키메데스의 점과 같은 곳은 없다."(101)고 판단하고, 전형적 재현과의 '협상'이 대안이라고 제안한다. 그녀가 말하는 협상이란 전형적 재현에 내재된 이중성 즉, 억압의 대상이자, 위협적 타자의 이미지에 주목하고, 이미지를 전복할 수 있는 대안적 재현의 단서를 찾는 작업을 의미한다.

시마카와는 구체적 협상의 사례로 바바의 비판적 흉내 내기를 제안한다. 바바에 의하면 흉내 내기는 "기존 인종, 글쓰기, 역사의 정상적 지식들을 급진적으로 재평가하는 부분적 반대가 된다. 물신화된 기호는 권위의 형식을 흉내 내는 순간에 그것의 권위를 벗겨버리기 때문이다."(Shimakawa 102 재인용) 벨리나 하수 휴스턴Velina Hasu Houston의 『차』tea는 '비판적 흉내 내기'critical mimicry의 사례를 잘 보여준다. 일본계 미국여성 히미코Himoko 역할을 연기하던 여배우는 무대 위에서 배우의 신체가 갖는 기호적 속성을 이용하여, 히미코의 백인 남편으로 변신한다. 이 장면에서 히미코는 극중극에서 자신을 학대하던 폭력적 남편을 서툴게 흉내 냄으로써 그녀의 어색한 연기를 통해 남편의 폭력성을 부각시키도록 만든다. 폭력의 대상이었던 히미코가 자신에게 가해진 폭력을 서툴게 흉내 내는 장면에서 관객들은 그녀에게 가해졌던 인종적, 성적 폭력을 확연하게 느낄 수 있다. 비판적 흉내 내기, 즉 미메시스를 통해 남편에게 부여되어 있던 백인 남성의 권위가 해체되는 것이다(Shimakawa 108).

그러나 앞서 언급했듯이 전형적 재현을 역이용하는 전략에 대한 우려의 시각 역시 만만치 않다. 모이는 『엠. 나비』를 "앵글로 아메리칸 관객을 겨냥한 현대적 오리엔탈리즘"(124)이라고 비판하고, 바로 그 점 때문에 주류 무대에서 성공한 것이라고 폄하한다(84). 그에 따르면 전형적 재현을 해체하려는 작가의 의도가 있다 해도, 이 극은 전형적 재현을 즐기려는 주류 관객들에게 아무런 경고 효과를 내지 못했다. 모이의 지적은 전형적 이미지가 여전히 영향력을 발휘하는 현실을 감안할 때 타당해 보인다. 가령 2012년 미시건 주 상원 의원 선거에 출마한 공화당 후보, 피트 헉스트라Pete Hoekstra가 현직 후보인 민주당의 데비 스테입나우Debbie Stabenow를 공격한 선거 광고는 미국 대중문화에 건재한 전형적 재현의 위력을 확인시켜 준다. 슈퍼볼 경기의 중간 광고로 제작된 선거 동영상은 경쟁후보의 대중국 경제 지원 정책을 비판하려는 의도로 만들어진 것이다. 하지만 이 광고는 미국 경제에 타격을 준 주범이 전직 의원인 데비가 아니라 그 정책의 수혜를 받는 중국인임을 부각시키는 연출 때문에 논란을 불렀다.

화면 속에서 베트남 전통 의상인 아오자이와 논을 입은 아시아 여인이 자건거를 타고 논길을 달려와 시청자들을 향해 서툰 영어로 다음과 같이 말한다. "당신네 경제는 아주 허약해요. 우리는 아주 좋아졌고요. 우리가 당신네 일자리도 다 뺏었지요. 고마워요 '데비 지금돈쓰세요'Debbie spenditnow 선생님."(Jennie 재인용) 베트남 전통 복장과 그녀가 구사하는 서툰 영어는 아시아인을 이국적인 외국인으로 타자화하는 전형적 재현이다. 이 광고는 (백인) 일자리에 대한 저임금 아시아노동자의 위협, 미국 예산의 아시아 지역 유출 의혹 등을 제시하며 중국인 혐오를 유도한다. 또 아시아지역과 미국 내 아시아계 미국인에 대한 백인 유권자들의 불만을 조직화하고 보수적인 애국심을 조장하려는 의도도 엿보인다. 아시아계 공동체로부터 거센 비판 여론이 쏟아지자 결국 이 광고는 방송 금지 처분을 받았다.

주목할 점은 아시아 여성을 연기했던 중국계 미국인 배우, 리사 챈Lisa Chan의 대응이다. 리사 챈은 UC 버클리 사회학과를 졸업한 중국계 미국인으로서 인종 공동체 활동에도 참여했던 여성이었다. 그녀는 자신의 소셜 네트워크 서비스SNS를 통해 "중국계 미국인 공동체에 누를 끼쳐 미안하지만 배우로서의 자신과 광고 속의 인물은 무관하다."(Jennie 재인용)는 입장을 밝혔다. 그녀의 글은 자신의 인종 정치적 입장과는 무관하게 배우로서 전형적 이미지를 흉내 내는 연기를 했을 뿐이라는 항변처럼 읽힌다. 그러나 모이의 시각에 입각해본다면, 그녀가 연기한 아시아 여성의 이미지는 인종 차별에 대한 비판적 메시지를 전달하지 못했고 인식적 전복을 끌어내지도 못했다는 점에서 실패한 흉내 내기의 또 다른 사례에 불과하다.

이처럼 전형적 재현은 이미 오랜 관습에 의해 지속된 일상 문화의 일부이기 때문에 이를 벗어나기란 현실적으로 어려워 보인다. 전형적 재현을 의식적으로 판단하고 잊어버리는 정치적 행위는 불가능하다는 크리스테바의 지적이 설득력을 갖는 것도 이 때문이다(Shimakawa 101 재인용). 그렇다면 아시아계 미국 관객들은 어느 지점에서 관극의 즐거움을 느낄 수 있을까? 모이는 아시아계 관객들이 전형성을 보고 즐거움을 느끼는 것 역시 서구적 관음증에 동의한 것, 즉 관객들의 내면화된 인종차별의식을 드러내는 것이라고 비판했다. 이에 반해 레이 초우Rey Chow는 전형화된 아시아 이미지 속에서 즐거움을 찾아내는 관객의 시선을 "인종화된"ethnicized 것으로 정의하고, 이를 의미 생산의 근거로 보았다. 연극 무대 위에서 아시아계 미국인의 육체는 전형적인 이미지를 연기하더라도 진짜/가짜 재현 구도를 압도하는 인종적 의미를 생산한다. 즉, 무대 위 아시아계 미국인의 몸은 한편으로는 백인관객들을 유혹할 뿐만 아니라, 다른 한편으로는 아시아계 관객들이 동일시하는 대상이 될 수 있다는 뜻이다. 서구문화에서 소외된 소수 인종 관객들은 공적 영역에서 사라진 인종 공동체의 모습을 보고 싶은 욕망을 가진다. 그래서 아시아계 배우의 육체에 나타난 인종과 민족의 역사에 스스로 '인종화된 시선'을 투여하며 자신을 동일시함으로써 즐거움을 얻게 된다는 것이다(Chow 25-27).

모이와 초우가 관객의 정치적 해석과 정체성 인식을 동일시의 측면에서 검토했다면, 티나 첸은 탈동일시를 유도하는 배우의 연기 방식에서 전형적 재현과 정체성의 해체를 모색한다. 첸은 공연이 가진 존재론적, 인식론적 속성을 바탕으로 아시아계 미국인의 몸 공연을 "연기의 정치학"(6)으로 규정한다. 그녀가 정의하는 '연기'란 단어는 'acting'이 아니라 'impersonation'이며 어원적으로 흉내 내기나 가짜의 기의를 가지고 있다는 점에서 정치적 진실성을 의심받을 수 있다. 하지만 첸은 연극 본연의 차원에서 볼 때 배우의 연기는 진위성, 혹은 리얼리티로부터 자유로운 흉내 내기라고 주장한다. 주지하다시피 관객이 배우의 거짓을 자발적으로 묵인함으로써 동일시할 수 있다는 것이 서구 리얼리즘 극 미학이다. 그런데 첸은 배우가 하는 척posing gesture하는 태도를 부각시켜 관객의 동일시 행위를 방해하는 브레히트적 '소외'alienation 연기방식에 주목한다. 배우의 소외 연기는 거짓/진실의 경계에 대한 의문을 제기하기 때문에 인종정체성의 영역을 넓힐 수 있다는 것이다(65). 배우의 소외 연기는 전형적 이미지가 인위적인 구성물임을 보여주지만 관객과 공연자를 유혹할 만큼 진정성도 있다는 사실을 부인하지 않음으로써 관객들의 비판적 시각과 동일시 욕망을 함께 충족시킨다(Chen 70).

배우가 인종화된 관객들의 동일시 욕망을 부정하지 않으면서 전형성을 해체하는 연기를 할 때, 비로소 전형적 이미지는 주류 문화로부터 강제되거나 내면화된 피해의식이 아닌, 새로운 재현 전략으로서의 가능성을 갖게 된다. 앞서 선거 광고에 나타난 리사 챈의 경우는 '인종차별을 강화하는 전형적 재현'과 '비판을 위한 전형적 재현'을 구분해야 할 이유를 설명해준다. 배우의 연기 방식은 아시아계 미국연극이 전형적 재현을 전략으로 사용할 때 성패를 결정하는 열쇠가 된다. 마가렛 조의 스탠드 업 코미디에 나타난 전형적 재현 역시 그녀의 연기 방식에 의해서 인종차별적 재현의 인종 정치적 함의가 달라질 수 있다. 마가렛 조가 출연했던 「미국 소녀」는 아시아계 배우들이 연기했음에도 불구하고 결과적으로 아시아계 미국인에 대한 부정적 이미지를 강화했다. 문제는 마가렛 조를 비롯한 아시아계 배우들이 출연했다는 사실이 아니라, 그들의 연기가 "저항적 흉내 내기"와 "연기"의 정치학을 보여주었는가의 여부이다. 「미국 소녀」와 달리 마가렛 조의 스탠드 업 코미디 쇼는 전형적 이미지를 연기하여 차별적 재현의 권위를 위협하는 흉내 내기의 전복적 사례를 제공한다.

[2] 전형적 이미지에 대한 비판적 흉내 내기: 비판적 재현으로부터 유희적 재현으로

1994년 미국 ABC 방송사가 제작한 「미국 소녀」는 미국 대중문화 최초로 아시아계 미국인을 소재로 다루고 아시아계 미국인 배우들을 주연급으로 캐스팅한 역사적 시트콤이었다. 이 극은 마가렛 조를 일약 전국적 스타로 만들었고 특히 아시아계 공동체 사회의 기대를 받았다. 하지만 첫 방송 후 미국 주류사회와 아시아계 공동체 모두 실망감을 표시했다. 기존 아시아 여성의 전형적 이미지를 기대했던 주류사회의 시청자에게, 마가렛 조는 너무 '미국인처럼' 보였기 때문이다. 백인 시청자들은 마가렛 조에게서 전형적인 아시아 여성 이미지의 이국적 매력을 느낄 수 없자 불만을 쏟아냈다. 반면, 아시아계 공동체는 이 시트콤이 한국 이민자를 조롱하고 한국문화를 희화화했다고 분노하며, 한국계 미국 소녀를 연기한 마가렛 조를 "매국노, 엉클 톰, 한국을 모욕한 위험한 인물"(Pelle 24)로 비판했다. 이 상반된 반응 즉, 그녀가 너무 '아시아인답지 않다'라는 주류사회의 실망과, 이와는 다른 의미에서 그녀의 '아시아인답지 않음'에 분노했던 아시아계 사회의 반응은 두 공동체에게 '아시아인다움'이 의미하는 바가 각각 무엇인지 궁금하게 만든다.

먼저 주류사회가 기대한 '아시아인다움'이란 기존의 아시아 여성의 이미지, 즉 순종적이거나 과도한 성적 이미지를 의미한다. 「미국 소녀」의 제작진은 마가렛 조의 뚱뚱한 몸과 커다란 얼굴 크기에 노골적으로 불만을 표시했고, 단기간에 작고 마른 아시아 여성의 몸매로 바꿀 것을 강요했다고 한다. 한마디로 섹시한 아시아 여성의 이미지를 원한 것이다. 사라 카시넬리Sarah Cassinelli에 의하면 마가렛 조의 뚱뚱한 몸이 문제가 된 근본적인 이유는 그녀의 몸에서 성적 매력을 느낄 수 없었기 때문이 아니다. 주류사회의 눈에 마가렛 조의 풍만하고 거대한 몸은 연약한 아시아 여성의 전형을 벗어난 낯선 두려움으로 보였다는 것이다. 마가렛 조의 육체가 연상시키는 당당함은 그녀를 인종 권력의 주체로 보이게 만든 것이다 (Cassinelli 133). 한편, 한국계 미국사회가 생각한 '아시아인다움'이란 미국사회에 성공적으로 동화된 한국계 이민자라는 이상적 이미지에 근거하고 있다. 그들은 마가렛 조가 한국문화를 조롱하는 것뿐만 아니라 극 중 한국계 소녀가 보이는 일탈적/반사회적 태도 역시 진정성이 없는 사기 행위라고 비판했다. 마가렛 조가 연기하는 캐릭터가 아시아인에 대해 부정적 영향을 미친다는 주장까지 나왔다(Cassinelli 136).

아시아인다움에 대해 두 사회가 보인 반응의 차이는 아시아인에 대한 전형적 재현과 비판적 재현이 어떻게 가능할 것인가라는 근본적인 질문과 맞닿아 있다. 인종차별적 이미지가 도덕적으로 옳지 않은 재현이라면 아시아계 미국인을 진정성 있는 혹은 저항하는 주제로 제시함으로써 이를 해결할 수 있는가? 시트콤의 실패에 대해 마가렛 조 스스로 내린 평가는 이 질문에 대한 우회적인 답이 될 수 있다. 그녀에 의하면, 제작진은 "미국 시트콤 사상 최초로 아시아계 미국인을 재현한다는 정치적 의의에 집착해 있었지만"(마가렛 조 공식 사이트) 어떻게 재현해야 할지에 대한 고민이 없었기 때문에 결국 기존의 전형적 재현에 의존할 수밖에 없었다. 시트콤 제작진은 소수 인종을 재현한다는 인종 정치적 당위성에 사로잡혔고, 아시아계 미국 배우들을 캐스팅하며 정치적 목적을 실천하려고 했다. 방송국이 대변하는 주류 문화계는 '아시아인의 진정한 정체성의 재현'이란 목표를 세웠지만, 백인의 관점에 근거하여 아시아계 미국인을 상상했기 때문에 기존의 인종차별적 재현을 반복한 셈이다. 주류 미디어가 만들어낸 시트콤, 「미국 소녀」는 모이가 지적했던 '현대적 오리엔탈리즘'에 입각하여 인종 정치학을 상품화한 사례였던 것이다.

그렇다면 저항하는 아시아계 미국 주체의 존재가 이를 해결할 수 있는가? ≪아시아 사회≫*Asian Society*와의 인터뷰에서 마가렛 조는 아시아계 공동체가 시트콤에 반발했던 이유를 두 가지로 해석했다. 하나는 앞서 언급했던 인종의 상품화에 대한 저항이다. 한국계를 비롯한 아시아계 시청자들은 주류 미디어가 아시아인의 인종적 정체성을 왜곡하자 심한 분노를 느꼈다. 그들은 자신들의 이미지가 상업적인 목적으로 제작되고 유통되고 있음을 직감하고, 이 시트콤을 거짓으로 규정할 수밖에 없었다는 것이다(Cho "Margaret Cho"). 다른 한편 마가렛 조는 한국계 공동체가 반발한 또 다른 심리적 배경을 아시아계 공동체 내부의 인종차별에서 찾는다. 낙제와 자퇴를 반복하며 모범생과 거리가 먼 삶을 살아온 그녀는 "진정한 아시아계 미국 가족을 기대하는 (아시아계) 관객들의 기대 속에도 또 다른 차별이 잠재해 있음을"(*I'm the one* 140) 잘 알고 있었다. '진정한'이란 수식어는 다양한 아시아계 미국인의 삶을 상상된 하나의 이미지로 단일화하며, 이 기준에서 벗어난 삶의 형태를 배제함으로써 또 다른 억압을 낳을 수 있다. 가령, 재미

언론인은 이 시트콤을 본 후 마가렛 조의 연기를 사기 행위로 규정하고 진실에 가까운 아시아계 인물을 요구하는 기사를 썼다. 그의 비판은 "진실/가짜, 아시아인/미국인이라는 대립논리에 근거"(Cassinelli 136)한 것으로서 그와 공동체가 부여한 절대적 가치 이외의 것을 배제하고 차별하는 공동체 내부의 억압을 감추고 있다.

시트콤의 실패를 딛고 그녀의 부활을 알린 스탠드 업 코미디 쇼「바로 나」 공연에서, 마가렛 조는 주류사회나 한국계 공동체가 요구하는 이상적인 인물이 아니라 '바로 나' 자신으로 살 것을 선언한다. 마가렛 조는 시트콤을 보고 수치심을 느꼈다는 어느 한국계 소녀의 편지를 소개하면서, 소녀의 실망은 "마가렛 조가 연기한 유형의 한국계 미국인 여성을 이전까지 어떤 미디어를 통해서도 보지 못했기 때문"이라고 설명한다. 즉 마가렛 조가 연기한 한국계 소녀는 "바이올린 천재도 아니고 유명한 백인 감독 우디 알렌과 성관계를 맺는 (결혼한) 입양아 출신 처녀"도 아닌 것이다(「바로 나」). 모범적 한국계 이미지도 아니고 섹시한 아시아 여성 이미지도 아닌 마가렛 조의 낯선 이미지는 어쩌면 가장 현실에 가까운 아시아계 미국인의 모습일 수 있다. 주류 관객은 물론, 진실한 아시아계 미국인을 요구했던 아시아계 관객에게도 아시아 여성에 대한 고정된 상상의 이미지가 존재했음을 알 수 있다. 주류사회와 아시아계 사회가 원했던 '아시아 여성다움'이란 인종 정치적으로 반대의 함의를 가짐에도 불구하고, 사실상 같은 종류의 억압인 셈이다.

마가렛 조가 연기한 한국계 소녀를 두고 벌어진 진짜/가짜 논쟁은 마가렛 조의 스탠드 업 쇼에 나오는 전형적 이미지 분석을 위한 좋은 출발점이 된다. 마가렛 조의 코미디 쇼에는 '진실한' 한국계 미국인이 없다. 오히려 그녀의 쇼는 한국 및 아시아 문화를 조롱하거나 전형적 이미지로 희화화된 한국계 미국인들의 에피소드로 넘쳐난다. 특히 한국에서 이민 온 어머니 흉내를 내며 한국문화를 조롱하는 에피소드는 마가렛 조의 팬들이 가장 사랑하는 쇼의 하이라이트이다. 그녀가 연기하는 어머니는 오랜 이민 생활에도 불구하고 여전히 영어가 서툴고 딸이 향유하는 미국문화를 잘 모른다. 한마디로 어머니란 인물은 한국 사회에서 소위 '김 여사'로 비하되거나 잘해야 '아줌마의 힘'으로 미화되는 중년 여성의 뻔뻔함과 무식함을 겸비했다. 가령 어머니는 "스카치테이프나 문구용 풀을 찾는" 마가렛 조에게 끈적끈적한 "밥풀"을 이용하라고 권하는가 하면, 소풍가는 마가렛 조에게 미국 아이들이 즐겨먹는 스낵바, 카프리 썬이 아니라 한국식 소풍 간식인 오징어와 땅콩을 챙겨준다(「혁명」). 마가렛 조의 코미디 쇼에서 어머니는 한국계 이민자들에 대한 전형적이고 부정적 이미지, 즉 영원한 이방인이자 열등한 2등 시민의 캐릭터로 제시되지만, 관객들이 가장 사랑하는 에피소드 중의 하나이기도 하다. 마가렛 조는 한국계 미국인을 전형적 이미지로 희화화한 인종 상품을 주류관객에게 팔아 대중적 인기를 획득한 것일까?

〈사진 1〉 한국계 이민자 어머니를 연기하고 있는 마가렛 조(유튜브 동영상 이미지 1)

첸에 의하면 전형적 이미지를 연기하는 것은 "대중적인 정체성을 선택하여 그 정체성을 문제적으로 만드는 것"(14)이며, 이러한 의미를 가진 '연기'는 단순히 전형적 재현을 반복하는 사기imposture 행위와 구별된다. 마가렛 조의 어머니 연기 방식에 첸의 정의를 적용하면 어머니란 인물은 한국계 여성에게 부여된 전형적 이미지, 즉 대중적인 정체성을 '연기'한 결과이다. 이때 어머니의 이미지는 한국계 여성의 왜곡된 이미지를 만들어내는 '사기'와 구별된다. 왜냐하면 마가렛 조의 어머니 연기에서는 첸이 말하는 "아시아계 미국인의 정체성을 표현할 다채로운 방식을 찾기 위해 기존의 문화적 구조를 해체하는 진지한 기획"(Cassinelli 138 재인용)을 읽을 수 있기 때문이다. 다시 말해서 어머니는 희화화된 아시아계의 대중적인 정체성으로 제시되지만, 마가렛 조는 어머니를 통해서 한국계 이민자의 역사적 맥락을 부각시킴으로써 전형적 이미지의 부정적 의미 구조를 해체하는 것이다.

「바로 나」에서 마가렛 조가 연기하는 어머니와 아버지의 전형적 이미지는 1960년대 샌프란시스코에 거주했던 아시아계 이민자들의 삶으로 구체화된다. 마가렛 조가 연기하는 부모는 딸을 이상적인 미국시민으로 성장시키기 위해 헌신하는 한국계 이민자의 전형적 모습이지만, 그 전형적 이미지 이면에서 인종차별과 경제적 압박을 겪어야 했던 이민자의 고된 삶이 함께 드러난다. 마가렛 조는 「바로 나」 공연에서 자신이 태어난 지 얼마 되지 않아 어머니의 품을 떠나 한국행 비행기를 타야 했던 일화를 밝힌 적이 있다. 이 일은 자서전에서도 다음과 같이 표현되었다.

> 이 일은 이민자들이 겪은 어려움 때문에 벌어졌다. 1968년에 샌프란시스코에 살면서, 히피도 아니고 동성애자도 아니고 달에 가본 적도 없는 주제에, 그들은 현실적 준비도 없이 첫 아이를 낳아버린 것이다.

> This had to do with immigration difficulties, living in San Francisco in 1968 and not being hippies, LBJ, men on the moon, and having their first child while being totally unprepared for reality. (*I'm the one* 2)

마가렛 조가 언급한 가족사는 미국의 1960년대, 즉 히피 문화와 동성애가 기존사회를 향해 반문화Counter Culture의 화두를 던진 샌프란시스코에서 그리고 인류 진보의 첫 발자국이라고 일컫는 달 착륙이 일어난 혁명적 시대에 일어났다. 그 일은 비자 문제를 꼬투리삼아 아시아계 이민 가족을 강제로 헤어지게 만든 미국의 비인간적 이민정책을 배경으로 한다. 당시 마가렛 조의 아버지는 미국에서 경영학 석사학위를 받았으나 취업허가를 받지 못해 마가렛 조가 태어난 지 삼일 만에 추방되었다. 그 후 4개여 월을 남편 없이 학업과 육아를 병행하던 어머니는 더 이상 버티지 못하고 돌도 안 지난 아기를 한국의 조부모에게 보냈다고 한다(「바로 나」). 마가렛 조는 자신의 가족사를 1960년대 미국 상황과 더불어 언급하고 있기 때문에 그들이 겪었던 추방, 가족 해체, 빈곤의 경험은 이민자 인권을 위협했던 이민제도의 폭력성 고발로 연결된다. 따라서 마가렛 조가 가족들을 전형적 이민자의 이미지로 이야기할 때, 그것은 주류 백인 문화의 시선에 편승하여 한국계 이민자를 조롱하려는 것이 아니다. 그녀의 연기는 대중적인 정체성으로 제시된 부모를 통해서 관객의 관심과 이해를 높인 후, 그들이 겪은 차별과 그로 인한 생존의 위협에 공감하도록 유도한다.

첸의 '연기' 개념을 「미국 소녀」에 적용해보면 마가렛 조가 연기한 한국계 미국 소녀 캐릭터는 한국의 문화를 왜곡하고 기존의 전형적 이미지를 강화한 '사기'에 가깝다. 「미국 소녀」에서 마가렛 조의 한국계 가족은 '소수모범인종 모델'Model Minority을 대표한다. 소수모범인종 모델은 1960년대에 일부 아시아계 이민자의 경제적 성공을 이민 모범사례로 제시하며 다른 소수인종 집단의 저항을 막고 사회통합을 유도하기 위해 고안되었다. 하지만 이 모델은 이민자의 인종적 차이와 역사적 배경을 삭제한 채, 미국사회의 핵가족 단위로 재배치되어 미국사회에 통합될 수 있다는 환상을 유포하기 때문에 종종 신화로 비판받는다(R. Lee 189). 「미국 소녀」에서 소위 '엄친아'에 해당하는 마가렛 조의 오빠는 주류사회로 진입하려는 한국계 이민자 가족의 꿈을 대변한다. 가족들은 미국에 동화되기 위해 노력하지만 한국의 고유문화도 유지함으로써 다양한 이민자 집단의 문화가 공존하는 미국 다문화사회의 관대함을 선전한다. 하지만 시민권을 인정받고 아시아 문화도 유지한다는 이상적 조건은 인종차별적 재현 구조에 의해 모순된 현실로 판명된다. 미국사회에 동화된 2세대 딸은 부모에게 한국문화를 배워 한국 여인으로 단장하지만, 다문화적 소양을 갖추지 못한 방송국 제작진의 실수로 기모노를 입고 젓가락을 머리에 꽂는 아시아 창녀로 제시된다. 「미국 소녀」에서 한국계 인물들은 '대중적인 정체성'을 대변하지만 그 정체성을 문제적으로 만들지 못했고 기존 문화적 구조를 해체할 만한 기획도 보여주지 못했던 것이다.

반면 마가렛 조가 어머니를 흉내 내는 에피소드는 '연기'를 통해 대중적인 정체성이 재의미화되는 과정을 잘 드러낸다. 마가렛 조의 어머니가 "너 게이냐?"라고 묻는 전화 에피소드에서 어머니의 대중적 정체성은 게이에 대한 편견과 거부감을 가진 한국계 중년 부인이다. 하지만 이러한 인물 설정은 특별히 한국계를 향한 조롱으로 보이지 않는다. 어머니의 태도는 인종적 특수성에 국한되지 않고 미국에서 흔히 볼 수 있는 중년 여성의 특징으로 보이기 때문이다. 즉 어머니는 한국인이라는 인종적 전형성을 넘어서, 이성애 취향의 미국 부모로 보편화된다. 어머니는 미국문화에 낯선 외국인 즉, 한국계 이민자로 재현되지만 성적 편견을 가진 보수적인 미국 기성세대의 표상으로도 보인다. 마가렛 조에게 전화한 어머니는 딸의 성 정체성을 묻고 싶지만 적절한 방법을 찾지 못한다. 딸과의 관계가 어색해지지 않기를 바라는 마음에도 불구하고 어머니는 서툰 영어와 동성애에 대한 무지로 인해 단도직입적으로 "너 게이냐?"(「바로 나」)고 묻고 만다. 관객들은 어머니의 서툰 영어와 성적 무지함에 폭소를 터뜨리지만 이는 그녀가 한국인이기 때문이 아니라, 자녀의 성적 취향을 궁금해 하는 미국 부모의 전형성을 보여주기 때문이다.

2001년 공연 「악명」에서도 어머니가 등장한다. 그녀는 아버지가 젊은 시절에 겪었던 게이친구 이야기를 마가렛 조에게 말해준다. 아버지는 절친하게 지내던 동성 친구가 느닷없이 사랑을 고백해오자 어쩔 줄 몰라 엉겁결에 친구의 얼굴에 주먹을 날리고 도망쳐 왔다는 것이다. 황망한 나머지 폭력을 휘둘러 오랜 지기를 잃어버린 아버지는 자신의 행동을 후회했다. 어머니는 이 흥미진진한 아버지의 이야기를 다음과 같이 결론짓는다. "이 이야기의 교훈은 이거야. 만약 게이 친구가 '사랑해'라고 말하면 당황하거나 주먹질을 하지 말고, '고마워'라고 말하면 돼"(「악명」). 게이친구의 고백에 "고마워"라고 답하라는 어머니의 충고는 맥락 구분 없이 "고마워"thanks라는 표현을 입에 달고 다니는 한국계 이민자의 서툰 영어를 연상시킨다. 하지만 이 장면에서 "고마워"는 한국 이민자를 조롱하려는 인종차별적 재현으로 보이지 않는다. 성적 취향이 다른 친구의 고백을 모욕이 아니라 호의로 받아들이라는 충고에는 성적 소수자를 배려하는 한국계 이민자의 성숙함이 묻어난다. 마가렛 조가 보여준 어머니의 모습은 한국계 이주민에게 부여된 부정적 이미지를 흔들고, 인종과 성 소수자 사이에 상호 이해의 공감대를 형성한다.

「바로 나」 공연에서도 한국 어머니는 성적 소수자가 될 딸의 마음을 달래주기 위해 자신이 알고 있는 게이 지식을 모두 펼쳐가며 딸과의 공감대를 형성하려고 노력한다. 서점을 운영했던 어머니는 자신이 게이 포르노 잡지 진열대를 담당했기 때문에 게이에 대해 잘 이해한다고 큰소리치지만,

마가렛 조는 그녀가 자부하는 지식이 사실은 왜곡된 상식과 편견에 다르지 않음을 드러내어 객석의 웃음을 유도한다. 그럼에도 동성애자로 의심되는 딸과 소통하려는 그녀의 노력은 성적 취향의 차이를 받아들이고 보듬으려는 아시아계 이민 여성의 새로운 면모를 보여준다. 모녀 사이의 성적 취향에 대한 공감대가 형성되어 훈훈한 분위기가 형성되려는 순간, 어머니는 "그래도 한국인들 중에는 게이가 없어"라며 끝내기 펀치 라인을 던진다. 스탠드 업 코미디다운 반전이 돋보이는 이 마무리는 인종과 성 정치학에 대한 마가렛 조의 균형적 인식을 보여준다.

만약 마가렛 조가 정치적 목적을 의식했다면 게이를 친구로 받아들이고, 동성애자인 딸과의 관계를 개선하는 어머니를 제시함으로써 기존의 보수적인 한국계 여성 이미지를 전복했을 것이다. 그러나 어머니는 여전히 한국인은 게이를 인정하지 않는다는 사족 같은 발언을 함으로써, 인종과 성 정치학의 당위를 거부한다. 결국 어머니는 이성애적 편견을 가진 한국계 이민자라는 대중적 정체성을 고수한다. 하지만 게이에 대한 관용적 태도 역시 포함할 수 있다는 가능성을 보여주었기 때문에 그녀에게 부여된 '대중적 정체성'의 의미를 확장시킨다. 시마카와의 관점으로 말하자면, 마가렛 조가 연기하는 한국 어머니의 전형적 이미지는 기존의 대중적인 정체성 내부에 감춰져 있던 이중성을 끄집어내고 새로운 의미를 부여하는 '비판적 흉내 내기'에 성공한 것이다.

[3] 미국 대중문화가 왜곡한 아시아/아시아계 미국인 이미지 흉내 내기

마가렛 조는 아시아/아시아계 미국여성의 전형적 이미지를 연기의 맥락을 통해서 이중적인 의미로 분화시킨다. 「미국 소녀」 제작진은 마가렛 조에게 아시아 여성의 전형적 이미지를 가르치기 위해 아시아 전문가를 고용했다고 한다. 이 전문가는 마가렛 조에게 "날 따라해 보세요. 젓가락을 쓰시고요, 다 쓰고 나면 머리에 꽂으시면 됩니다. 집 안에서는 신발 신지 않아요. 신발 벗으세요."(「바로 나」)라고 가르쳤다. 전문가가 마가렛 조에게 가르친 아시아 여성의 이미지는 미국 대중 미디어 문화에 등장하는 전형적 이미지와 다르지 않다. 마가렛 조는 대중 미디어가 아시아 여성을 재현하는 방식이 배우를 꿈꾸던 그녀에게 좌절감을 안겨주었다고 말한다. 그녀는 "나중에 크면 「매쉬」*MASH*에서 단역이라도 할 수 있을 거야. . . . 나중에 창녀로 나올 수도 있겠지. 유리창 너머로 쳐다보면서. 빨아주고 섹스하면 2달러. 롱 타임."(「혁명」)이라고 말하는 아시아 창녀를 흉내 낸다. 또 헐리웃 영화에서 아시아계 여성이 받을 수 있는 배역을 열거하는데, 손톱 미용사, 술 도매상, 닭 바구니를 든 사람, 모범생, 버스에서 내려 사진 찍기 바쁜 관광객, "일본에 오신 걸 환영합니다, 본드 씨."라고 조아리는 일본 여인, 어린 아들을 데리고 미국 남편을 기다리는 동양여인을 언급하며 각각의 인물을 코믹하게 재현하여 객석을 웃음바다로 만든다(「혁명」).

흥미로운 점은 마가렛 조가 아시아 여성의 전형적 이미지를 재현하는 방식이다. 그녀는 「혁명」 공연에서 모든 아시아인의 이미지를 말로 설명하는데 그치지 않고 자신의 몸동작을 통해 구체화한다. 그녀는 이미지들을 나열하며 언급하는 동시에 각각의 이미지를 마임으로 가시화시킨다. 그녀가 흉내 내는 아시아계 여성의 이미지들은 대중들에게 친숙할 뿐만 아니라, 마가렛 조의 맛깔스런 연기로 생생하게 살아나기 때문에 관객들은 전형적 이미지를 감상하는 즐거움을 누린다. 헐리웃 영화에 등장하는 전형적 이미지들을 연속하여 말하고 흉내 내는 사이사이에 그녀는 연신 이 배역들을 맡기 싫었으며 이러한 연기를 하는 것은 자신이 꿈꿨던 배우의 삶이 아니었다고 외친다. 마가렛 조가 이미지 재현 사이사이에 외치는 대사, "나는 이 역할을 맡기 싫었어!"라고 외치는 소리는 관객의 즐거움을 방해한다. 마가렛 조의 분노에 찬 외침은 전형적 이미지의 시각적 기호와 상호 모순적인 의미로 충돌하면서 바바가 말하는 흉내 내기의 전복성을 획득한다. 마가렛 조의 연기는 관객들에게 전형적 이미지 이면에 감춰져 있는 아시아계 미국인의 분노를 인식하도록 만든다.

「혁명」 공연에 나오는 '닭 샐러드를 든 괴물' 에피소드는 아시아인의 전형적 이미지에 담긴 이중적 속성 즉, 굴종과 저항의 공존을 시각적으로 구현한다. 비행 중인 여객기에서 승객들에게 아시아식 닭 샐러드를 제공하던 백인 승무원이 마가렛 조의 얼굴을 보며 잠시 망설이다가 "아시아식 닭 샐러드입니다."가 아닌 "닭 샐러드입니다."라고 말한다. 마가렛 조의 외모를 보고 그녀가 미국인이 아닌 아시아인이라고 판단한 승무원은 서구인에게는 '아시아식 닭 샐러드'라고 소개하지만, 아시아인에게는 그냥 '닭 샐러드'라고 말하는 것이 옳다고 판단한 것이다. 마가렛 조는 닭 샐러드 접시를 손에 든 채 어이가 없다는 표정을 지어보이다가, 천천히 허리를 구부리고 눈을 찌그러뜨리면서 사나운 표정으로 관객들을 노려보는 자세를 취한다. 이 마임은 디즈니가 제작한 「뮬란」 Mulan에서 반인 반수 괴물로 나온 훈족 적장, 샨유Chan yu를 연상시킨다.

마가렛 조가 샨유를 연기하는 것은 대중문화 속에서 타자(괴물)로 인식되는 아시아인의 이미지가 실제 삶에서 어떻게 작동하는지를 웅변하려는 것이다. 승무원이 마가렛 조의 외모만 보고 미국 시민인 그녀를 아시아인으로 규정해버리자, 마가렛 조는 타자가 되어버린 자신을 대중문화 속에서 괴물로 규정된 샨유에 동일시한 것이다. 닭 샐러드 접시를 들고 먹이 냄새를 맡는 동물처럼 사방을 경계하던 마가렛 조는 자신의 연기가 단순히 전형적 재현의 반복이 아니라 확실한 정치적 의미를 가졌음을 확인시킨다.

마가렛 조는 처음엔 비행기 승객을 연기하다가 닭 샐러드 접시를 든 샨유로 변신한 후 다시 종업원으로 변신한다. 아래 그림처럼 괴물 샨유가 된 그녀가 접시를 들고, "닭 샐러드입니다. 드릴까요?"라고 승무원의 말투를 흉내 낸다. 이 질문은 앞 장면에서 그녀가 나열했던 헐리웃 영화 속 아시아계 배우의 하찮은 배역 명단을 상기시키면서, 아시아인들이 괴물과 같은 존재로 재현되거나, 기껏해야 식당 종업원의 역할로 등장하는 현실을 냉소적으로 희화화한다.

〈사진 2〉 '아시아식 닭 샐러드'를 설명하는 장면(유튜브 동영상 이미지 2)

둘째, 마가렛 조의 샨유 흉내는 아시아인의 위협적 이미지를 부각시킴으로써 인종차별에 대한 분노를 표시한다. 주류 문화는 아시아인의 몸을 괴물로 만들어 타자로 규정하지만, 동시에 타자가 된 아시아인의 몸에서 위협적인 이미지를 끌어낸다. 가령 미국의 대중문화를 대표하는 헐리웃 영화 속에서 아시아인은 제임스 본드를 향해 머리를 조아리는 여인으로 재현되는 한편, 미국의 경제적 군사적 안보를 위협하는 거대하고 사악한 적(아랍 테러단체, 북한장교)으로 등장하기도 한다. 푸 만추나 드래곤 레이디로 대표되는 사악하고 두려운 아시아 인물들은 이러한 괴물 이미지의 원조들이라고 할 수 있다. 그런데 마가렛 조의 괴물 샨유 흉내 내기는 단순히 비인간적인 적의 이미지를 반복하는데 머물지 않는다. 오히려 인종 정치적 올바름을 촉구하는 저항적 존재의 이미지로 비춰질 가능성이 있다. 마가렛 조는 샨유의 위협적 몸짓과 결코 친절하지 않은 목소리로 아시아계 종업원을 연기함으로써 백인/아시아인으로 승객을 구별하는 승무원의 인종차별임에 분노를 표시한다.

　마가렛 조는 승무원의 태도에 정치적 언어나 분노의 몸짓을 보여주지 않는다. 대중적 정체성 이미지인 샨유의 괴물 이미지를 선택함으로써 아시아계 미국인의 인종차별적 재현이 가진 허황됨을 공유할 기회를 제공한다. 샨유를 보는 관객의 웃음은 전형적 재현에 대한 즐거움이 아니라 주류 문화가 만든 전형적 재현의 터무니없음에 대한 실소와 야유로 이해될 수 있다. 마가렛 조의 연기는 승무원의 태도에 대한 분노를 포함하면서 나아가 전형적인 아시아인 이미지를 양산하고 유통시키고 소비하는 주류 문화의 인종차별적 관행을 향해 분노와 경고의 의미로 전달된다.

* * * * *

　아시아계 미국인에게 부여된 전형적 이미지를 벗어나 진정한 아시아/아시아계 미국인의 정체성을 재현한다는 기존 아시아계 미국연극의 목표는 도전받고 있다. 우선 '진정한 아시아계 정체성'이란 인식은 최근 아시아계 공동체의 다수를 차지하게 된 다민족, 다인종 이민자들에게 더 이상 공감대를 형성하지 못한다. 게다가 최근 아시아계 극작가들은 주류 문화가 만들어낸 아시아/아시아계 미국인 이미지를 거부하는 것은 사실상 불가능하다는 인식을 공유한다. 그들의 대안은 전형적 이미지와의 타협을 통해 새로운 연극적 의미를 만드는 것이다. 이 시도는 주로 전형적 이미지를 어떻게 재현하는가에 따라서 즉, 배우가 무대 위에서 전형적 이미지(인물)를 어떻게 연기하느냐에 따라 성패가 결정된다. 전형적 이미지는 시각적 연극 기호이므로 기호의 의미화과정은 작가의 희곡 텍스트에서만 발생하지 않는다. 오히려 공연 무대 위에서 배우가 연기하는 몸짓, 소리, 공간의 활용 등과 같은 공연성, 현장성을 통해서 보다 명확하게 완성된다. 즉 배우의 몸과 관객의 해석이라는 연극 무대 고유의 속성으로부터 가능해질 수 있는 것이다.

마가렛 조의 스탠드 업 코미디 공연은 전형적 이미지에 대한 연기의 성패를 가늠해볼 수 있는 좋은 예를 제공한다. 마가렛 조가 연기하는 아시아/아시아계/한국계 여성 인물들은 미국 대중문화에서 만들어낸 전형적 이미지를 유지한다. 그들은 성적으로 과잉된 여성이거나, 미국사회의 영원한 이방인이거나, 굴종적인 말없는 여인들이다. 마가렛 조는 관객들에게 익숙한 전형적 이미지를 일종의 '대중적인 정체성'으로 제시하되 몸짓, 표정, 대사, 속도와 같은 몸 기호를 이용한 독특한 유머 코드를 만든다. 그리고 전형적 이미지에 대한 유머와 조롱을 아시아/아시아계 미국인을 둘러싼 문화적 구조적 문제에 대한 조롱으로 전환시킨다. 이는 스탠드 업 코미디의 주된 특징인 자기 비하, 조롱, 욕설, 패러디, 게이문화와 같은 특성을 인종적·성적 정치성으로 변화시킴으로써 가능해진다. 그녀의 몸이 연기하는 전형적 이미지는 관객들에게 아시아/아시아계 미국인의 굴종과 저항이라는, 모순적이지만 양가적인 해석을 촉구함으로써, 전형적 이미지를 '비판적'으로 인식하게 만드는 배우의 역할과 연기의 가능성을 확인시켜준다.

■ 이 장의 내용은 『현대영미어문학』 33권 1호(2015)에 수록된 필자의 논문, 「한국계 미국 코미디언 마가렛 조의 비판적 흉내 내기」를 일부 수정한 것이다.

I. 한국계 미국연극의 문화지형도 읽기

1. 한국계 미국연극의 '푸윙키적 공간'에 대하여

임진희. 「한국계미국문학의 한국성」. 『현대영미소설』 14.2 (2007): 155-77.

Graydon, Royce. "Broader Identities; For Tony-winning Playwright David Henry Hwang, Ethnicity is no longer center stage in Asian-American Theater." *Star Tribune* (MN). 22 Aug. 2004.

⟨http://highbeam.com/DocPrint.aspxDocId=1G1:121156482⟩

Kim, Elaine. "These Bearers of a Homeland." *Korea Journal* (2001): 49-200.

Lee, Esther. *A History of Asian American Theatre*. New York: Cambridge UP, 2006.

_____. "Introduction." *Seven Contemporary Plays from the Korean Diaspora in the Americas*. Duke UP, 2012. xi-xxviii.

Sung Rno. *wAve*. In *Savage Stage: Plays by Ma-Yi Theater Company*. 2007. 111-55.

≪아이프노믹스≫ 2013년 3월 28일자 기사.

⟨http://www.ebuzz.co.kr/news/article.html?id=20130328800002⟩

≪워싱턴 중앙일보≫ 2009년 9월 22일자 기사

⟨http://www.koreadaily.com/news/read.asp?art_id=911283⟩

2. 아시아계 미국연극의 역사

3. 한국계 미국연극의 시작

4. 한국계 미국연극의 푸윙키적 감수성

김상운, 양창렬. 「간주곡」. 『목적 없는 수단』. 조르지오 아감벤. 김상운, 양창렬 옮김. 서울: 난장. 2009. 185-230.

문 캐서린. 『동맹 속의 섹스』. 이정주 옮김. 삼인. 2002.

윤인진. 『코리아 디아스포라』. 고려대학교출판부, 2004. 203-212.

이미원. 「한국계 미국 대표 극작가와 그 작품세계」. 『한국연극학』. 37. (2009): 5-64.

정미경. 「한국계 미국 코미디언 마가렛 조의 비판적 흉내 내기」. 『현대영미어문학』. 33.1 (2015): 77-97.

최성희. "Searching for the voice of their own." 『현대영미드라마』 17.1 (2004): 31-52.

_____. 「다문화주의의 허와 실 ―아시아계 미국드라마에 나타난 양상을 중심으로」. 『영어영문학』 52.1. (2006): 3-30.

태혜숙. 「아시아계 디아스포라 여성의 위치에서 '몸으로 글쓰기': 『여성전사』와 『딕테』를 중심으로」. 『영미문학 페미니즘』 11.1 (2003): 235-255.

홍경표. 「미주한인문학의 현황과 전망」. 『국제한인문학연구』 월인, 2004. 234-35.

Agamben, Giorgio. *The Coming Community*. Trans. Michael Hardt. Minneapolis: Minnesota UP, 1993.

Bhabha, Homi. *The Location of Culture*. New York: Routledge, 2004.

Chuh, Kandice. *Imagine Otherwise: On Asian Americanist Critique*. Durham: Duke UP, 2003.

Chuh, Kandice and Shimakawa, Karen. "Introduction." Eds. *Orientation: Mapping Studies in the Asian Diaspora*. Durham: Duke UP, 2001. 1-21.

Dillon, Brian. "Review: *Potentialities* by Giorgio Agamben." *Substance* 30.1, (2001): 254-258.

Fenkl, Heinz Insu. "The Future of Korean American Literature" *The Sigur Center Asia Papers*. Eds. Young Key Kim, Richard Grinker and Kirk Larsen. 2004. 19-26.

_____. "The Interstitial DMZ."

⟨http://www.interstitialarts.org/why/the_interstitial_dmz_1.html⟩

Graydon, Royce. "Broader Identities; For Tony-winning Playwright David Henry Hwang, Ethnicity is no longer center stage in Asian-American Theater." *Star Tribune* (MN). 22 Aug. 2004.

⟨http://highbeam.com/DocPrint.aspxDocId=1G1:121156482⟩

Hong, Terry. "Sung Rno Particle and wave: Nurtured on Physics and Cultural Dissonance, a Playwright Defies Categorization." *American Theatre*. 21. 12 2004. 56-59.

_____. "Times up." *KoreAm Journal*. (2003): 69.

Houston, Velina Hasu. *Tea*. in *Unbroken Thread: An Anthology of Plays by Asian American Women*. Ed. Roberta Uno. Massachusett UP. 1993.

_____. "The Asian American Literary Review." in *Asian American Literature Forum Response*.

⟨http://www.silkroadrising.org/news/out-of-the-margins-a-national-theatre-conference-in-los-angeles-galvanizes-asian-american-forces⟩

Hwang, David Henry. "Foreword." *Version 3.0: Contemporary Asian American Plays*. New York: Theatre Communications Group, 2011. ix-xii.

Kim, Elaine. "Foreword." *Reading the Literatures of Asian America*. Eds. Shirly Geok Lim and Amy Ling. Philadelphia: Temple UP, 1992. xi-xvii.

_____. "Home is Where the Han Is: A Korean American Perspective on the LA Upheavals." *Reading Rodney King/Reading Urban Uprising*. Ed. Robert G. Williams. New York: Routledge, 1993. 215-35.

_____. "Hybridity and Homeland: Contemporary Korean American Literary and Visual Art." 『미주한인이민 100주년기념 국제학술대회 "북미주 지역의 한국인" 자료집』 2002. 101-111.

_____. "Korean American Literature." *An Interethnic Companion to Asian American Literature*. Ed. King Kok Cheung. New York: Cambridge UP, 1997. 156-191.

_____. "These Bearers of a Homeland." *Korea Journal* (2001): 49-200.

Kim, Lili. "From Desirable Orientals to Enemy Aliens: World War II and the American Conceptualization of Korean American as a Race." 『미주한인이민 100주년기념 국제학술대회 "북미주 지역의 한국인"』 2002. 31-52.

Kurahashi, Yuko. *Asian American Culture on Stage: The History of the East West Players.* New York and London: Garland Publishing, 1999.

Lee, Esther. *A History of Asian American Theatre.* New York: Cambridge UP, 2006.

_____. "Introduction." *Seven Contemporary Plays from the Korean Diaspora in the Americas.* Duke UP, 2012. xi-xxviii.

Lee, Josephine. "Introduction" *Asian American Plays for a new Generation.* Eds. Josephine Lee, Don Eitel and R.A. Shiomi. Philadelphia: Temple UP, 2011. 1-10.

_____. *Performing Asian America.* Philadelphia: Temple UP, 1997.

Lee, Young Jean. *Songs of Dragons Flying to Heaven.* In *Songs of Dragons Flying to Heaven.* New York: Theatre Communications Group, 2009. 31-74.

_____. *The Shipment.* in *The Shipment.* New York: Theatre Communications Group, 2010. 1-53.

Lowe, Lisa. *Immigrant Acts: On Asian American Cultural Politics.* Durham: Duke UP. 1996.

Moy, James. *Marginal Sights-Staging the Chinese in America.* Iowa City: Iowa UP, 1993.

Nguyen, Viet Thanh. *Race and Resistance: Literature & Politics in Asian America.* Oxford UP, 2002.

Shimakawa, Karen. "The Things We Share: Ethnic Performativity and "Whatever Being". *Journal of Speculative Philosophy* 18.2 (2004): 149-60.

_____. "Ghost Families in Sung Rno's *Cleveland Raining.*" *Theatre Journal* 52.3 (2000): 381-96.

_____. "Asians in America: Millennial Approaches to Asian Pacific American Performance." *JAAS* 3.3 (2000): 283-299.

Shilpa Dave. "Introduction" *East Main Street: Asian American Popular Culture.* New York: New York University Press. 2005.1-10.

Sung Rno. *wAve.* In *Savage Stage: Plays by Ma-Yi Theater Company.* 2007. 111-55.

_____. *Cleveland Raining*, in *But Still, Like Air, I'll Rise*. New American Palys. Ed. Velina Hasu Houston. Philadelphia: Temple UP, 1997. 227-70.

Um, Hae-Kyung. "Introduction." *Diasporas and Interculturalism in Asian Performing Arts: Translating Tradition.* Ed. Hae-Kyung Um. London and New York: Routledge Curzon. 2005. 1-14.

Uno, Roberta. "Introduction." in *Unbroken Thread.* Ed. Robert Uno. Amherst: Massachusetts UP, 1993. 1-9.

_____. "Asian American Theatre Awake at the Millennium." *Bold Words : A Century of Asian American Writing.* Eds. Rajini Srikanth and Esther Y. Iwanaga. New Braunswick: Rutgers UP, 2002. 323-332.

Yew, Chay. "Introduction." *Version 3.0: Contemporary Asian American Plays.* New York: Theatre Communications Group, 2011. xiii-xxvi.

You, Clare and Ha, Tangwon. "Korean American Literature and the Visual Arts." *Diaspora in Korean(Immigrant) Literature.* Eds. Seong-Kon Kim and So Hee Lee. Seoul: IACKS and SNU/ASI, 2004. 212-258.

II. 푸윙키들의 무대

성 노

임진희. 「한국계미국문학의 한국성」. 『현대영미소설』 14.2 (2007): 155-177.

Hong, Terry. "Sung Rno Particle and *wAve*: Nurtured on Physics and Cultural Dissonance, a Playwright Defies Categorization." *American Theatre* 21.12 (2004): 56-59.

_____. "Making Waves; The light and Particle world of Playwright Sung Rno." *AsianWeek* 23.28 (2004): 16.

Rno, Sung. *wAve.* In *Savage Stage: Plays by Ma-Yi Theater Company.* 2007. 111-155.

Shimakawa, Karen. "Ghost Families in Sung Rno's *Cleveland Raining.*" *Theatre Journal* 52.3 (2000): 381-96.

5. 『비 내리는 클리블랜드』: 아시아계 미국인 가족의 해체와 재구성

서경식. 『디아스포라 기행』. 김혜신 옮김. 돌베개, 2006.

유선모. 『한국계 미국작가론』. 서울: 신아사, 2004.

이형식. 「유령들의 귀환: 한국계 미국 극작가 작품의 새로운 경향」. 『현대 영미드라마』 20.2 (2007): 155-80.

Agamben, Giorgio. *The Coming Community.* Trans. Michael Hardt. Minneapolis: Minnesota UP, 1993.

Chang, Carrie C. "Weathering the Storm: Sung Rno's *Cleveland Raining'* Smashes Some Cliches about Asian American Families." *AsianWeek.* June 16, 1995. 〈http://www.highbeam.com/doc/1〉

Chin, Frank. *The Chinckencoop Chinaman and the Year of the Dragon Two Plays by Frank Chin.* Ed. Dorothy Ritsuko Mcdonald. Seattle: Washington UP, 1981.

Chua, Cheng Lok. "The year of the Dragon." *A Resource Guide to Asian American Literature.* Eds. Sauling Cynthia Wong and Stephen H. Sumida. New York: MLAA, 2001.

Gotanda, Philip Kan. *Fish Head Soup and Other Play.* Seattle and London: Washington UP, 1995.

Lee, Easter. *A History of Asian American Theatre.* New York: Routledge, 2006.

Lee, Robert. *Orientals-Asian Americans in Popular Culture.* Philadelphia: Temple UP, 1999.

Rno, Sung. *Cleveland Raining,* in *But Still, Like Air, I'll Rise: New American Plays.* Ed. Velina Hasu Houston. Philadelphia: Temple UP, 1997. 227-70.

Shimakawa Karen. "Ghost Families in Sung Rno's *Cleveland Raining.*" *Theatre Journal* 52.3 (2000): 381-96.

_____. "Asian in American: Millennial Approaches to Asian Pacific American Performance." *JAAS* Oct. (2000): 283-99.

6. 『파장』: 아시아계 미국인의 양자역학적 정체성 상상하기

에우리피데스. 『메데아』. 송옥 옮김. 동인. 2005.

정미경. 「한국계 미국연극의 문화지형도 읽기: 성 노와 줄리아 조의 작품을 중심으로」. 『정신문화연구』 33.2 (2010): 103-129.

Chaudhuri, Una. "The Future of the Hypen: Interculturalism, Textuality, and the Difference Within." *Interculturalism and Performance: Writings from PAJ.* ed. Bonnie Marranca and Gautam Dasgupta. New York: Paj Pubications, 1991. 193-?

Eagleton, Terry. "Edible Ecriture." *Consuming Passions.* Ed. Sian Griffiths and Jennifer Wallace. Manchester: Mandolin, 1998. 203-208.

Espiritu, Yen Le. *Asian American Panethnicity: Bridging Institutions and Identities.* Philadelphia: Temple UP, 1992.

Hong, Terry. "Sung Rno Particle and *wAve*: Nurtured on Physics and Cultural Dissonance, a Playwright Defies Categorization." *American Theatre* 21.12 (2004): 56-59.

_____. "Making Waves; The light and Particle world of Playwright Sung Rno." *AsianWeek* 23.28 (2004): 16.

Jefferson, Margo. "THEATER REVIEW; Shooting the Television, Dreaming the Dream." *New York Times March.*
〈http://www.nytimes.com/2004/03/23/theater/theater-review〉

Lee, Robert. *Orientals-Asian Americans in Popular Culture.* Philadelphia: Temple UP, 1999.

Lowe, Lisa. "Heterogeneity, Hybridity, Multiplicity: Marking Asian American Differences." *Diaspora* 1. 1991.

Nguyen, Viet Thanh. *Race and Resistance: Literature & Politics in Asian America.* Oxford UP, 2002.

Rno, Sung. *wAve.* In *Savage Stage: Plays by Ma-Yi Theater Company.* 2007. 111-55.

Shigematsu, Setsu and Camacho, Keith L. *Militarized Currents: Toward a Decolonized Future in Asia and the Pacific.* Minneapolis: Minnesota UP, 2010. xv-xiviii.

Xu, Wenying. *Eating Identities: Reading Food in Asian American Literature*. Honolulu: University of Hawaii Press, 2007.

Yoon, Bomi. "Extended Hyphens: The Space Between the Virtual and the Real in Sung Rno's *wAve*." 『영어영문학 21』 23.2 (2001): 155-70.

〈참고 웹사이트〉

"*MASH*. (TV series)." Wikipedia. The Free Encyclopedia. Wikimedia. 〈http://en.wikipedia.org/wiki/M*A*S*H_(TV_series)〉

줄리아 조

Gates, Anita. "An Asian American Playwright Turns a New Page." *The New York Times*. September 24, 2006. 〈http://query.nytimes.com/gst/fullpage.html?res=9D05DA〉.

Lee, Esther Kim. "Introduction." *Seven Contemporary Plays from the Korean Diaspora in the Americas*. Durham and London: Duke UP, 2012. xi-xxviii.

NewDramatists .org. 〈http://newdramatists.org/julia-cho〉

Rno Sung. "Julia Cho Desert Memories: Landscape-and a Sense of Place-Loom Large in the Work of a Rising Young Playwright(Interview)." *American Theatre*. April 1. (2005): 46-49.

7. 한국계 미국여성의 혼종적 정체성: 『99가지 이야기들』에 나타난 두 가지 서사구조

이미원. 「한국계 미국 대표 극작가와 그 작품세계」. 『한국연극학』 37. (2009): 5-64.

Bolaki, Stella. *Unsettling the Bildungsroman: Reading Contemporary Ethnic American Women Fiction*. Amsterdam, New York: Rodopi, 2011.

Cho, Julia. *99 Histories*. New York: Dramatists Play Service, 2005.

Chu, Patricia P. *Assimilating Asians: Gendered Strategies of Authorship in Asian America*. Durham and London: Duke UP, 2000.

_____. ""To Hide Her True Self": Sentimentality and the Search for an

Intersubjective Self in Nora Okja Keller's Comfort Woman." *Asian North American Identities: Beyond the Hyphen*. Eds. Eleanor Ty and Donald C. Goellnicht. Bloomington: Indiana UP, 2004. 61-83.

Fenkl, Heinz Insu. "The Future of Korean American Literature." *The Sigur Center Asia Papers*. Eds. Young Key Kim, Richard Grinker and Kirk Larsen. The Sugur Center for Asian Studies, 2004. 19-26.

Graydon, Royce. "Broader Identities; For Tony-Winning Playwright David Henry Hwang, Ethnicity is No Longer Center Stage in Asian-American Theater." *Startribune* 22 Aug. 2004.

⟨http://highbeam.com/DocPrint.aspxDocld=1G1:121156482⟩

Kim, Bryan S. "Acculturation and Enculturation of Asian Americans." *Asian American Psychology*. Eds. N. Tewari & A. Alvarez. Mahwah, NJ: Lawrence Erlbaum Associates, Inc., 97-112.

Kim, Elaine. "Such Opposite Creatures: Men and Women in Asian American Literature." *Michigan Quarterly Review* 29.1 (1990): 70.

Lee, Esther. "Introduction." *Seven Contemporary Plays from the Korean Diaspora in the Americas*. Durham and London: Duke UP, 2012. xi-xxviii.

8. 아시아계 미국여성이 사는 방식: 『변두리』를 중심으로

이선미. 「미국을 소비하는 대도시와 미국영화」. 『상허학보』 18. 2006: 73-106.

황훈성. 「동시대 무대에서 몸 기호화하기: 미국 페미니스트극 무대를 중심으로」. 『미국학 논집』 38.2 (2006): 255-74.

Butler, Judith. *Bodies That Matter*. New York: Routledge, 1993.

Cho, Julia. *BFE*. New York: Dramatists Play Service, 2005.

Gates, Anita. "Theater Review; The Scars Makeup Can't Cover." *The New York Times*. April 24, 2005. ⟨http://query.nytimes.com/gst/fullpage.html?res= 9507E5D⟩.

_____. "An Asian American Playwright Turns a New Page." *The New York Times*. September 24, 2006.

⟨http://query.nytimes.com/gst/fullpage.html?res=9D05DA⟩.

Kim, Elaine. *Asian American Literature*. Philadelphia: Temple UP, 1982.

Kuchwara, Michael. "Review: *BFE* is Sad and Funny Tale." *AP Online*. June 1, 2005. 〈http://wwwhighbeam.com/Docprint.aspx?Docld=1p1:109269685〉.

Uchida, Aki. "The Orientalization of Asian Women in America." *Women's Studies International Forum*. 21.2 (1998): 161-74.

다이애나 손

Eng, Alvin. "The Verbal Mural." *Token?: The NYC Asian American Experience on Stage*. Eds. Alvin Eng. New York: Temple UP. 1999. 408-44.

Kim, Esther. "Diana Son." *Asian American Playwrights: A Bio-Bibliographical Critical Sourcebook*. Eds. Miles Xian Liu. Wesport, Connecticut: Greenwood Press, 2002.

Zinoman, Jason. "Candor as a Cure for Writer's Block." *The New York Times*. 18. June. 2006. 〈http://www.nytimes.com/2006/06/18/theater/18zino.html?_r=0〉

9. 뉴욕의 혼종 가족들과 탈 인종적 재현의 정치성

주경정. *The Politics of Identity in Contemporary Korean American Plays*. Ph.D Diss. 서강대학교 영문과 대학원. 2013.
〈http://www.riss.kr/link?id=T13260498〉

Chu, Patricia P. *Assimilating Asians: Gendered Strategies of Authorship in Asian America*. Durham and London: Duke UP, 2000.

Eng, Alvin. "The Verbal Mural." *Token?: The NYC Asian American Experience on Stage*. Eds. Alvin Eng. New York: Temple UP, 1999. 408-44.

Espiritu, Yen Le. *Asian American Panethnicity: Bridging Institutions and Identities*. Philadelphia: Temple UP, 1992.

GoldSea. "Asian American Assimilation vs Acculturation." *Asiams.net*. 5 Jun. 2014.
〈http://goldsea.com/Air/Issues/Identity/identity.html〉

Lee, Esther. *A History of Asian American Theatre*. New York: Cambridge UP, 2006.

Lee, Josephine. *Performing Asian America*. Philadelphia: Temple UP, 1997.

Nguyen, Viet Thanh. *Race and Resistance: Literature & Politics in Asian America*. Oxford UP, 2002.

Sommer, Elyse. "A Curtainup Review: Satellites." *Cultuainup.com* 5 Jun. 2014. 〈http://www.curtainup.com/satellites.html〉

Son, Diana. *Stop Kiss*. New York: Dramatists Play Service, 2000.

_____. *Satellites*. New York: Dramatists Play Service, 2008.

_____. "Interview" *AsianWeek*. 9. Feb. 2001. 〈http://asianweek.com/2001_02_09/ae1_stopkiss.html〉

Tanaka, Jennifer. "Only Connect: Interview with playwright Diana Son on her play 'Stop Kiss.'" *American Theatre* 1. July 1999. 〈http://wwwhighbeam.com/DocPrint.aspx?DocId〉

Vincent, Mal. Rev. "It's Worth Pausing to See 'Stop Kiss.'" *The Virginian Pilot*. April. 26. 2003. 〈http://www.highbeam.com/Docprint.aspx?DocId〉

Wong, Sau-ling. *Reading Asian American Literature: From Necessity to Extravagance*. Princeton: Princeton UP, 1993.

Yew, Chay. "Introduction." *Version 3.0: Contemporary Asian American Plays*. New York: Theatre Communications Group, 2011. xiii-xxvi.

영진 리

Lee, Young Jean. "Writing and Performance." *PAJ* 34.1 (2012): 130-131.

_____. "Interview by Richard Maxwell." *Bomsite.com* 2008. 〈http://www.bomsite.com/issues/999/articles〉

〈참고 웹사이트〉

doollee.com 〈http://www.doollee.com/PlaywrightsL/lee-young-jean.html〉

New Dramatists.org. 〈http://newdramatists.org/young-jean-lee〉

영진 리 공식 사이트. 〈http://www.youngjeanlee.org/about〉

10. 유쾌/불쾌 코미디: 영진 리의 『용비어천가』에 나타난 정치성

송동준 외. 『브레히트의 서사극: 유형학적 고찰』. 서울대학교 출판부. 1993.

이용복. 「극중극의 특성 및 그 의미에 대한 연구」. 『한국연극학』 46. (2012): 199-232.

황훈성. 「70, 80년대의 연극기호학 연구 경향과 그 실제적용의 한 보기」. 『현대영미드라마』 7. (1997): 107-120.

_____. 「메타 드라마의 정치성」. 『영어영문학』 45.3 (1999): 517-34.

Chen, Tina. *Double Agency: Act of Impersonation in Asian American Literature and Culture*. Stanford UP, 2005.

Greenberg, Clement. "Avang-gard and Kitsch." *Art and Culture*. Boston: Beacon Press, 1961. 3-21.

Derrida, Jacques. *Writing and Difference*. Trans. Alan Bass. Chicago: The Chicago UP, 1978.

Elam, Keir. *The Semiotics of Theatre and Drama*. London and NY: Methuen, 1980.

Gates, Anita. "*Songs of Dragons Flying to Heaven*: More on *Songs of Dragons Flying to Heaven*." *New York Times* 27 Sept. 2006.

Grote, Jason. "White Flight. Rev. of *Songs of the Dragons Flying to Heaven* by Young Jean Lee. HERE Arts Center." *American Theatre* 24.1 (2007): 27

Issacharoff, Michael. "Space and Reference in Drama." *Poetics Today* 2.3 (1981): 211-224.

Jones, Jeffrey. "Songs of Dragons Flying to Heaven; Script Sabotage." *American Theatre* 24. (2007): 74-75.

Kleinhans, Chuck. "Taking out the Trash: Camp and the Politics of Parody." *The Politics and Poetics of Camp*. Ed. Moe Meyer. New York: Routledge, 1994. 182-201.

Lee, Josephine. *Performing Asian America*. Philadelphia: Temple UP, 1997.

Lee, Young Jean. "Writing and Performance." *PAJ* 34.1 (2012): 130-131.

_____. "Interview by Richard Maxwell." *Bomsite.com* 2008.
⟨http://www.bomsite.com/issues/999/articles⟩

_____. *Songs of Dragons Flying to Heaven*. In *Songs of Dragons Flying to Heaven*. New York: Theatre Communications Group, 2009. 31-74.

Lehmamn, Hans-Thies. *Postdramatic Theatre.* Trans. Karen Munby. London and New York: Routledge, 2006.

Marks, Peter. "Review: *Songs of Dragons Flying to Heaven* at Studio Theatre." *Washington Post* 8 Oct. 2010.

Munby, Karen. "Introduction" *Postdramatic Theatre.* Trans. Karen Munby. London and New York: Routledge, 2006. 1-15.

Schiffman, Jean. "Songs of the Dragons Flying to Heaven: Awild, Satirical Ride." *The Examiner* 30 Mar. 2011.

Shimakawa, Karen "Young Jean Lee's Ugly Feelings about Race and Gender: Stuplime animation in *Songs of the Dragons Flying To Heaven.*" *Women & Performance: A Journal of Feminist Theory* 17.1 (2007): 89-102.

_____. *National Abjection: The Asian American Body On Stage.* Durham NC: Duke UP, 2002.

Soloski, Alexis. "Scorching Dragons: In Young Jean Lee's Dragons, Racism is Funny." *Village Voices* 4 Oct. 2006.

Songs of the Dragons Flying to Heaven. Dir. Young Jean Lee. Rec. HERE ARTS CENTER. New York. 2008. DVD.

11. 탈 인종시대의 민스트럴 쇼: 『선적』의 연극적 정치성 읽기

이동환. 「검은 가면과 유머: 흑인 분장악극과 19세기 미국의 인종주의, 감상주의, 그리고 대중문화」. 『미국학』 35.2 (2012): 119-50.

정미경. 「유쾌/불쾌 코미디: 영진 리의 *Songs of the Dragons Flying to Heaven*에 나타난 정치성. 『현대영미드라마』 26.3 (2013): 161-90.

Block, Melissa. Poll: Post-Obama, Black Americans More Optimistic. 〈All Things Considers〉. *National Public Radio.* 12. Jan. 2010. CD.

Coyle, William. "Keeping it (un)Real." Rev. in *Offoffline.com* Jan. 2009. 〈http://offoffonline.com/?p=4207〉

Hallett, Alison. Rev. "Young Jean Lee, *The Shipment.*" *Portland Mercury.com* 5 Sept. 2009. 〈http://www.portlandmercury.com〉

Healy, Patrick. "An Evening in Black and White from a Playwright Who is

Neither." *NewYorkTimes.com* 27 Jan. 2009.

⟨http://www.nytimes.com/2009/01/28/theater/28lee.html?pagewanted=all⟩

Hilton, Als. "By the Skin of Our Teeth: Young Jean Lee's irreverent take on racial politics." *The New Yorker* 26. Jan. 2009.

⟨http://www.newyorker.com/magazine/2009/01/26/by-the-skin-of-our-teeth⟩

Lee, Young Jean. *The Shipment*. New York: Theatre Communications Group, 2010. 1-53.

_____. "Interview by Richard Maxwell." *Bomsite.com* 2008.

⟨http://www.bomsite.com/issues/999/articles⟩

Levingston, Steven. "The Myth of Post-racial America." *Washingtonpost.com* 10 June. 2010. ⟨http://voices.washingtonpost.com⟩

Lhamon, William. *Raising Cain: Blackface Performance from Jim Crow to Hip Hop*. Massachusetts: Harvard UP, 1998.

Mintz, Lawrence E. "Standup Comedy as Social and Cultural Mediation." *American Quarterly* 37(1985): 71-80.

Modest Mouse. Song. "Dark Center of the Universe." *The Moon & Antarctica*. 2000. CD.

Novinski, David. Rev. 'Minstrel Cycle: Undermain theatre explores race through the outrageous comedy of *The Shipment*.' *Undermain Theatre* 6. Jun 2011. ⟨http://www.theaterjones.com/ntx/reviews⟩

Smallwood, Christine. "Back Talk." *The Nation* 288.16(2009): 33.

⟨http://www.thenation.com/article/back-talk-young-jean-lee⟩

Strausbaugh, John. *Black Like You: Blackface, Whiteface, Insult & Imitation in American Popular Culture*. New York: Penguin Group, 2006.

Tesler, Michael. "Introduction" *Obama's Race: The 2008 Election and the Dream of a Post-Racial America*. Chicago UP, 2010. 1-9.

The Shipment. Dir. Young Jean Lee. Rec. Young Jean Lee's Theatre Company. New York. 2009. DVD.

Toll, Robert. *Blacking up the Minstrel Show in 19th Century America*. New York: Oxford UP, 1974.

〈기사 및 이미지 출처〉

영진 리 공식 사이트. 〈http://www.youngjeanlee.org/about〉

≪뉴욕 타임스≫ 2014년 11월 5일자 기사. 〈http://www.nytimes.com/interactive〉

"Video Ho." Wikitionary.org 〈http://en.wiktionary.org/wiki/video_ho〉

그림 1〉 〈http://utc.iath.virginia.edu/minstrel/mihp.html〉

그림 2〉 〈http://www.1980smemories.com/2012/11/1980s-fashion-80s〉

그림 3〉 그림 4〉 〈http://www.youngjeanlee.org/about〉

마가렛 조

Cho, Margaret. *I'm the One that I Want.* New York: Ballantine Books, 2001.

12. 한국계 스탠드 업 코미디언 마가렛 조의 비판적 흉내 내기

Bhabha Homi K. "The Other Question: Stereotype, Discrimination, and the Discourse of Colonialism." *The Location of Culture.* London: Routledge, 2004.

Cassinelli, Sarah Moon, "If we are Asian, then are we funny?": Margaret Cho's *All American Girl* As the First (and Last?) Asian American Sitcom." *Studies in America Humor* 3.17 (2008): 137-44.

Chen, Tina. *Double Agency: Act of impersonation in Asian American Literature and Culture.* California: Stanford UP, 2005.

Cho, Margaret. *I'm the One that I Want.* New York: Ballantine Books, 2001.

_____. *I'm the One that I Want.* Produced by Lorene Machado. Cho Taussing Productions, 2000. DVD.

_____. *Notorious C. H. O.* Dir. Lorene Machado. Cho Taussig Productions, 2002. DVD.

_____. *Cho Revolution.* Dir. Lorene Machado. Wellspring, 2004. DVD.

_____. "Margaret Cho: She's the One that She Wants." Interview by Michelle Caswell, Asiasociety.com Web. 10 Dec. 2013.
〈http://asiasociety.org/margaret-cho-shes-one-she-wants〉

Chow, Rey. *Women and Chinese Modernity: The Politics of Reading Between West and East.* Minneapolis: Minnesota UP, 1991.

Jennie, Michael. "'I feel horrible': Chinese-American Actress Apologizes for 'Stereotypical' Political AD During Super Bowl." *Dailymail* 16 February 2012. Web. 10 Dec. 2013.

⟨http://www.dailymail.co.uk/news/article-2102078/Lisa-Chan-apologizes-role-Pete-Hoekstras-stereotypical-Chinese-Super-Bowl⟩

Lee, Josephine. *Performing Asian America: Race and Ethnicity on the Contemporary Stage.* Philadelphia: Temple UP, 1997.

Lee, Robert. *Orientals-Asian Americans in Popular Culture.* Philadelphia: Temple UP, 1990.

Moy, James. *Marginal Sights-Staging the Chinese in America.* Iowa City: Iowa UP, 1993.

Nguyen, Viet Thanh. *Race and Resistance: Literature & Politics in Asian America.* New York: Oxford UP, 2002.

Pelle, Susan. "The Grotesque" Pussy: "Transformational Shame" in Margaret Cho's Stand up Performances." *Text and Performance Quarterly* 30.1(2010): 21-37.

Shimakawa, Karen. *National Abjection: The Asian American Body Onstage.* Durham & London: Duke UP, 2002.

⟨이미지 출처 및 참고 사이트⟩

"M*A*S*H (TV series)." *Wikipedia, The Free Encyclopedia.* Wikimedia, 12 Dec. 2014.

⟨http://en.wikipedia.org/wiki/M*A*S*H_(TV_series)⟩

마가렛 조 공식 웹사이트. ⟨http://www.margaretcho.com⟩

유튜브 동영상 캡쳐 이미지 1. ⟨https://www.youtube.com/watch?v=183l-qkr2_w⟩

유튜브 동영상 캡쳐 이미지 2. ⟨https://www.youtube.com/watch?v=xnnvRjwSCPo⟩

찾아보기

정미경

동국대학교 영어영문학과를 졸업하고 동대학원에서 석사, 박사 학위를 받았다. 현재 동국대와 안양대에서 명작 세미나, 영미 희곡, 문화연구 등을 강의하고 있다.

주요 논저로는 「유쾌/불쾌 코미디: 영진 리의 *Songs of the Dragons Flying to Heaven*에 나타난 정치성」, 「한국계 스탠드 업 코미디언 마가렛 조의 비판적 흉내 내기」, 『미국현대드라마』(공저), 『몸 이미지 권력』(공저) 등이 있다.

푸윙키들의 무대: 한국계 미국 극작가들의 "B"딱한 무대 읽기

초판 1쇄 발행일 2015년 4월 30일

지은이 정미경
발행인 이성모
발행처 도서출판 동인 • 서울시 종로구 혜화로3길 5 118호
　　　　TEL 02-765-7145 / FAX 02-765-7165 / dongin60@chol.com
등 록 제1-1599호
I S B N 978-89-5506-656-2
정 가 16,000원

※ 잘못 만들어진 책은 바꿔 드립니다.